METHODE
DE
TAMOUL VULGAIRE

	COD	TOTAL ITEMS	1

DELHIVERY CN33_E

7269482720883

CKP/STR --F

PKD: 2025-02-01 17:27:14

DELIVERY ADDRESS
rakesh pradhan
near marwari high school, ward no 06, west Singhbhum, Jharkhand
marwari middle school
CITY/STATE Chakradharpur , Jharkhand
PIN 833102

PRODUCT NAME	QUANTITY
Methode de Tamoul Vu.. 9788121244619	1

CASH TO BE COLLECTED 462.0

Snapdeal Reference No

SLP4431206708

Snapdeal DOES NOT have any Prize Scheme/ lottery / lucky draws.

SELLER ADDRESS
GYAN BOOKS PVT LTD.
GYAN BOOKS PVT LTD GYAN AVENUE 12 PRAGATI MARKET
ASHOK VIHAR, PHASE2,
NEAR AATTAM HOSPITAL
NEW DELHI - 110052

SELLER GSTIN:
07AAACG4699N1ZY

TAX INVOICE (ORIGINAL FOR RECIPIENT)

INVOICE NUMBER : S6B5CB/24/3846
INVOICE DATE : 01-FEB-2025
ORDER DATE : 31-JAN-2025

TOTAL ITEMS 1

SELLER	BUYER
GYAN BOOKS PVT LTD. GYAN BOOKS PVT LTD GYAN AVENUE 12 PRAGATI MARKET ASHOK VIHAR, PHASE2, NEAR AATTAM HOSPITAL **CITY** NEW DELHI / **STATE** DELHI (07) PIN 110052 GSTIN : 07AAACG4699N1ZY	RAKESH PRADHAN NEAR MARWARI HIGH SCHOOL, WARD NO 06, WEST SINGHBHUM, JHARKHAND MARWARI MIDDLE SCHOOL **CITY** CHAKRADHARPUR / **PLACE OF SUPPLY (POS)** - (20) - JHARKHAND **PIN** 833102

ITEM DESCRIPTION	QTY	RATE	TOTAL	DISC	TAXABLE VALUE	IGST	CESS
METHODE DE TAMOUL VULGAIRE SKU CODE: 9788121244619 ORDER NO.: 55152665368 **SUBORDER NO.: 62621706281** HSN: 49011010	1	462.0	462.0	0	462.0	0 (0.00 %)	0 (0.00 %)
TOTAL(INCLUSIVE OF TAXES)							**Rs. 462**

AMOUNT IN WORDS : INDIAN RUPEES FOUR HUNDRED SIXTY TWO ONLY
whether the tax is payable on reverse charge basis : NO

Beware of fake Calls/SMS/Emails offering any cash/prize under any fraud scheme/lottery/lucky draw. Do not share any information or pay any amount

DECLARATION
We declare that this invoice shows actual price of the goods described inclusive of taxes and that all particulars are true and correct.

CUSTOMER ACKNOWLEDGEMENT
I RAKESH PRADHAN hereby confirm that the above said product/s are being purchased for my internal / personal consumption and not for re-sale.

For GYAN BOOKS PVT LTD.

Authorised Signatory

Published by

Gyan Publishing House
5, Ansari Road
Daryaganj, New Delhi-110002
Phone: 011-47034999, 9811692060
E-mail: books@gyanbooks.com

Distribution Network
gyanbooks.com
India, USA, Canada, UK, Australia, France

ISBN : 978-81-212-4461-9 (PB)
First Published, Pondichery, 1904

2nd Impression 2020

Printed at: Gyan Press, Delhi.

Methode De Tamoul Vulgaire
Author: M. J. Baulez

METHODE

DE

TAMOUL VULGAIRE

PAR

M. J. BAULEZ

MISS. APOST.

VELLORE

II. ÉDITION
corrigée

1904

Imprimerie de la Mission

PONDICHERY

PREFACE.

Notre intention, en écrivant cette Méthode de Tamoul, n'a pas été de faire une grammaire. Le missionnaire nouvellement arrivé dans l'Inde ne peut s'empêcher d'éprouver un sentiment d'envie en entendant de tout petits enfants parler avec volubilité cette langue qui doit désormais être la sienne. L'enfant ne fait que répéter les mots et les phrases qu'il a entendus de la bouche de ses parents et de ses voisins. Plus tard, il se rendra compte des règles qui régissent ces phrases; mais dès qu'il peut former des sons, il parle.

Pourquoi le missionnaire ne se considérerait-il pas comme un petit enfant n'ayant encore que la faculté d'émettre des sons? Qu'il commence par apprendre par cœur un certain nombre de phrases usuelles; qu'ils les tourne de toutes les façons; qu'il s'en serve immédiatement. Il sera heureux de pouvoir, dès les premiers jours, parler et être compris. Les règles seront expliquées brièvement à mesure que l'occasion s'en présentera. Puis, quand il sera devenu *jeune homme*, il pourra prendre la grammaire et revenir sur ses pas, comme l'écolier qui *étudie sa propre langue.*

Tel est le plan de cette méthode. Parler d'abord, puis *étudier*. Les versions et les thèmes qui se trouvent après chaque leçon ne sont point un travail: c'est une conversation formée des mots déjà appris. Tout se tient et s'enchaîne. Une leçon prépare à la leçon suivante, et celle-ci ne fait que développer la précédente.

Le Tamoul est la langue d'environ 16,000,000 d'hommes habitant toute la plaine à l'Est des Ghattes, depuis Pâleyacotté (பாளையகோட்டை) jusqu'au cap Comorin (குமரி), ainsi que la côte Occidentale jusqu'à Trivandram (திருவனந்தபுரம்). Les possessions françaises dans l'Inde comprennent environ 270, 000 habitantt. A Pondichéry (புதுச்சேரி) et Karikal (காரைக்கால்), on parle le tamoul (தமிழ்) ; à Yanaon (ஏனாம்), le télinga (தெலுங்கு); à Mahé, le மலையாளம்.

On appelle Dravida ou Dravidam (திராவிடம்) le pays au sud de l'Inde, jusqu'au cap Comorin. On donne le même nom à la nation tamoule. Le Dravadam comprend cinq langues: le Tamoul proprement dit (திராவிடம்), le Télinga (en sanscrit ஆந்திரம்), le Canara (கன்னடம்), le Mahratte (மகாராட்டிரம்), et le Guzeratte (கூர்ச்சரம்).

On appelle le Tamoul தென்மொழி, langue du sud, en opposition au Sanscrit (சமஸ்கிருதம்) que l'on appelle வடமொழி, langue du Nord.

Nous ferons précéder notre méthode de quelques notions préliminaires sur la lecture du Tamoul. Quand on sera capable de lire les mots et les phrases courtes et faciles contenues dans cet ouvrage, on devra se mettre immédiatement à parler. On n'aura pour cela qu'à apprendre par cœur un certain nombre de phrases, et à s'en servir continuellement jusqu'à ce qu'elles soient bien gravées dans l'esprit. Il importe grandement de ne rien laisser passer sans s'en rendre compte. Le moyen le plus sûr pour apprendre *vite* et *bien*, c'est d'écrire tous les mots que l'on rencontre et de s'efforcer à former soi-même des phrases nouvelles d'après les règles que l'on aura rencontrées.

PREMIERE PARTIE

LECTURE

Il y a en Tamoul 30 lettres dont 12 sont voyelles et 18 consonnes. Les voyelles ont un son par elles-mêmes; les consonnes n'en ont pas. Ces dernières sont surmontées d'un point (· ou ᵕ). Si ce point est retranché, la consonne prend par ce seul fait le son de *A* bref. C'est ce qu'on appelle animer une consonne en *a* bref.

அ	a	*(bref)*	ஆ	â	*(long)*
இ	i	*id*	ஈ	î	*id*
உ	ou	*id*	ஊ	oû	*id*
எ	é	*id*	ஏ	ê	*id*
ஒ	o	*id*	ஓ	ô	*id*
ஐ	ei		ஔ	aou	

N. B. on prononcera *brèves* les voyelles *sans accent circonflexe*, et *longues* celles qui ont cet accent.

Apprenez par cœur ces douze lettres, en les écrivant plusieurs fois. Puis, cherchez-les dans les mots suivants, et lisez-les en leur donnant leur valeur:

அது — ஆத்துமம் — இந்த — ஈனம் — உத்தரியம் — ஊதா — எத்தனை — ஏணி — ஒன்று — ஓடு — ஐயோ — ஔதாரியம். Ne lisez que les voyelles connues, en négligeant les autres.

Pour former les syllabes on n'ajoute point les voyelles aux consonnes, comme dans les langues européennes, mais quand le son des voyelles doit venir dans le corps des mots, on retranche simplement le point qui surmonte la consonne si on veut lui donner le son de அ *a* bref Ainsi க் est une consonne qui n'a aucun son propre, comme le *C* dans les mots a*c*tif, a*c*tion, ca*c*tus, etc., Pour donner à cette lettre le son de *a* bref, on retranche le point et on a க (ca) au lieu de *c* ou *k*, comme dans les mots *ca*téchisme, *ca*lice, tra*ca*sser, etc., Pour donner aux consonnes le son des autres voyelles ஆ — இ — ஈ — உ etc., on ajoute à ces consonnes mêmes certains signes de convention, comme on le verra plus loin.

N. B. Les *LETTRES CAPITALES ITALIQUES* (comme celles de ces trois mots) indiquent les lettres tamoules dont la prononciation doit s'apprendre d'un indigène.

க்	c-k-	guttural	a*c*tivité — py*g*mée.
ங்	*Ng*	*id*	a*ng*lais — e*n*fer.
ச்	s	palatal	a*s*tiquer— a*s*tuce.

ஞ்	gn	*id*	og*n*on — poig*ne*.
ட்	*T—D*	lingual	pron. *T* ou *D* en plaçant la [langue au fond du palais.
ண்	*N*	cérébral	a*n*guille — e*n*dive.
த்	t-d	dental	a*t*tirer — a*d*orer.
ந்	n	*id*	da*n*ser — pla*n*ter.
ப்	p	labial	su*p*porter — lam*b*ris.
ம்	m	*id*	e*m*mener — e*m*barasser.
ய்	y	palatal	pa*y*sage.
ர்	r	lingual	doux, pè*r*e, ma*r*teau.
ல்	l	dental	sy*l*labe — ma*l*mener.
வ்	v	labial	la*v*e — mau*v*e.
ழ்	J ou *L*	lingual gras,	pa*g*e.
ள்	*L*	*id*	
ற்	*R̄* dur	palatal,	c*r*aquer(double,il se prononce com- [me *tt* double.
ன்	n	*id*	e*n*grais (c'est l'*n* français).

Les exemples donnés dans ce tableau ne sauraient donner une idée parfaite de la prononciatien tamoule. Mais ils sont suffisants ponr apprendre à *lire*; c'est tout ce qu'il est possible de faire sans maître. Il est de la dernière importance de bien se rendre compte, dès le commencement, de la *nuance* des lettres: malheureusement, il est bien rare de trouver un Indien qui consente à *reprendre* l'élève qui le paie.

Enlevez les points qui surmontent les consonnes du tableau ci-dessus, et elles seront *animées* en அ bref. Ains.: க் *c* ou *k* ou *g* devient க *ca ka* ou *ga*, — ; ங் *Ng* devient ங *Nga* — ainsi de suite, ச sa,— ஞ gna,— ட *Ta*, — *Da*, — ண *Na*, — த ta, — da, — ந na, — ப pa,— ba, — ம ma, — ய ya, — ர ra, — ல la — வ va, — ழ *Ja* ou *La*, — ற *Ra*, (dur) — ன na.

Lisez ces consonnes ainsi animées dans les mots suivants. Nommez toutes les lettres *séparément*, en donnant aux voyelles (lettres non-pointées) le son de அ *a* bref, et aux consonnes (lettres pointées) le son de *eu* léger, comme க *ca*, — ப pa, ப் *peu* — ம *ma*, ம் *meu*, *etc*.

கனம் — இங்ஙனப் — அஞர் — படம் —

பண்ண — பக்கம் — மடம் — யசனர் —

வரம் — வயல் — பழம் — மற்ற (double *TT*)

Cherchez maintenant à reconnaître dans un livre toutes les lettres que vous avez apprises c.-à.-d. — 1° Les voyelles *per se* ; — 2° les consonnes *per se* ; — 3° les consonnes animées en அ bref par le retranchement du point.

MANIERE D'ANIMER LES CONSONNES
EN ஆ (â long).

REM.— Pour donner aux consonnes le son d'une voyelle *quelconque*, ou commence toujours par retrancher le point dont elle est surmontée; ce n'est qu'après cette opération que l'on met les signes de convention dont nous allons parler.

Sauf ண, ன, et ற, on anime toutes les autres consonnes en ஆ (*â* long) en ajoutant après la consonne le signe ா. Ex. — க் retranchez le point, vous avez *ka*. Ajoutez ா — et vout obtenez கா *kâ* long. Lisez avec attention le tableau où toutes les consonnes sont animées en ஆ (*â* long).

க்	k	கா	kâ
ங்	*Ng*	ஙா	*N*gâ
ச்	S	சா	Sâ
ஞ்	gn	ஞா	gnà
ட்	*T — D*	டா	*Tâ — Dâ*
த்	t — d	தா	tâ — dà
ந்	n	நா	nâ
ப்	p. — b	பா	pà
ம்	m	மா	mà
ய்	y	யா	yà
ர்	r	ரா	râ
ல்	*L*	லா	lâ
வ்	v	வா	vâ
ழ்	*J — L*	ழா	*Jà — Lâ*
ள்	*L*	ளா	lâ

Exception :
Pour changer en ஆ long ண — ன — et ற, on replie ces lettres par en bas :

ண்	*N*	ணா	*Nâ*
ன்	n	னா	nâ
ற்	*RR*	றா	*Râ*

Reconnaissez toutes ces lettres dans un livre.

MANIERE D'ANIMER LES CONSONNES

EN இ (*i bref*) et ஈ (*î long*).

Pour இ bref on se sert du signe ி; pour ஈ long, du signe ீ :

கி	ki-guì	கீ	kî-guî	மி	mì	மீ	mî
ஙி	*N*gui	ஙீ	*N*guî	யி	yi	யீ	yî
சி	si	சீ	sî	ரி	ri	ரீ	rî
ஞி	gni	ஞீ	gnî	லி	li	லீ	lî
டி	*Ti-Di*	டீ	*Tî-Dî*	வி	vi	வீ	vî
ணி	*Ni*	ணீ	*Nî*	ழி	*J*	ழீ	*Jî*
தி	ti	தீ	tî	ளி	*Li*	ளீ	*Lî*
நி	ni	நீ	nî	றி	*Ri*	றீ	*Ri*
பி	pi	பீ	pî	னி	ni	னீ	[illegible]

REM. — Vous connaissez à présent : 1° les 12 voyelles naturelles ; 2° les 18 consonnes ; 3° Ces 18 consonnes animées en அ bref, ஆ long, இ bref, ஈ long. Vous pouvez donc lire les mots suivants entièrement composés de lettres déjà connues.

Reconnaissez d'abord les lettres et nommez-les. Joignez ensuite les syllabes, en vous aidant de la prononciation figurée.

அங்கி	robe — soutane.	aNgui.
அம்மி	pierre à broyer.	ammi.
பல்லி	petit lézard.	palli.
சாமி	seigneur.	sâmi.
தீனி	nourriture.	tîni.
நியாயம்	justice.	niyâyam.
தம்பி	frère cadet.	tambi.
தாடி	barbe.	tâDi.
சித்தம்	volonté.	sittam.
சீக்கிரம்	vitesse.	sîkkiram.
சாவி	clef.	sâvi.
சிங்கம்	lion.	sing-gam.
கிரயம்	prix.	kirayam.
கிராமம்	village.	kirâmam.
கிழவன்	vieillard.	kiJavan.
வண்டி	charrette.	vaNdi.
மீன்	poisson.	mîn.
தண்ணீர்	eau.	taNNîr.
மனம்	esprit.	manam.
மக்கள்	fils, filles.	makkaL.
பாடி	chanteur.	pâDi.
பாய்	natte.	pây.

MANIERE D'ANIMER LES CONSONNES

en உ (ou bref) et en ஊ (ou long).

On ne se sert pas du même signe pour toutes les consonnes. Il a trois catégories.

1° க் — ட் — ம் — ர் — ழ் — ள்.

Pour donner à ces lettres le son de உ bref, on se sert du signe ு; pour ஊ long du même signe recourbé à son extrémité: : ூ. Mais pour *kou* long il y a une forme particulière.

க்	கு	kou — gou	கூ	koû — goû
ட்	டு	*Tou* — *Dou*	டூ	*Toû* — *Doû*
ம்	மு	mou	மூ	moû
ர்	ரு	rou	ரூ	roû
ழ்	ழு	*Jou*	ழூ	*Joû*
ள்	ளு	*Lou*	ளூ	*Loû*

2° ச் — ப் — ய் — வ்.

Ces lettres prennent pour உ bref le signe ு et pour ஊ long le signe ூ ou ூ

ச்	சு	soû	சூ	soû
ப்	பு	poû	பூ	poû
ய்	யு	yoû	யூ	yoû
வ்	வு	voû	வூ	voû

3° ஞ் — ண் — த் — ந் — ல் — ற் — ன்.

Ces lettres prennent pour உ bref le signe ு, et pour ஊ long le signe ூ.

ஞ்	ஞு	gnou	ஞூ	gnoû
ண்	ணு	*Nou*	ணூ	*Noû*
த்	து	tou	தூ	toû
ந்	நு	nou	நூ	noû
ல்	லு	lou	லூ	loû
ற்	று	*Rou*	றூ	*Roû*
ன்	னு	nou	னூ	noû

MANIERE D'ANIMER LES CONSONNES.
en எ (é bref) et en ஏ (ê long)

Pour எ bref, on se sert du signe ெ que l'on place devant la consonne dont on enlève le point; pour ஏ long on emploie le même signe recourbé par le haut ே.

க்	கெ	ké	கே	kê
ங்	ஙெ	*N*gué	ஙே	*N*guê
ச்	செ	sé	சே	sê
ஞ்	ஞெ	gné	ஞே	gnê
ட்	டெ	*Té — Dé*	டே	*Tê — Dê*
ண்	ணெ	*N*é	ணே	*N*ê
த்	தெ	té	தே	tê
ந்	நெ	né	நே	nê
ப்	பெ	pé	பே	pê
ம்	மெ	mé	மே	mê
ய்	யெ	yé	யே	yê
ர்	ரெ	ré	ரே	rê
ல்	லெ	lé	லே	lê
வ்	வெ	vé	வே	vê
ழ்	ழெ	*J*é	ழே	*J*ê
ள்	ளெ	*L*é	ளே	*L*ê
ற்	றெ	*R*é	றே	*R*ê
ன்	னெ	né	னே	nê

Lisez les mots suivants :

மாதா — பிறகு — பேர் — பெயர் — பின் — முன் — புதி து — தபசு — பிற்பாடு — நான் — நீ — என் — பேன் — மாதிரி — முன்னே — முடி — முப்பது — வாத்தியார் — வா — வாக்கு — தேவம் — வாவு — விசுவாசம் — ஆசீர்வாதம் — வெள்ளி — வெல்லு — வேலி — வேகம் — தேசம் — எ முத்து — அமீறு — செவ்வாய் — இழமை — தூங்கு — நடுவி லே — நட்பு — மாசத்திலே — தேன் — எலி — தெரியும்.

MANIERE D'ANIMER LES CONSONNES
EN ஐ *(EI).*

Pour toutes les lettres, excepté ண — ன — ல — ள, on se sert du signe ை qui se place *avant* la lettre.

க்	கை	*Kei-guei*		**Exception**		
ங்	ஙை	*Nguei*		On anime ண — ன — ல et ள en ஐ ou moyen du signe ை ou ை ainsi :		
ச்	சை	sei				
ஞ்	ஞை	gnei				
ட்	டை	*Tei-Dei*	ண்	ணை	}	*Nei*
த்	தை	tei-dei	ன்	னை		nei
ந்	நை	nei	ல்	லை		lei
ப்	பை	pei	ள்	ளை		*Lei*
ம்	மை	mei				
ய்	யை	yei				
ர்	ரை	rei				
வ்	வை	vei				
ழ்	ழை	*Jei*				
ற்	றை	*Rei*				

MANIERE D'ANIMER LES CONSONNES.

en ஒ (o bref) et ஓ (ô long :)

On commence, pour les deux cas, par animer en ஆ long ; puis on place avant la lettre le ெ (de எ bref) pour ஒ bref, — et le signe ே (de ஏ long) pour ஓ long.

க்	கொ	ko-go	கோ	kô-gô
ங்	ஙொ	ngo	ஙோ	ngô
ச்	சொ	so	சோ	sô
ஞ்	ஞொ	gno	ஞோ	gnô
ட்	டொ	*To-Do*	டோ	*Tô-Dô*
ண்	ணொ	*No*	ணோ	*Nô*
த்	தொ	to	தோ	tô
ந்	நொ	no	நோ	nô
ப்	பொ	po	போ	pô
ம்	மொ	mo	மோ	mô
ய்	யொ	yo	யோ	yô
ர்	ரொ	ro	ரோ	rô
ல்	லொ	lo	லோ	lô
வ்	வொ	vo	வோ	vô
ழ்	ழொ	*Jo*	ழோ	*Jô*
ள்	ளொ	*Lo*	ளோ	*Lô*
ற்	றொ	*Ro*	றோ	*Rô*
ன்	னொ	no	னோ	nô

MANIERE D'ANIMER LES CONSONNES.

EN ஔ *AOU*

On commence par les animer en அ (a bref), retranchant le point ; puis on les place entre ெ et ள.

			on écrit souvent:	
க்	கௌ	kaou-gaou	கவு	kavou
ங்	ஙௌ	*N*gou		
ச்	சௌ	saou	சவு	savou
ஞ்	ஞௌ	gnaou		
ட்	டௌ	*T*aou-*D*aou		
ண்	ணௌ	*N*aou		
த்	தௌ	taou	தவு	tavou
ந்	நௌ	naou	நவு	navou
ப்	பௌ	paou	பவு	pavou
ம்	மௌ	maou	மவு	mavou
ய்	யௌ	yaou		
ர்	ரௌ	raou		
ல்	லௌ	laou	லவு	lavou
வ்	வௌ	vaou		
ழ்	ழௌ	*J*aou		
ள்	ளௌ	*L*aou		
ற்	றௌ	*R*aou		
ன்	னௌ	naou		

REM. Cette forme est peu usitée. On la remplace sonvent par அவு, Ex :

மவுனம் pour மௌனம் — சவுக்கியம் pour சௌக்கியம்.

	அ	ஆ	இ	ஈ	உ	ஊ
க்	க	கா	கி	கீ	கு	கூ
ங்	ங	ஙா	ஙி	ஙீ	ஙு	ஙூ
ச்	ச	சா	சி	சீ	சு	சூ
ஞ்	ஞ	ஞா	ஞி	ஞீ	ஞு	ஞூ
ட்	ட	டா	டி	டீ	டு	டூ
ண்	ண	ணா	ணி	ணீ	ணு	ணூ
த்	த	தா	தி	தீ	து	தூ
ந்	ந	நா	நி	நீ	நு	நூ
ப்	ப	பா	பி	பீ	பு	பூ
ம்	ம	மா	மி	மீ	மு	மூ
ய்	ய	யா	யி	யீ	யு	யூ
ர்	ர	ரா	ரி	ரீ	ரு	ரூ
ல்	ல	லா	லி	லீ	லு	லூ
வ்	வ	வா	வி	வீ	வு	வூ
ழ்	ழ	ழா	ழி	ழீ	ழு	ழூ
ள்	ள	ளா	ளி	ளீ	ளு	ளூ
ற்	ற	றா	றி	றீ	று	றூ
ன்	ன	னா	னி	னீ	னு	னூ

Outre les 30 lettres de l'alphabet tamoul, on se sert encore

க்ஷ் kch	க்ஷ	க்ஷா	க்ஷி	க்ஷீ	க்ஷு	க்ஷூ
ஷ் ch	ஷ	ஷா	ஷி	ஷீ	ஷு	ஷூ
ஜ் dj	ஜ	ஜா	ஜி	ஜீ		
ஶ ṣ	ஶ	ஶா	ஸ்ரீ } lettres peu employées			
ஸ்ரீ sr	ஸ்ரீ					
ஸ் s	ஸ	ஸா	Rarement jointe aux autres voyelles			
ஹ் h	ஹ	ஹா	Très rarement employée.			

எ	ஏ	ஐ	ஒ	ஓ	ஔ
கெ	கே	கை	கொ	கோ	கௌ
ஙெ	ஙே	ஙை	ஙொ	ஙோ	ஙௌ
செ	சே	சை	சொ	சோ	சௌ
ஞெ	ஞே	ஞை	ஞொ	ஞோ	ஞௌ
டெ	டே	டை	டொ	டோ	டௌ
ணெ	ணே	ணை	ணொ	ணோ	ணௌ
தெ	தே	தை	தொ	தோ	தௌ
நெ	நே	நை	நொ	நோ	நௌ
பெ	பே	பை	பொ	போ	பௌ
மெ	மே	மை	மொ	மோ	மௌ
யெ	யே	யை	யொ	யோ	யௌ
ரெ	ரே	ரை	ரொ	ரோ	ரௌ
லெ	லே	லை	லொ	லோ	லௌ
வெ	வே	வை	வொ	வோ	வௌ
ழெ	ழே	ழை	ழொ	ழோ	ழௌ
ளெ	ளே	ளை	ளொ	ளோ	ளௌ
றெ	றே	றை	றொ	றோ	றௌ
னெ	னே	னை	னொ	னோ	னௌ
de quel-	ques lettres	de l'alpha-	bet grando-	nique ou	sanscrit.
க்ஷெ	க்ஷே	க்ஷை	க்ஷொ	க்ஷோ	க்ஷௌ
ஷெ	ஷே	ஷை	ஷொ	ஷோ	ஷௌ
ஜெ	ஜே	ஜை	ஜொ	ஜோ	ஜௌ

EXEMPLES.

முனிஷி (mounichi) un maitre — நட்டம் (nachtam) perte — di) vite — ஜீனி (djîni) selle — மோக்ஷம் (mokcham) ciel — ஸ்திரி (stri) femme — கஜம் (cadjam) éléphant — ஜல்தி (djal- ஹானி (häni) perte — ஸ்தலம் (endroit —

REGLES POUR LA PRONONCIATION.

அ

I. அ se prononce *a*; 1° — au commencement des mots, ex.: அறை chambre pron. *aRei* — அங்கே là, pron. *aNgué.*

2° Quand il est suivi de ம், ex.: பாவம் péché, pron. *pâvam*, நாமம் nom, pron. *nâmam.*

II. அ se prononce *eu* quand il se trouve au milieu des mots ou à la fin, ex.: பல divers, pron. *paleu* — வந்த venu, pron. *vandeu,* அவன் lui, pron. *aveun* (ou *avén* — c'est un son entre *é et eu*) — அவர்கள் eux, pron. *aveurgueul* (id).

ஐ

1° ஐ se prononce *aï* comme dans *aïeul* au commencement des mots. ex.: கை la main, pron. *kaï* — ஐயோ hélas! pron. *aïô.*

2° Il se prononce *ei* au milieu et à la fin des mots, ex.: மழை la pluie, pron. *maJei* — அடையாளம் signe, prOn. *aDeiâLam* — ஆசை désir, pron. *âsei.*

க

I. க a le son de K, — 1° au commencement des mots: ex.: கனி fruit, pron. *kani* — கோவில் église, pron. *kôvil*; — 2° au milieu des mots *quand il est double*, ex.: தர்க்கம் dispute, pron. *tarkkam* — மூக்கு nez, pron. *moûkkou* — பக்கம் côté, pron. *pakkam;* — 3° après ட் et ற், ex.: நாட்கள் les jours, pron. *naTkeuL* — பற்கள் les dents pron. *paRkeul.*

II. க a le son *g* de comme dans *gamin*, quand il est *simple* au milieu des mots, ex.: சுகம் bonne santé, pron. *sougam* — தேகம் le corps, pron. *têgam.*

Remarquez toujours la difference des longues et des brèves, et la prononciation de ட, *D T*, ண *N*, ழ *J*, ள *L*, ற *R*.

ச

I. ச a le son de *s* comme dans son, sa, ses, — 1° au commencement des mots, ex.: சாமி seigneur, pron. *sâmy* — சீக்கிரம் vitesse, pron. *sîkkiram*.

2° au milieu des mots, quand il est simple, ex.: பிசாசு démon, pron. *piçâçou* — ஆசை désir, pron. *âsei*.

II. ச a le son de *tj* quand il est double, et quand il vient immédiatement après ற், ex.: பச்சை vert, pron. *patjei* — கற்சிப்பு rugissement, *caRtjippou*.

III. ச se prononce *tch* quand il vient après ட், ex.: பட்சி oiseau, pron. *paTchi*.

IV. ச se prononce *dj* après ஞ் ex.: பஞ்சு coton, pron. *pagndjou* — கொஞ்சம் peu, pron. *cogndjam*.

ட.

Cette lettre n'est pas initiale (sauf dans un petit nombre de mots).

1° Quand ட est *simple*, il se prononce *Da* en repliant la langue au fond du palais, ex.: படம் image, pron. *paDam* — பாடம் leçon, pron. *pâDam*.

2° Quand il est *double*, il se prononce *TT* en plaçant la langue de la même manière, ex.: பட்டம் dignité, pron. *paTTam*.

ண

Cette lettre n'est jamais initiale. Elle est très nasale. Un indigène seul peut en donner le son exact, ex.: மணல் sable, pron. *maNel* — தண்ணீர் eau, pron. *taNNir*.

த

I. Cette lettre se prononce *t* comme dans table, tisane, tome, etc., 1° au commencement des mots, ex.: தம்பி frère cadet, pron. *tambi* — தீபம் flambeau, pron. *tîbam.*

2° Au milieu des mots, quand elle est *double*, ex.: பத்தி piété, pron. *patti* — பத்திரம் attention, pron. *pattiram*;

3° Après ற், ex.: அற்தம் signification, pron. *aRtam.*

II. Dans tous les autres cas, த se prononce *d* comme dans dame, digne, donner, etc., ex.: வந்தான் il est venu, pron. *vandân* — காது oreille, pron. *kâdou* — பாதாளம் abîme, pron. *pâdâLam.*

ந

Cette lettre est initiale. Elle a toujours le son de *n*, comme dans nation, nid, nez, non, etc.

ப

I. Cette lettre a le son de *p*; 1° — au commencement des mots, ex.: பக்கம் côté, pron. *pakkam* — 2° au milieu, quand elle est double, ex.: தப்பு faute, pron. *tappou*; 3° Après ட் et ற், ex.: நட்பு amitié, pron. *naTpou.*

II. Quand cette lettre est *simple* dans le corps des mots, elle se prononce comme *b* dans banc, bison, bon, etc., ex.: கோபம் colère, pron. *kôbam* — தீபம் flambeau pron. *tîbam.*

ற

Cette lettre est très dure. Quand elle est *double*, elle a le son de *tt*, ex.: சுற்று tour, pron. *souttou* — பற்றி à cause de, pron. *patti.*

Placée après ண cette lettre a généralement le son de *d*, ex.: பன்றி cochon, pron. *pandi* — கன்று veau, pron. *kandou.*

REM. — Les puristes prétendent qu'il faut prononcer *panri*, *kanrou* en faisant sentir le ன் et le ற; Il en est de même de என்று disant, மூன்று trois, etc… Beaucoup de personnes prononcent comme s'il y avait deux ண்: — பண்ணி — எண்ணு — கண்ணு.

Nous allons donner quelques exemples de lecture avec la prononciation figurée. Nous nous servirons de l'accent circonflexe pour indiquer les longues. Les lettres qui n'ont aucun signe sont brèves. *LES LETTRES CAPITALES ITALIQUES* indiquent les lettres tamoules qui doivent être apprises de la bouche d'un indigène.

A bref devant *ல், ர், ன் se prononce presque comme é.*

Tamoul	*Français*	*Prononc. figurée*
சர்வேசுரன்	Dieu	sarvêsourén
வீடு	maison	voûDou † (le son de வீ devant டு est presque *ou*).
தேள்	scorpion	teû*l* † (ஏ a le son de *eû* à cause du ள் suivant
வேறு	autre	veû*R*ou
பெண்ணு	femme, fille	po*NN*ou
கை	main	kaï (et non kei)
பை	sac	paï (et non pei)
சபை	assemblée	sabei
அவன்	lui	avén
அவர்கள்	eux	avérgue*l*
அவர்	lui	avér
படிக்கு	à la manière	pa*D*ikki
வண்டிக்கு	à la charrette	va*ND*ikki
மணிக்கு	à l'heure	ma*N*ikki

சபைக்கு	à l'assemblée	sabeikki
அஞ்சு	cinq	agntchou
பஞ்சு	coton	pagntjou
கஞ்சி	eau de riz	cagntji
குற்றம்	faute	couttam
கூட்டம்	troupe	coû*TT*am
மாத்திரம்	mesure	mâttiram
மற்று	autre	mattou
மாற்று	change	mâttou
மாது	femme	mâdou
மாடு	bœuf	mâ*D*ou
காற்று	vent	câttou
கட்டு	attache	ca*TT*ou
புளி	tamarin	pou*L*i
புலி	tigre	pouli (presque pili)
ரொம்ப	beaucoup	rombo
மெல்ல	doucement	molla (molleu)
கொல்லு	tue !	kollou
கொள்ளு	lentille, prends	ko*LL*ou.
கல்லு	pierre	kallou
கள்ளு	callou, toddi	ka*LL*ou
நல்ல	bon	nalla
சின்ன	petit	sinna
குடம்	crûche	kou*D*am (vulg. ko-*D*am)
பிடி	saisis	pou*D*i
செய்கிறது	faire	seygradou (le இ de கிற disparaît)
படிக்கிறது	apprendre	pa*D*ikkradou
சொல்லுகிறேன்	je dis	sollougrên
வேணும்	il faut	veû*N*oum
வேண்டாம்	il ne faut pas	veû*ND*âm
ஜல்தி	vite !	djaldi
அக்காள்	sœur aînée	akkâ (ள் est muet)
நக்ஷத்திரம்	constellation	nakchattiram

ஆக	devenir, en somme	ag*H*a (il y a une légère aspiration).
கம்பிளி	couverture de laine	kam*bouL*i
கப்பல்	vaisseau	kappal (kappél)
இலை	feuille	ilé
இல்லை	non	illé
அகத்தியமாய்	nécessairement	agattiamâï
அச்சம்	crainte	atcham
ஆச்சு	c'est fait	âtchi (*ou* se pron. ordinairement *i*)

On voit que la prononciation *pratique* s'éloigne souvent de l'écriture. Il est impossible de donner des règles absolues. Il importe donc grandement de lire chaque jour avec un indigène et de noter avec soin les changements que la pratique fait subir à l'orthographe réelle.

On peut dès maintenant aborder la deuxième partie de la méthode. Il sera bon de lire les exemples de chaque leçon avec un indigène avant de les apprendre par cœur. Sans cette précaution, on s'exposerait à prendre une mauvaise prononciation qu'il serait bien difficile de rectifier plus tard.

DEUXIEME PARTIE.

I. LEÇON.

Avez-vous du pain?	உனக்கு ரொட்டி இருக்குதா?
Oui, j'ai du pa n	ஆமா ரொட்டி இருக்குது
Avez-vous un arbre?	உனக்கு மரம் இருக்குதா?
Oui.	இருக்குது
J'ai un chien (ou le chien)	எனக்கு நாய் இருக்குது
— un chat.	— பூனை —
— un lion.	— சிங்கம் —
— un livre.	— புஸ்தகம் —
— un missel.	— பூசைப் புஸ்தகம்
— l'ornement.	— ஆயத்தம் —
— le calice.	— பாத்திரம் —
— les lunettes.	— கண்ணாடி —
— la cuiller.	— கரண்டி —
— la fourchette.	— முள்ளு —
— le riz (cuit)	— சோறு —
— le fruit	— பழம் —
— le vin.	— ரசம் —
— l'eau.	— தண்ணீர் —
— le sel.	— உப்பு —
— le poivre.	— மிளகு —
— la viande.	— கறி —
— le poisson	— மீன் —
— le papier	— காகிதம் —
— le sucre	— சர்க்கரை —
— la cloche	— மணி —
bénédiction	ஆசீர்வாதம்!
blanc	வெள்ளை
rouge	சிவப்பு
violet	ஊதா
noir	கறுப்பு
vert	பச்சை
Mien, mienne, de moi, à moi	என்-என்னுடைய-எனது
Mon calice	என் ou என்னுடைய பாத்திரம்
Mon cheval	என் குதிரை

Ma charrette.	என் வண்டி
Ce, cette	இந்த—அந்த
Cette voiture-ci	இந்த வண்டி
Cette voiture-là	அந்த வண்டி
Cette voiture est à moi.	இந்த வண்டி. எனது
Qui ? — à qui ? — de qui ?	ஆர் ou யார்?
Qui est celui-là ?	யார் அவன்?
A qui est cela?	யாரது?
C'est à moi	எனது
Qui est là ?	யார் அங்கே?
A qui est ce cheval ?	இந்தக் குதிரை யாரது?
— cette table ?	இந்த மேசை —
— ce lait ?	இந்தப் பால் —
— ce fruit ?	இந்தப் பழம் —
— cette banane ?	இந்த வாழைப்பழம்.
A qui ?	யாருக்கு?
Qui a un chapeau?	யாருக்குத் தொப்பி இருக்குது?
Celui-ci, Ce...ci	இந்த
Celui-là, Ce...là	அந்த
Quel ? — lequel ?	எந்த?
Ce livre-ci	இந்தப் புஸ்தகம்
Ce livre-là	அந்தப் புஸ்தகம்
Quel livre ?	எந்தப் புஸ்தகம்?
ceci, cela, quoi ?	இது-அது-எது ou என்ன?
je vais	போகிறேன்
tu vas	போகிறாய்
où vas tu ?	எங்கே போகிறாய்?
ici	இங்கே
là	அங்கே
où ?	எங்கே?
je vais là	அங்கே போகிறேன்
où vais je	எங்கே போகிறேன்?
le cheval va là	குதிரை அங்கே போகுது
où va le cheval	குதிரை எங்கே போகுது?
le cheval vient ici	குதிரை இங்கே வருது
qu'est-ce qui vient	என்ன வருது?
mon cheval vient	என் குதிரை வருது
un chien vient ici	ஒரு நாய் இங்கே வருது
apporte	கொண்டுவா
apporte de l'eau	தண்ணீர் கொண்டுவா
— de l'argent	பணம் —

— du feu	நெருப்பு கொண்டுவா
— le balai	துடைப்பம் —
— la balance	தராசு —
amène ton père	உன் தகப்பனைக் கூட்டிக் கொ [கொண்டு வா
— ta mère	உன் தாயை —
— ton frère (en général)	உன் சகோதரனை —
— ta sœur (en général)	உன் சகோதரியை —
— ta sœur aînée	உன் அக்காளை —
— ta sœur cadette	உன் தங்கைச்சியை —
— ton frère aîné	உன் அண்ணனை —
— ton frère cadet	உன் தம்பியை —
— ton grand-père	உன் பாட்டனை —
— ta grand'mère	உன் பாட்டியை —
— mon époux	என் புருஷனை —
— mon épouse	என் பெண்சாதியை —
— le futur époux	மாப்பிள்ளையை —
— la future épouse	பெண்ணை —
— la veuve	கைம்பெண்சாதியை —
le futur époux vient	மாப்பிள்ளை வருகிறான்
son épouse	அவனுடைய பெண்சாதி
leur père	அவர்களுடைய தகப்பன்
notre mère	நம்முடைய தாயார்
dis-lui de venir	அவன் வரச்சொல்லு
appelle-le	அவனைக் கூப்பிடு
dire	சொல்லுகிறது —
dis à l'aïeul de venir	பாட்டன் வரச்சொல்லு
dis à ma grand'mère de partir	என் பாட்டி. போகச்சொல்லு—
dis aux enfants de venir	பிள்ளைகள் வரச்சொல்லு
dis au Père de venir	சுவாமியார் வரச்சொல்லு
le Père dit de partir	சுவாமியார் போகச்சொல்லுகிறார்
où va le catéchiste? à l'église	உபதேசி எங்கே போகிறான்? கோவில் ou கோயில்
le catéchiste va à l'église	உபதேசி கோவிலுக்குப் போகிறான்
le livre du Père	சுவாமியார் புஸ்தகம்
le chien du catéchiste	உபதேசி நாய்

la bride du cheval	குதிரை லகாம்
mal de tête	தலை நோவு
le fruit de l'arbre	மரத்துப் பழம்
la fertilité du pays	நாட்டு வளமை
arbre	மரம்
pays	நாடு
j'ai le calice du père	சுவாமியார் பாத்திரம் என்கிட்ட இருக்குது

REM.— என்கிட்ட signifie *auprès de mois*. On s'en sert souvent pour marquer la possession. Ainsi, pour dire: je n'ai pas d'argent, au lieu de எனக்குப் பணம் இல்லை, on pourra dire: என்கிட்ட பணம் இல்லை.

maintenant.	இப்போது
alors.	அப்போது
quand?	எப்போது?
dis de venir maintenant.	இப்போ வரச்சொல்லு
alors il alla là-bas.	அப்போ அங்கே போனான்
quand viendras-tu?	எப்போ வருவாய்?
pourquoi?	ஏன்?
dis.	சொல்லு
que dis-tu?	என்ன சொல்லுகிறாய்?
pourquoi es-tu venu?	ஏன் வந்தாய்?
tu peux t'en aller	போகட்டும்
va-t'en.	போ
reste ici	இங்கே இரு
il viendra	வருவான்
quand viendra-t-il?	எப்போ வருவான்?
il faut	வேணும்
il faut dire	சொல்ல வேணும்
il ne faut pas.	வேண்டாம்
il ne faut pas partir	போகவேண்டாம்
il me faut du pain	எனக்கு ரொட்டிவேணும்
il faut apporter de l'eau.	தண்ணீர் கொண்டுவரவேணும்
il ne lui faut pas cela.	அது அவனுக்கு வேண்டாம்
dans la maison	வீட்டிலே
il ne faut pas venir dans la maison.	வீட்டிலே வரவேண்டாம் (*i. e.* il n'est pas nécessaire...)
il ne faut pas venir ici.	இங்கே வரக்கூடாது (*i. e.* il n'est pas permis...)

il faut aller à l'église	கோவிலுக்குப் போகவேணும்
que te faut-il?	உனக்கு என்னவேணும்?
il me faut de l'argent.	எனக்குப் பணம் வேணும்
oui	ஆம் vulg. ஆமா
non	இல்லை

REM. — Il n'y a en Tamoul qu'une seule déclinaison, dans ce sens du moins que les *signes* des cas sont toujours les mêmes. Mais avant de prendre ces signes, les mots subissent souvent des changements qu'il importe de connaître. Nous allons donner des exemples de tous les cas qui peuvent se présenter, afin que l'on ne soit pas embarrassé quand on trouvera des mots qui sembleront s'éloigner de la forme primitive.

Les signes des cas sont :

pour le génitif	—	இன் ou உடைய, du, de la, de,
— — datif	—	உக்கு à ; au, à la, aux.
— — accusatif	—	ஐ le, la, les.
— — vocatif	—	ஏ ô
— 1er ablatif	—	இல் dans, chez, en.
— 2e ablatif	—	ஆல் par
— 3e ablatif	—	ஒடு ou உடன், avec.

I. — Les mots terminés au nominatif par ஆ, ஊ, ஓ, உ précédé d'un monosyllabe bref prennent un வ் auquel on joint les signes des différents cas.

nomin.	மாதா	la mère
gén.	மாதாவின்	de la mère
	ou மாதாவுடைய	— —
datif.	மாதாவுக்கு	à la mère
accus.	மாதாவை	la mère
voc.	மாதாவே	ô mère!
1er abl.	மாதாவில்	dans la mère
2e abl.	மாதாவால்	par la mère
3e abl.	மாதாவோடு	avec la mère

décliner de même : பூ, la fleur ; பூவின், etc,
கோ, Dieu, கோவின், etc.
குரு, le prêtre, குருவின், etc.

Si உ est précédé d'*une* syllabe *longue* ou de *plusieurs* syllabes, on l'élide à tous les cas au lieu d'ajouter le வ; மாது, femme மாதின்-மாதுக்கு-மாதை, மாதே, மாதில், etc., மருந்து, remède மருந்தின்-மருந்துக்கு-மருந்தை, etc.

Exception.— Les mots சேசு Jésus — கிறீஸ்து Christ — et இஸ்பிரீத்துசாந்து prennent le வ euphonique, contrairement à la règle précédente: சேசு — gén. — சேசுவின், etc., — கிறீஸ்து, gén. கிறீஸ்துவின், et இஸ்பிரீத்துசாந்து, gén. இஸ்பிரீத்துசாந்துவின், etc...

II. டு et று précédés d'une syllabe longue se redoublent, avec l'élision de உ; ce redoublement n'a pas lieu au vocatif. மாடு, bœuf; gén. மாட்டின், dat. மாட்டுக்கு, accus. மாட்டை, voc. மாடே; 1er abl. மாட்டில்; 2e abl. மாட்டால்; 3e abl. மாட்டோடு. சோறு, riz cuit; gén. சோற்றின்; dat. சோற்றுக்கு, accus. சோற்றை, voc. சோறே, 1er abl. சோற்றில்; 2e abl. சோற்றால்; 3e abl. சோற்றோடு.

Si டு ou று sont précédés d'une seule syllabe brève, on les décline comme குரு, மடு étang profond; மடுவின், மடுவுக்கு, மடுவை etc... மறு, tache; மறுவின், மறுவுக்கு, மறுவை, மறுவே, etc...

III. Les mots terminés par இ, ஈ, ஐ prennent un ய entre le radical et les désinences des cas. Le datif fait க்கு, au lieu de உக்கு; il ne prend pas le ய, தம்பி, frère cadet; gén. தம்பியின் ou தம்பியுடைய, dat. தம்பிக்கு, accu. தம்பியை, voc. தம்பியே; 1er abl. தம்பியில்; 2e abl. தம்பியால்; 3e abl. தம்பியோடு. ஈ, la mouche, gén. ஈயின், dat. ஈக்கு, etc... சிலுவை, la croix, gén. சிலுவையின், dat. சிலுவைக்கு, etc...

CONSONNES

I. Les mots terminés par ம் perdent ce ம் et s'unissent à த்து auquel on ajoute les désinences. Ainsi: பாவம், le péché, retranchez ம் et ajoutez த்து, puis élidez ce dernier உ, d'après la règle I et vous aurez en ajoutant les désinences, gén. பாவத்தின் ou பாவத்தினுடைய, dat. பாவத்துக்கு, accus, பாவத்தை, mais au vocatif, on ajoute seulement ஏ au radical et l'on a பாவமே, 1er abl. பாவத்தில், 2e abl. பாவத்தால், 3e abl. பாவத்தோடு. déclinez de même: புண்ணியம் la vertu, gén. புண்ணியத்தின், dat. புண்ணியத்துக்கு, accus. புண்ணியத்தை, voc. புண்ணியமே, etc...

இருதயம், le cœur, gén. இருதயத்தின், etc.

II. *A*. Pour les mots terminés par ண், ன், ல், ள், ய், ர், ழ், si ces lettres sont précédées d'une syllabe longue ou de plusieurs syllabes, on se contente de les *animer* en ajoutant les désinences des cas.

ண் — ஆண், mâle; gén. ஆணின், etc., (syll. longue)
ண் — கவண், fronde; gén. கவணின், etc., (plus. syll.
ன் — மீன், poisson; gén. மீனின் etc., (syll. longue)
ன் — சேவகன், pion; gén. சேவகனின், etc., (plus. syll)
ல் — பால், lait; gén. பாலின், etc., (plus. syll.
ல் — பகல், journée; gén. பகலின், etc., (plus. syll.)
ள் — நாள், jour; gén. நாளின், etc., (syll longue)
ள் — அக்கிள், aisselle; gén. அக்கிளின், etc., (plus. syll.)
ய் — நாய், chien; gén. நாயின், etc., (syll. longue)
ர் — பேர், nom; gén. பேரின், etc., (syll. longue)
ர் — மயிர், poil; gén. மயிரின், etc (plus. syll.)
ழ் — வாழ், heareuse vie; gén. வாழின், etc., (syll. long.)
ழ் — புகழ், éloge; gén. புகழின், etc. (plus. syll.)

B. Quand les lettres finales ண், ன், ல், ள், ய், sont précédées d'une syllabe brève, on les redouble avant d'ajouter les désinences.

ண் — மண், terre; gén. மண்ணின், etc.
ன் — பொன், or; gén. பொன்னின், etc.
ல் — பல், dent; gén. பல்லின், etc.
ள் — முள், épine; gén. முள்ளின், etc.
ய் — பொய், fausseté; gén. பொய்யின், etc.

REM. — Dans les mots terminés par ய் on ajoute, au datif, க்கு au lieu de உக்கு.

Ainsi, நாய் fait au datif, நாய்க்கு-பொய் fait பொய்க்கு.

VERSION

ஆயத்தம் எங்கே இருக்குது?—என்ன ஆயத்தம்?—வெள்ளை ஆயத்தம்!— அவன் யார்?—

அவன் எங்கே? — நீ வா. — நீ போ. — போகி றேன். — எங்கே போகிறாய்? — வீட்டுக்குப் போ கிறேன். — மாப்பிள்ளையை வரச்சொல்லு. — தண்ணீர்கொண்டுவா. — தண்ணீர் இங்கே இ ல்லை. — உபதேசியைக்கூப்பிடு. — உபதேசி கோ விலிலே இல்லை. — பூசைப் புஸ்தகம் கொண்டு வரவேணும். — இந்தப் புஸ்தகம் யாரது? — கோவிலிலே இரு. — எங்கே போனான்? — எப் போவந்தாய்? — என் கிட்ட இரு. — எனக்கு ஒரு குதிரை வேணும். — உனக்கு என்ன வேணும்? — கோவிலுக்குப் போகக்கூடாது. — என் தம்பி க்குச் சோறு இல்லை. — அந்தப் பிள்ளைகளைப் போகச்சொல்லு. — மீன் வேண்டாம். — கறுப்பு ஆயத்தம் வேணும். — வாழைப்பழம் கொண் டுவா. — பல்நோவு. — தலைமயிர். — பொய் சொல் லவேண்டாம். — பொய் சொல்லுகிறது பாவம். — யாருக்கு வண்டி இருக்குது? — என்ன வரு து? — சுவாமியார் குதிரை வருது? — போ, ஆசீர் வாதம்.

THEME

Avez-vous du pain? — Il me faut du pain. — Apporte le sel. — Apporte le poivre. — Apporte le riz (cuit). — Apporte l'eau. — Je n'ai pas d'eau. — Où est le sucre? — Une cuiller. — Une fourchette. — Le vin. — Le poivre. — Où est le livre? — Apporte le missel. — Quel ornement faut-il? — L'ornement blanc. — L'ornement rouge. — L'ornement violet. — L'ornement noir. — L'ornement vert. — Où va cette charrette? — Quelle charette? — La charrette du Père. — A qui est ceci? — A qui est cela? — A qui est ce livre? — A qui est ce calice? —

Qui est là? — Mon frère cadet. — Mon frère aîné. — Où va ton grand-père? — Où va ton père? — Dis à mon catéchiste de venir. — Il est à l'église. — Maintenant je vais là. — Alors tu viens. — Quand pars-tu?

II. LEÇON.

தேவமாதாவின் தயவு	la miséricorde de la divine mère.
தேவமாதாவுடைய குமாரன்	le fils de la divine mère.
இந்தப் புத்தகம் யாரது?	à qui est ce livre?
என் தகப்பனது	il est à mon père.

REM. — உடைய et அது remplacent souvent le signe இன் du génitif. உடைய est plus usuel que அது dans le tamoul vulgaire. Ces deux mots sont des prépositions possessives. On ne peut les employer avec les prépositions qui régissent le génitif; ainsi on devra dire பாவத்தின்பேரில், et non பாவத்தினுடையபேரில், parce que பேரில் est une préposition qui demande le génitif, et que உடைய, comme அது, ne sont pas des génitifs proprement dits. Cependant il y a exeption pour les pronoms personnels. On dira நம்முடைய ou நமதுபேரில். Les exemples que nous donnerons feront mieux comprendre cette règle.

Sers le Seigneur. சர்வேசுரனுக்கு ஊழியம் பண்ணு.

Litt. fais service au Seigneur.

donne cela à cette femme.	இந்த மனுஷிக்கு அதைக்கொடு
donne à la mouche.	ஈக்குப் போடு
va à la montagne.	மலைக்குப்போ
crains le mensonge.	பொய்க்குப் பயப்படு

REM. — Pour former le datif on ajoute உக்கு au nominatif. Mais quand celui-ci est terminé par இ, ஈ, ஐ, ou ய், ajoute seulement க்கு au lieu de உக்கு. Ainsi dans les exemples ci-dessus ,on a ajouté உக்கு à சர்வேசுரன், et க்கு seulement à மனுஷி, ஈ, மலை, பொய் (vérifiez.)

Il est bon d'observer que, dans les mots terminés par இ ou ஐ, le datif க்கு se prononce généralement ainsi: எத்தனை மணிக்கு, à quelle heure? se prononce எத்தனை மணிக்கி, sans doute ce n'est pas absolument un இ, mais on peut s'assurer facilement que c'est bien loin d'être un உ.

இது, ceci; அது cela; எது quoi? font au datif dans le tamoul relevé இதற்கு, அதற்கு, எதற்கு. Mais le plus souvent on dit: இதுக்கு, அதுக்கு, எதுக்கு.

Certains pronoms personnels font leur datif en அக்கு, comme ou le verra plus loin.

J'ai vu cet homme.	இந்த மனுஷனைக் கண்டேன்
Il m'a frappé.	என்னை அடித்தான்
Un chien le mordit.	அவனை நாய் கடித்தது
Qui cherches-tu?	ஆரைத் தேடுகிறாய்?
Il frappe le bœuf.	மாடு அடிக்கிறான்
Il me donna du fruit.	எனக்குப் பழம் கொடுத்தான்

REM. — ஐ est le signe de l'accusatif.

On doit employer ce cas avec les pronoms personnels, démonstratifs et interrogatifs. Mais avec les noms neutres on peut employer le nominatif au lieu de l'accusatif, quoique l'emploi de ce dernier soit grammatical. Vérifiez les exemples donnés:

மனுஷனை, nom de personne, — accus. என்னை, pron. pers. accus. அவனை, pron. pers. accus, ஆரை, pron. inter. accus. மாடு, nom neutre, nominatif, பழம், nom neutre, nominatif.

N. B. Quand le signe ஐ de l'accusatif est suvi de l' une des lettres க, ச, த, ப, ces lettres se redoublent. Ainsi மனுஷனைக் கண்டேன்.

வீட்டைப் போனான்	Il alla à la maison.
ஊரைப்போய் சேர்ந்தான்	Il arriva au village.
தோட்டத்தை வந்தான்	Il vint au jardin.

REM.— Les verbes போகிறது aller, et வருகிறது venir, quoique verbes neutres, prennent indifféremment l'accusatif ou le nominatif pour marquer le passage d'un lieu à un autre. On peut aussi employer le datif. On pourrait donc dire: வீடு போனான். ou வீட்டுக்குப் போனான்; — தோட்டம் வந்தான் ou தோட்டத்துக்குப் போனான்.

தாயார்	mère.
தாயாரே	ô mère!
இராயப்பன்	Pierre.
இராயப்பா	ô Pierre!
சேவகன்	pion, soldat.
சேவகா	ô pion!
சாமி	Père.
சாமீ	ô Père!
தம்பி	frère cadet.
தம்பீ!	ô frère cadet!
தங்கச்சி	sœur cadette.
தங்கச்சீ!	ô sœur cadette!

REM. — Le vocatif se forme en ajoutant ஏ au nominatif: தாயார் — ஏ = தாயாரே.

1re except.— Les mots masculins terminés au nominatif par அன் font leur vocatif en changeant அன் en ஆ இராயப்பன், changez அன் en ஆ et vous aurez இராயப்பா ô Pierre.

2e except.— Les mots masculins et féminins terminés au nominatif par இ changent au vocatif cet இ bref en ஈ long.

சாமி, changez இ final en ஈ, et vous aurez le vocatif, சாமீ.

என் தாயார் இடத்தில்.	chez ma mère.
அறையில்.	dans la chambre.
வீட்டிலே.	dans la maison.
கத்தியாலே அடி.	frappe du couteau.
அவனாலே கெட்டுப்போனான்.	il fut perdu par lui.
பிள்ளையோடே.	avec l'enfant.
நம்முடன் வா.	viens avec nous.

REM.— 1° On se sert de இடத்தில் auquel on ajoute ordinairement ஏ: இடத்திலே, pour les noms masculins et féminins, de இல் ou இலே pour les noms neutres. — 2° Le 2e abl. en, ஆல் est toujours instrumental. — 3° — Le 3e abl. ஒடு, ஒடே, et plus *rarement* உடன், marque la société. Le 1er abl. indique l'intérieur, le lieu. Il se traduit, selon le cas, par *en*, *dans*, *chez*, *à*, etc. Le 2e abl. se traduit par *au moyen de*, *par*, etc.

FORMATION DU PLURIEL

மாதா	la mère.
மாதாக்கள்	les mères.
ஈ	la mouche.
ஈக்கள்	les mouches.
பூ	la fleur.
பூக்கள்	les fleurs.
கோ	le roi.
கோக்கள்	les rois.
குரு	le prêtre.
குருக்கள்	les prêtres.

Règle I. — Pour former le pluriel on ajoute க்கள் aux mots terminés au nominatif par une voyelle longue ou par உ précédé d'une syllabe brève.

சத்துரு	l'enemi.
சத்துருக்கள் ou சத்துருகள்	les enemis.

REM.— Quand la syllabe finale உ est précédée de plusieurs syllabes, on peut à volonté, former le pluriel en க்கள் ou en கள்

நரி	le renard.
நரிகள்	les renards.
மலை	la montagne.
மலைகள்	les montagnes.
காது	l'oreille.

காதுகள்	les oreilles.
கண்	l'œil.
கண்கள்	les yeux.
மரம்	l'arbre.
மரங்கள்	les arbres
பாவம்	le péché.
பாவங்கள்	les péchés

Règl II. — Les mots terminés au nominatif par இ— ஐ ou உ précédé d'un syllabe *longue*, ainsi que tous les mots terminés par une consonne quelconque, font leur pluriel en கள். Remarquez que le ம் final du nominatif se change au pluriel en ங், cause de son contact avec le க suivant, d'après les règles de l'orthographe. Pour les mots de dignité ou de parenté on peut former le pluriel en ajoutant மார் ou மார்கள் au nominatif, ainsi:

சுவாமி	le Père.
சுவாமிமார்	les Pères.
ou சுவாமிமார்கள்	id.
தகப்பன்	le père.
தகப்பன்மார்	les pères.
ou தகப்பன்மார்கள்	id.

Les mots மகன் fils et மகள் fille font au pluriel மக்கள் les fils, les filles.

Toutes ces désinences du pluriel க்கள் — கள் — மார் — மார்கள், se déclinent absolument comme les autres substantifs. Quand on a ajouté au nominatif: க்கள், கள், etc., suivant les règles données, on n'a plus qu'à ajouter les désinences des differents cas. மாதாக்கள் — மாதாக்களுடைய, — மாதாக்களுக்கு, etc., நரிகள் — நரிகளுடைய, etc., தகப்பன்மார் — தகப்பன்மாருடைய, etc.

VERSION.

சுவாமி மார்களுடைய புஸ்தகங்களைக் கொண்டுவா.—என் தகப்பனுடைய மக்கள் கோவிலுக்குப் போகவேணும். — இந்த வண்டி யா

ரது? என் தம்பியது— சர்வேசுரனுடைய மாதாவுக்கு ஊழியம் பண்ணவேணும்.— அந்த மனுஷனுடைய மகன் மலைக்குப்போனான்— உன் பாட்டனுக்குப் பொய் சொல்லவேண்டாம்.— இவனுடைய தம்பியை அடிக்கவேண்டாம்.— அவனைக் கூட்டிக்கொண்டு வா.— இந்த மாடு மலைக்குக் கொண்டுபோகவேணும்.— என் மாட்டை நரி கடித்தது.— மலையிலே நரிகள் ரொம்ப.-(a) அந்தக்கோவிலிலே பூக்கள் கொஞ்சம் (b).— அவனுடைய காதுகளைக் கொண்டுவா.— குதிரைகள் எங்கே?— பழங்கள் கொண்டுபோனான்.— இந்தப் புஸ்தகங்கள் யாரது.— சுவாமியாரது.— என் நாய்களை அடிக்கவேண்டாம்.— மீன்களுக்கு ரொட்டிவேணும்.— ஆண்பிள்ளைகளுக்குப் பழங்களைக் கொடுக்கவேணும்.— உபதேசிமார்கள் சர்வேசுரனுக்கு ஊழியம் பண்ணவேணும். (c) தாய் தகப்பன்மார்கள்.— தாய்மார்களே.— தகப்பன்மார்களே.— குருக்களே.

(a.) ரொம்ப, beaucoup, se prononce *rombo* — *(b.)* signifie *peu, un peu*. — *(c.)* ou கடவார்கள்

THEME

Le pain du catéchiste.— Les chevaux des Pères.— La dent de l'enfant. — Les enfants.— Les enfants de la mère.— Apporte les bananes *(acc. plur.)*.— Où sont les poissons.— Les poissons sont (இருக்குது.) dans l'eau.— Où sont les prêtres?— Les fruits de cet arbre. — Qui t'a donné ces fruits?— Pourquoi faut-il aller aux montagnes *(plur.)*?— qui arrivera au village? —

Mon frère cadet *(voc.)*, il y a du pain dans la maison de mon père.— O pion, viens ici.— Va là.— O Pierre, il faut aller à l'église.— Reste dans le pays.— Les fruits de mon arbre.— Que dis-tu à cela ?— Quand faut-il frapper les chevaux ?— Je n'ai pas de fils.— Dans ces maisons il n'y a pas d'argent.— Frère aîné *(voc. en* ஆ), quand viendras-tu à la maison ?— Je n'ai pas de maison.— Les cloches.— aux cloches.— Il n'y a pas de poivre dans le riz (cuit)— Les charrettes de cet hommes.— Notre père.— Leur mère.— dans cette chambre *il y a* des chats (இருக்குது). Il faut partir avec l'enfant de cet homme.— Chez mon père il y a un cheval.— Il n'y a pas de charrette.— pourquoi as-tu fait ces péchés? — Où vont ces renards-là ?— Donne (போடு) ces poissons aux chats.— Où est le remède?— Les charrettes viennent (வருது) avec nous.— Il faut dire la vérité aux enfants.— Pourquoi dis-tu (சொல்லுகிறாய்) des mensonges aux fils de ton grand-père ?— O péché ?— O péchés ?

III. LEÇON

Je parle.	நான் பேசுகிறேன்.
ma tête.	என்-என்னுடைய-எனது தலை.
donne moi.	எனக்குக் கொடு.
frappe moi.	என்னை அடி.
il est en moi.	என்னிடத்தில், என்னில் இருக்கிறார்.
je ne pourrai faire cela.	என்னால்— என்னாலே ஆகாது.
viens avec moi.	என்னோடு — என்னோடே வா.
nous ferons cela.	நாம் அதைச் செய்வோம்.
nous viendrons vous voir.	நாங்கள் உங்களைப் பார்க்க வருவோம்.
notre âme.	நம்முடைய— நமது ஆத்துமம்.
notre domestique restera auprès de vous.	எங்கள்—எங்களுடைய வேலைக்காரன் உங்கள் கிட்ட இருப்பான்.
il nous donnera le Ciel.	நமக்கு மோக்ஷம் கொடுப்பார்.
donnez nous cela.	எங்களுக்கு அதைக் கொடுங்கள்

il viendra nous juger.	நம்மைத் தீர்க்க வருவார்.
vous nous avez calomniés.	எங்களைத் தூஷணித்தீர்கள்.
il demeure en nous.	நம்மிடத்தில் — நம்மில் வாசம் பண்ணுகிறார்
venez en nous, ô Jésus!	எங்களிடத்தில் — எங்களில் வாரும் சேசுவே!
autant que nous pourrons.	நம்மால் ஆனமட்டும்.
vous aurez cela, grâce à nous.	எங்களால் அது உங்களுக்கு வரும்.
ils seront heureux avec nous.	நம்மோடு — நம்மோடே வாழ்வார்கள்.
vous viendrez avec nous.	எங்களோடு — எங்களோடே வருவீர்கள்.

REM.— La différence entre நாம் et நாங்கள் consiste en ce que நாம் comprend ceux à qui l'on parle aussi bien que celui qui parle, tandis que நாங்கள் exclut toujours ceux à qui on parle, et ne comprend que celui qui parle, et ceux *dont il parle.* La lecture attentive des exemples ci-dessus fera saisir cette différence.

Quand une personne parle d'elle-même à l'honorifique, cette distinction n'a pas lieu. Dans ce cas, நாம், நம்முடைய, நமக்கு etc., ne s'entendent que de la personne qui parle.

qui es-tu, toi?	நீ யார்?
venez vous-même *(sing. hon.)*	நீர் வாரும்.
la table.	உன் — உன்னுடைய — உனது மேசை.
il te dira cette nouvelle.	உனக்கு அந்தச் செய்தி சொல்லுவான்
il t'a insulté.	உன்னைத் திட்டினான்
l'âme qui est en toi.	உன்னிடத்தில் — உன்னில் இருக்கிற ஆத்துமம்
il a été frappé par toi.	உன்னாலே அடிக்கப்பட்டான்
je lui dirai de rester avec toi.	உன்னோடு — உன்னோடே இருக்கச் சொல்லுவேன்
vous m'avez racheté, Seigneur.	நீர் என்னை இரட்சித்தீர் சுவாமி!

où allez-vous ?	நீங்கள் எங்கே போகிறீர்கள் ?
que votre volonté soit faite!	உம்முடைய — உமது — உம் சித்தம் ஆகட்டும்
votre bon père	உங்களுடைய நல்ல தகப்பன்
gloire à vous, Seigneur!	உமக்குத் தோத்திரஞ் சுவாமி
ils vous ont trompé.	உங்களுக்கு மோசஞ் செய்தார்கள்
je vous aime, ô Jésus!	உம்மைச் சிநேகிக்கிறேன் சேசுவே
ils vous appelleront.	உங்களைக் கூப்பிடுவார்கள்
il n'y a pas de péché en vous	உம்மிடத்தில் — உம்மில் பாவமில்லை
qui est le voleur parmi vous ?	உங்களிடத்தில் — உங்களில் திருடன் யார் ?
j'ai été créé par vous.	உம்மால் — உம்மாலே உண்டாக்கப்பட்டேன்
il m'arrivera du mal par vous.	உங்களால் எனக்குத் தின்மை வரும்
je serai avec vous, ô Seigneur.	உம்மோடு — உம்மோடே இருப்பேன் சுவாமீ
je ne veux pas partir avec vous, méchants.	உங்களோடு — உங்களோடே போக மாட்டேன் பொல்லாதவர்களே

REM. — L'honorifique நீர், உம்முடைய, உமக்கு, உம்மை, உம்மிடத்தில், உம்மால், உம்மோடே, s'emploie toujours quand on s'adresse à Dieu, à la sainte Vierge, aux anges et aux saints. On peut s'en servir aussi en parlant à des personnes que l'on veut honorer. Mais dans ce cas il vaut infiniment mieux employer le pluriel. L'honorifique grammatical offenserait souvent ceux à l'égard de qui on l'emploierait, tandis que le pluriel est toujours agréable. Le plus sûr et de n'employer l'honorifique que dans les prières, et lorsque, dans un sermon, on s'adresse à Dieu et aux saints. Le நீ est toujours offensant quand on s'adresse à des pesonnes respectables, catéchistes, employés du gouvernement, etc. Avec les femmes, le singulier a quelque chose de familier et de vulgaire. En général, il faut ne se servir de நீ, etc., qu'avec les enfants, les domestiques et les personnes de basse condition.

il a dit qu'il viendrait lui-même	தான் வருவதாகச் சொன்னான்
il donnera ses richesses	தன் — தன்னுடைய — தனது ஆஸ்திகளைக் கொடுப்பான்
il dit qu'il lui fallait de l'argent	தனக்குப் பணம் வேணும் என்று சொன்னான்
il se suicidera	தன்னைக் கொல்லுவான்
il pense qu'il n'y a pas d'âme en lui	தன்னில் — தன்னிடத்தில் ஆத்துமம் இல்லை என்று நம்புகிறான்
il pratique la vertu autant qu'il le peut	தன்னால் ஆனமட்டும் புண்ணியத்தை அனுசரித்துக்கொண்டு வருகிறான்
il dit de rester avec lui.	தன்னோடு—தன்னோடே இருக்கச்சொன்னார்
il dit qu'il est prêtre	தாம் குரு என்று சொல்லுகிறார்
ils se frapperont eux-mêmes	தாங்கள் தங்களை அடிப்பார்கள்
il lit son propre livre	தம் — தம்முடைய — தமது புஸ்தகம் வாசிக்கிறான்.
ils montèrent sur leurs chevaux	தங்கள் — தங்களுடைய குதிரை மேல் ஏறினார்கள்
il dit qu'il fallait lui être soumis.	தமக்குக் கீழ்ப்படியவேணும் என்று சொன்னார்
ils dirent qu'ils ne voulaient pas de faux dieux	தங்களுக்குப் பொய்த் தேவர்கள் வேண்டாமென்று சொன்னார்கள்
il a ordonné de l'adorer	தம்மை வணங்கக் கட்டளையிட்டார்
ils se sont trompés eux-mêmes	தங்களை மோசஞ்செய்தார்கள்
il nous fera demeurer en lui-même	நம்மை தம்மில் — தம்மிடத்தில் இருக்கச்செய்வார்
ils jurèrent qu'il n'y avait pas d'argent chez eux	தங்களிடத்தில் — தங்களில் பணம் இல்லையென்று ஆணை இட்டார்கள்
il fit savoir que tout lui était possible	தம்மால் — தம்மாலே எல்லாம் கூடும் என்று அறிவித்தார்
il nous fera jouir avec lui-même	தம்மோடு — தம்மோடே வாழச்செய்வார்

ils dirent que cela ne pouvait être fait par eux	தங்களாலே இது செய்யக் கூடாது என்று சொன்னார்கள்
ils diront qu'on ne peut aller avec eux	தங்களோடே — தங்களோடே போகக் கூடாது என்று சொல்லுவார்கள்
ce livre-ci	இந்த ou இன்ன புஸ்தகம்
cette image-la	அந்த ou அன்ன படம்
quelle leçon ?	எந்த ou என்ன படம்?

REM.— இந்த — அந்த — எந்த ont la même significa- que இன்ன — அன்ன — என்ன. Les trois premiers sont plus employés que இன்ன et அன்ன, mais என்ன est très usuel.

Après இந்த — அந்த — எந்த, s'il se trouve une des lettres க, ச, த, ப, cette lettre se redouble. Cela n'a pas lieu avec இன்ன — அன்ன — என்ன.

ce cheval-ci	இந்தக் குதிரை
ce pion-là	அந்தச் சேவகன்
quel charpentier ?	எந்தத் தச்சன் ?
quelle langue ?	எந்தப் பாஷை ?

REM.— Quand இந்த — அந்த — எந்த — இன்ன — அன்ன — என்ன sont suivis d'une voyelle, on intercalle un வ euphonique. Il est nécessaire de connaître cette règle pour pouvoir décomposer les mots. Elle est souvent négligée dans le langage usuel, mais dans les livres elle est ordinairement suivie.

désir	ஆசை
ce désir	இந்த வாசை
ou	இன்ன வாசை
feuille de cocotier	ஓலை
cette feuille de cocotier	அந்த ou அன்னவோலை
village	ஊர்
quel village ?	எந்த ou என்னவூர் ?

Il arrive souvent que l'on ne prend que les premières lettres de இந்த — அந்த — எந்த ; dans ce cas, si le mot suivant commence par une voyelle, on intercalle un double வ் வ:

ce désir-ci	இவ்வாசை (இ—ஆசை)
ce chameau-là	அவ்வொட்டை (அ—ஒட்டை)
quelle échelle?	எவ்வேணி (எ—ஏணி)

Quand on emploie ces trois lettres இ—அ—எ au lieu de இந்த — அந்த — எந்த, toutes les lettres initiales se redoublent:

cette église-ci	இக்கோவில் (க redoublé)
cette occasion-là	அச்சமயம் (ச redoublé)
ce temps-ci (maintenant)	இப்போது (ப redoublé)
quel homme?	எம்மனிதன் (ம redoublé)

REM.— Quand le mot qui suit இ—அ—எ démonstratifs commence par un ய, on intercalle un வ்:

cet éléphant-ci	இவ் யானை
ce moulin à huile	அவ் யந்திரம்
quel pélerinage?	எவ் யாத்திரை?

En ajoutant aux lettres இ — அ — எ, les désinences வன் pour le masculin, வள் pour le féminin, வர் pour l'honorifique வர்கள் pour le pluriel, து pour le neutre singulier, et துகள் pour le neutre pluriel, on forme des pronoms démonstratifs (இ — அ) et interrogatif (எ) qui se déclinent comme les noms:

celui-ci	இவன்
celui-là	அவன்
lequel?	எவன்?
celle-ci	இவள்
celle-là	அவள்
la quelle?	எவள்?
celui-ci (hon.)	இவர்
celui-là (hon.)	அவர்
lequel? (hon.)	எவர்?
ceux-ci—celles-ci.	இவர்கள்
ceux-là—celles-là	அவர்கள்
les quels—les quelles?	எவர்கள்?

ceci	இது
cela	அது
lequel?	எது?
ceux-ci (neutre.)	இதுகள்
ceux-là (neut.)	அதுகள்
les quels? (neut.)	எதுகள்?
son cheval	இவன் குதிரை
sa table	அவனுடைய மேசை

REM.— இவன்—அவன்—எவன் sont, en même temps, nominatifs et génitifs. On peut donc dire indifféremment இவன் புஸ்தகம், son livre, ou இவனுடைய புஸ்தகம் Cependant quand il pourrait y avoir équivoque, il faut employer la désinence du génitif, ainsi: இவன் தகப்பன் signifie: lui est père ou son père. Dans ce cas, on dit இவனுடைய தகப்பன்.

Les mots இது ceci; அது cela; எது quoi, se déclinent irrégulièrement.

ceci—cela—quoi?	இது—அது—எது?
de ceci—de cela- de quoi?	இதின்—அதின்—எதின்? ou இதினுடைய, etc., etc.
à ceci, à cela, à quoi?	இதுக்கு-அதுக்கு-எதுக்கு? ou இதற்கு-அதற்கு-எதற்கு?
ceci, cela, quoi? (accus.)	இதை-அதை-எதை?
en ceci, en cela, en quoi?	இதில்-அதில்-எதில்?
par ceci, par cela, par quoi?	இதினால்-அதினால்-எதினால் ou இதனால்-அதனால்-எதனால்?
avec ceci, avec cela, avec quoi?	இதினோடு-அதினோடு-எதினோடு ou இத்தோடு-அத்தோடு-எத்தோடு ou இதனோடு-அதனோடு-எதனோடு!

Au lieu de இது, அது, எது, on dit, dans le Tamoul relevé: இவை-அவை-எவை, dont la déclinaison est irrégulière: இவற்றின், இவற்றிற்கு, இவற்றை, இவற்றில், இவற்றால், இவற்றோடு, etc. Il est bon de connaître ces formes, afin de pouvoir les reconnaître quand on les rencontre dans les livres. On peut les étudier plus au long dans la grammaire. Mais ce que nous en avons dit, suffit pour l'usage ordinaire.

REM.— I. *தான்* pronom personnel de la 3e personne a souvent le sens de *même*, adverbe.

Ainsi *இவன் தான்*, lui-même ; *சிங்கந்தான் பார்த்தேன்*, c'est bien un lion que j'ai vu ; *போகத்தான் வேணும்*, il faut partir assurément. Ce mot correspond alors au *quidem* des Latins.

REM.— II. Il y a une grande différence entre *அவன்* et *தான்*. Le premier correspond à *ejus* et le second à *suus, sua, suum* des Latins. On emploie *தான்—தாங்கள், தாம்*, etc., lorsque *son, sa, ses,* se rapportent au sujet de la phrase principale. Dans la leçon suivante nous donnerons de nombreux exemples pour montrer cette différence.

VERSION

நான் மனுஷன் (a) நீ மனுஷன். — அவன் என்னுடைய தம்பி. — அந்த மேசை யாரது?— என் மேசை தான் (b) உன் தாய் எங்கே?—வீட்டிலே தான்.— அவர்கள் கோவிலுக்குப் போகச் சொல்லு.— அவர்களுக்கு என்ன வேணும்?— இதென்ன?—(இது-என்ன.)— அதென்ன? (அது-என்ன.)—இவர்கள் யார்?— என்ன ஆயத்தம் வேணும்?— அந்தச் சுவாமியாருக்கு வெள்ளை ஆயத்தம் வேணும்.— நீங்கள் தான் அதைச் சொல்ல வேணும்.— நாங்கள் அங்கே போகவேண்டாம்.— நாம் சர்வேசுரனுக்கு ஊழியம் பண்ண வேணும். — இந்தத் தண்ணீரிலே மீன் இல்லை.—இப்போது எனக்குப் பணம் இருக்குது.—அந்த நாய் இவ் யானையைக் கடித்தது. — அந்தவோலை கொண்டுவா. — என்ன தேடுகிறாய்? — என் சுவாமியாருடைய பணத்தைத் தேடுகிறேன்.— இச்சம

யத்திலே.—சேவகா, உனக்கு என்ன வேணும்?—சுவாமீ எனக்கு ரொம்ப பணம் வேணும்.—உன் தம்பியாடஇந்தப்பழத்தைக் கொடுத்தான்.—எனக்குத் தம்பி இல்லை.—எந்தக் கோவிலுக்குப் போகிறாய்?— மாதாகோவிலுக்குப் போகவேணும்.—மாதா கோவில் எங்கே?—மாதா கோவில் இந்த ஊரிலே இருக்குது.—இது என்ன பாஷை?—என்னுடைய பாஷை தான்.-அதுக்குப் பேர் என்ன?

(a.) (le verbe sous-ente du). *(b.)* (quidem).

THEME

Moi. — Toi — Lui — Eux — Ceci — Cela — Qui? — Ici — Là — Où? — Celui-là — Lequel? — Laquelle? — Quoi — Cet homme-ci — Cette femme-là — Quel homme? — Ce cheval-ci — Cette charrette-là — Ma maison — Ton frère aîné — Son livre — Le missel du Père — Mon grand-père n'a pas de dents — Quel est ton nom? — Pierre — Paul — ô Pierre, il faut aller à ta maison — ô Paul, il ne faut pas aller là — Sur ta tête il n'y a pas de cheveux — Ceci est de l'or (litt. ceci or.) Ceci est un mensonge — Cela est une église. — Qu'est cela? — Cela est une charrette — Ceci est la charrette de cet homme — Appelle le catéchiste du Père — Qui sont ces prêtres? — litt. ces prêtres, qui?) — Qui êtes vous? (plur.) — Notre père (plur.) — Maintenant que te faut-il? — Crains le péché — A qui est ce chameau? — Ce chameau est blanc (verbe s. e.) — Ce chien est noir (verbe s. e.) Amène le frère cadet de cet homme — Cette femme est veuve (verbe s. e.)— A qui sont ces éléphants? C'est lui même (verbe s. e)— C'est celui-là même — C'est celle-là même — Que dire à cela? (à cela — quoi — dire) — Cela est un chat— Cela est un chien — Pourquoi es-tu venu à la maison? — Dans la maison de ton frère aîné il y a de l'eau — Dans cette maison il y a du pain — Apporte-le (cela)—

Que leur faut-il? (à eux quoi il faut.) — Que faut-il à ces hommes? — Apporte l'échelle — Quelle échelle? — Cette échelle-là — C'est vous-même qui étes le Seigneur (vous-même Seigneur).

IV. LEÇON.

il viendra lui-même	தான் தானே வருவான்
il aime son père	தன் தகப்பனைச் சிநேகிக்கிறான்
il a amené son domestique.	தன் வேலைக்காரனைக் கூட்டிக் கொண்டு வந்தான்.
il dit qu'il était catéchiste	தான் உபதேசி என்று சொன்னான்
ils dirent qu'il ne fallait pas les frapper (eux mêmes)	தங்களை அடிக்க வேண்டாம் என்று சொன்னார்கள்.

REM. — Dans ces phrases, les pronoms: lui-même, son, soi, eux-mêmes, se rapportant au sujet de la phrase, on a dû employer தான், தன் etc.

amène son cheval.	அவனுடைய குதிரையைக் கொண்டுவா
il ne faut pas frapper le chien de cet homme	இம்மனிதனுடைய நாயை அடிக்கக் கூடாது
Pierre frappa le chien de Paul	இராயப்பன் சின்னப்பனுடைய நாயை அடித்தான்
où est son livre?	இவன் புஸ்தகம் எங்கே?

REM.— Dans le premier de ces exemples, le cheval appartient évidemment à un autre qu'à celui qui reçoit l'ordre de l'amener. Aussi doit-on dire: அவனுடைய குதிரை, tandis que si quelqu'un amène son propre cheval, on dira: தன்னுடைய குதிரையைக் கொண்டுவந்தான்.

Dans le deuxième exemple, c'est une tierce personne qui ne doit pas frapper le chien de cet homme. Si donc nous remplaçons cet *homme* par *son*, nous aurons cette phrase-ci: il ne faut pas frapper son chien:. அவனுடைய நாயை அடிக்கக்கூடாது. Mais si l'on disait que l'on ne doit pas frapper soi-même son propre chien, il faudrait: தன்னுடைய நாயை அடிக்கக்கூடாது, parce que, dans ce cas, il s'agit du chien appartenant au sujet de la phrase qui ne doit pas le frapper.

De même, dans le troisième exemple, si quelqu'un, parlant du chien de Paul, disait que Pierre le frappa, il faudrait: அவனுடைய (c. a-d. de Pierre) நாயை சின்னப்பன் அடித்தான். Tandis que si Paul lui-même frappait son propre chien, on dirait: சின்னப்பன் தன் ou தன்னுடைய நாயை அடித்தான்.

Comme son père est mort, il dit qu'il ne peut pas venir	அவனுடைய தகப்பன் செத்ததினாலே தான் வரக் கூடாதென்று சொல்லுகிறான்

REM.— Dans le premier membre de phrase on parle d'un individu dont le père est mort; comme c'est une tierce personne qui parle, on a employé அவனுடைய et non தன்னுடைய. Mais dans le second membre on fait dire à celui dont le père est mort qu'il ne peut pas venir. En effet, என்று disant, indique qu'ici c'est lui-même qui parle. Cette phrase pourrait se tourner ainsi: Son père est mort, à cause de cela il dit que lui-même ne peut pas venir. Mais il est bon d'observer que l'on pourrait mettre toute la phrase dans la bouche de celui dont le père est mort. Les deux membres de phrase se rapportant alors au même sujet, on dirait: தன்னுடைய தகப்பன் செத்ததினாலே, தான் வரக்கூடாதென்று சொல்லுகிறான்; Le sens serait alors: "*mon* père étant mort, je ne puis venir" dit-il. — Décomposez de la même manière les phrases suivantes.

le Seigneur créa les anges pour sa gloire.	சர்வேசுரன் தம்முடைய மகிமைக்காகச் சம்மனசுகளை உண்டாக்கினார்.
il faut aimer le Seigneur et connaître sa puissance.	சர்வேசுரனைச் சிநேகித்து, அவருடைய வல்லமை அறிய வேணும்.
la mère protège ses enfants.	தாய் தன் பிள்ளைகளைக் காப்பாற்றுகிறாள்.

les anges, voyant le Seigneur qui les avait créés, lui rendant gloire, ne méprisant pas ses commandements, marchèrent selon sa volonté.	சம்மனசுகள் தங்களைப் படைத்த சுவாமியைப் பார்த்து, அவருக்குத் தோத்திரஞ்சொல்லி, அவருடைய கட்டளைகளை மீறாமல், அவருடைய சித்தத்தின்படியே நடந்தார்கள்.
le Seigneur les établit en sa présence d'une manière fixe.	சுவாமி தம்முடைய சமுகத்திலே அவர்களை ஸ்திரமாக்க நிறுத்தினார்கள்
chacun agit selon sa volonté (propre).	அவன் அவன் தன் தன் சித்தத்தின்படி நடக்கிறான்.

REM. — En tamoul, *chacun* s'exprime par அவன் répété. C'est comme une phrase double. Il faut alors répéter également le pronom தன், தன், etc., selon le cas. La phrase précédente équivaut à ces deux-ci: Lui அவன் agit selon sa volonté, lui (அவன்) agit selon sa volonté. Chacune de ces phrases demandant தன், du moment que l'on unit les deux அவன், on doit unir également les deux தன்.

chacun dit qu'il ne peut faire cela.	அவனவன் தான் தான் அதைச் செய்யக் கூடாதென்று சொல்லுகிறான்
chaque homme doit accomplir ses devoirs.	அந்தந்த மனுஷன் தன் தன் கடமைகளை அனுசரிக்கக்கடவான்.

REM. — Lorsque, après chaque, il y a un nom, on emploie அந்த répété, c.-à-d. அந்தந்த.

chaque animal agit selon son instinct.	அந்தந்த மிருகம் தன் தன் குணத்தின்படி நடக்குது.

N. B. On a pu remarquer, par les exemples donnés jusqu'ici, que les pronoms sont souvent sous-entendus. Ainsi, au lieu de dire: நான் வருகிறேன், on dira simplement: வருகிறேன்; il part: போகிறான், au lieu de: அவன் போகிறான்; on peut retrancher les pronoms toutes les fois que le sens est clair. Mais si l'on voulait dire: celui-ci vient, et celui-là s'en va, il faudrait évidemment exprimer les pronoms et dire : இவன் வருகிறான் அவன் போகிறான்.

je suis venu selon votre volonté.	தங்கள் சித்தத்தின்படியே வந்தேன்.

REM. — Cette tournure est honorifique et répond aux expressions françaises : Votre majesté, votre grandeur. On dit aussi en Italien : come sta Ella ? (comment *se* porte-t *elle* i. e. *sua signoria* ?) c.-à-d. qu'on emploie la 3e personne, en parlant à un supérieur ou à une personne que l'on veut honorer.

il est aussi gras que vous l'avez conjecturé.	முன் தாங்கள் எப்படி நினைத்தீர்களோ அப்படியே புஷ்டியாயிருக்கிறான்.

REM. — Ici le sujet seul (தாங்கள்) est à la 3e personne, quoique le verbe (நினைத்தீர்களோ) soit à la 2e personne, honorifique. Cette tournure est particulière à la langue tamoule.

qu'est-ce que ceci ?	இது என்ன?—இதென்ன?
qu'est ce que cela ?	அது என்ன?—அதென்ன?
est-ce un lion ?	சிங்கமா?
un lièvre	முசல்
est-ce un lièvre ?	முசலா?
un rat	எலி
est-ce un rat ?	எலியா?
il viendra	வருவான்
viendra-t-il ?	வருவானோ?
apporte ceci	இதைக் கொண்டுவா
ceci ?	இதுவா?
quel est ce bruit ?	இந்தச் சத்தம் என்ன?
est-ce la pluie ?	மழையா?
qui a écrit cela ?	யார் அதை எழுதினான்?
qui est celui-ci ?	இவன் யார்? (ou ஆர்)
est-ce toi ?	நீயா?
est-ce vous ?	நீங்களோ?
est-ce moi ?	நானோ?

à qui faut-il de l'argent?	யாருக்குப் பணம் வேணும்?
te faut-il de l'argent?	உனக்குப் பணம் வேணுமா?
est-ce de l'argent qu'il te faut?	பணமா உனக்கு வேணும்?
est-ce à toi qu'il faut de l'argent?	உனக்கா பணம் வேணும்?
voulez-vous de l'eau?	தண்ணீர் வேணுமா?
est-ce de l'eau qu'il vous faut?	தண்ணீரா வேணும்?

REM. I.— L'interrogation se forme en ajoutant ஆ ou ஓ à un mot quelconque. ஆ est beaucoup plus usité que ஓ. Celui-ci exprime la crainte, le doute, permission ou dispense.

REM. II. — Avec les mots qui expriment par eux-mêmes l'interrogation, comme ஆர் ou யார் qui? என்ன, எது, quoi, lequel? எவன்; எவள், qui, laquelle? எங்கே, où எப்படி, comment! எப்போ, quand? எம்மாத்திரம், எவ்வளவு, combien? என், pourquoi? etc., on ne doit pas employer ஆ ou ஓ. — Est-il venu? வந்தானோ? — qui est venu? யார் வந்தான்?

REM. III.— வேணும் signifie: il faut, je veux, je désire, j'ai besoin de.— வேண்டாம், il ne faut pas, il n'est pas nécessaire, je n'ai pas besoin de.— Régulièrement, on devrait dire: வேண்டும், mais la corruption வேணும் a prévalu, du moins dans la langue parlée, car dans les livres on trouve souvent வேண்டும்.

Quant à வேண்டாம், on le prononce quelquefois வாணாம் mais cette corruption est moins générale que வேணும்.— On verra plus loin, sur l'emploi de ce verbe, des développements qui seraient inutiles maintenant.

où faut-il aller?	எங்கே போகவேணும்?			
que veux-tu?	உனக்கு என்னவேணும்?			
je désire une image	எனக்கு	ஒரு	படம்	வேணும்
—une médaille	—	—	சுரூபம்	—
—un chapelet	—	—	செபமாலை	—
—un scapulaire	—	—	உத்தரீயம்	—
—un livre de prière	—	—	செபப்புஸ்தகம்	—
—de l'argent (en général)	—	—	காசு ou பணம்	—
—un pourboire.	—	—	சந்தோஷம்	—

je ne veux pas ceci	இது எனக்கு வேண்டாம்.
pourquoi ne le veux-tu pas?	என் வேண்டாம்?
ne veux-tu pas ceci?	இது வேண்டாமா?
non.	வேண்டாம்
me donnez-vous cela?	அதைக் கொடுக்கிறீர்களா?
oui.	கொடுக்கிறேன்
as-tu une plume?	இறகு இருக்குதா?
oui.	இருக்குது
hier es-tu venu?	நேற்று வந்தியா?
oui.	வந்தேன்
aujourd'hui es-tu bien?	இன்றைக்கு நன்றாய் இருக்கிறியா?
oui.	நன்றாய் இருக்கிறேன்
demain iras-tu à l'église.	நாளைக்குக் கோவிலுக்குப் போவியா?
oui.	போவேன்
est-ce là ton frère cadet?	இவன் உன் தம்பியா?
oui.	ஆமா (pour ஆம் ஆம்)
pleut-il?	மழை பெய்யுதா?
non.	இல்லை.

REM. I.— On répond à une question par le verbe de la demande que l'on met au temps voulu. C'est la manière la plus régulière.

REM. II.— Quand il s'agit d'affirmer l'essence, on emploie ஆமா oui; pour nier l'existence, இல்லை, non, ஆம் que l'on prononce ordinairement ஆமா, est la 3e pers. neutre du futur de ஆகிறது, devenir. Employé seul il correspond à notre oui. — இல்லை est un verbe irrégulier qui signifie *n'est pas*. Il correspond à notre non. Mais il faut remarquer que ce verbe nie seulement l'existence d'une chose. Pour nier l'essence, on emploie அல்ல. Cette différence est très importante, quelques exemples la feront aisément saisir;

il n'y a pas d'argent dans ce coffre.	இந்தப் பெட்டியிலே பணம் இல்லை
ceci *n'est pas* de l'argent.	இது பணம் அல்ல
il n'y a pas d'eau dans ce puits.	இந்தக் கிணற்றிலே தண்ணீர் இல்லை

cela n'est pas de l'eau.	அது தண்ணீர் அல்ல
"le cerf n'est-il pas là ?" dit le renard.	நரி: "மான் அங்கே இல்லையா?" என்றது
"ceci n'est pas un lion," dit le cerf.	மான்: "இது சிங்கம் அல்ல" என்றது
le catéchiste n'est pas à l'église.	உபதேசியார் கோவிலிலே இல்லை
celui-là n'est pas catéchiste	அவன் உபதேசி அல்ல
je n'ai pas d'enfant	எனக்குப் பிள்ளை இல்லை
cet enfant n'est pas mon fils.	அந்தப் பிள்ளை என்னுடைய மகன் அல்ல
tu n'as absolument pas d'esprit.	உனக்குப் புத்தி இல்லையே
ceci n'est certainement pas du sucre.	இது சர்க்கரை அல்லவே அல்ல

REM. I. — On ajoute parfois à இல்லை un ஏ emphatique இல்லையே pour donner plus de force à la négation. On entend souvent ce mot prononcé *illié* au lieu de *illéyé*. On peut ajouter cet ஏ au mot sur lequel porte la négation ; dans ce cas, இல்லை ne prend pas le ஏ. Ainsi, on pourrait dire: உனக்குப் புத்தியேயில்லை, c'est-à-dire: tu n'as absolument pas d'esprit.

REM. II. — அல்ல prend aussi le ஏ emphatique. On a alors அல்லவே. Pour donner encore plus de force à la négation, on ajoute souvent அல்ல à அல்லவே.

REM. III. — ஆம் et இல்லை étant d'un usage très fréquent, il importe de bien en comprendre la valeur. Toute question porte ou sur l'essence, l'être même d'un objet, ou sur son existence simplement. Ainsi, quand on demande: Cet animal est-ce un cheval ? Si c'est un cheval, on répond ஆம், parce qu'il s'agit de l'essence même de l'animal. Si c'est un âne, on répondra அல்ல. Mais s'il s'agit seulement de savoir s'il y a un cheval, comme la question porte alors, non sur l'essence, mais sur l'existence, on doit répondre à la question: y a-t-il un cheval குதிரை இருக்குதா, இருக்குது ou உண்டு: s'il n'y en a point on dira இல்லை, qui nie l'existence.

VERSION.

மனுஷன். — எந்த மனுஷன்? — அந்த மனுஷன்.—இந்த மனுஷனா?—இந்த மனுஷன் தான்.— இம்மனுஷன் எங்கே போகிறான்? —இவன், தான் உபதேசி அல்லவென்று சொல்லுகிறான்.—உன் தகப்பனுடைய நாய் கொண்டுவா.—என் தகப்பன்: அது தன்னுடைய நாய் அல்ல என்று சொல்லுகிறார். — சர்வேசுரன் மனுஷர்கள் தமக்கு ஊழியம் பண்ணவேணும் என்று கட்டளையிட்டார். (a) அவனவன் தன் தன் கடமைகளை அனுசரிக்க வேணும்.—தங்கள் கட்டளை (b) படி (c) நடப்பேன் (d).—தங்கள் கட்டளை என்ன?— தாங்கள் எப்படிக் கட்டளை இடுவீர்களோ (e) அப்படியே செய்வேன் (f)—நாய் நடக்குது.—பூனை நடக்குதா?— நடக்குது.—இது ரொட்டியா?—அல்ல.—இவர்களுக்குப் பணம் இருக்குதா?—இல்லை.—உன் வீட்டிலே சுரூபம் இல்லையா?—இல்லை.—உன் வீட்டிலே செபமாலை இருக்குதா?—உன் வீட்டிலேயா?—கோவிலுக்குப் போகிறாயா?—கோவிலுக்கா போகிறாய்?—அப்படி அல்லவே.—இது குதிரை அல்லவே அல்ல.

a) a ordonné. — *b)* ordre — *c)* selon — *d)* j'agirai — *e)* vous ordonnerez — *f)* je ferai.

THEME

Ce pain. — Où est le pain? — Quel pain? — Est-ce toi? — que veux-tu? — une médaille? — où vas-tu?

vas-tu à l'église ?—vas-tu à la maison ? — qui va au jardin ?—pourquoi vas-tu là ?—où est le livre de Pierre ?—où est le père de Paul?—Le père viendra lui-même.—Le Père aime son catéchiste. — Le catéchiste aime-t-il son père ? — Le grand-père de cet homme dit qu'il est catéchiste. — Pourquoi le frère aîné de cet homme dit-il qu'il est (தான்) catéchiste ? — Le Père dit de lui apporter (கொண்டு வா) son ornement vert. — Cette mère protège-t-elle ses enfants ? — Chacun agit-il selon sa volonté ? — Cet homme-ci est-il ton père ? — Cet homme-là n'est pas mon père. — Avez-vous des médailles? — Non. — Est-ce là un bœuf ? — Non. — Ceci n'est pas un cerf. — Ce cerf mord-il ? — Chaque homme. — Chaque lion. — Chacun, chaque homme agit selon sa volonté.—Chaque lion agit (நடக்குது) selon son instinct. — Celui-ci vient-il ? — Celui-là part-il ? — Ceci n'est certainement pas un rat. — Dans cette église il n'y a pas de rat.— Est-ce dans cette église qu'il y a des rats? Sont-ce des rats qu'il y a dans cette église ? — Il vient selon votre (தங்கள்) volonté. — Que dit cet enfant ? — Il dit que chacun doit accomplir ses devoirs.— Apporte du feu. — Cet enfant est-il ton frère cadet ? — Non. — Est-ce le futur ? — Non. — Où est la future ? — Est-elle dans l'église ? — Non.—Qu'est ce qui vient ?—Est-ce un cheval ? — Oui, c'est un cheval (தான்). — Où est le calice du Père ? — Le Père n'a pas de calice. — Le Père n'a-t-il pas de calice ? — Non. — Ceci est à moi (எனது) cela est à toi. — Ce chien est au catéchiste. — Il faut partir.

V. LEÇON.

ADJECTIFS.

un bon fruit	நல்ல பழம்
quelques personnes	சில பேர்
un serpent noir.	கரும் பாம்பு
une grande tempête.	பெரும் புசல்
un grand désir	பேர் ஆசை

plomb noir	கார் ஈயம்
beaucoup d'hommes	பல மனுஷர்

REM. I. — En tamoul il y a fort peu d'adjectifs *per se*. Il s'agit ici du tamoul vulgaire. Dans le tamoul relevé, il y a un bon nombre d'adjectifs proprement dits. Nous donnerons ceux qui sont usités. A part ceux que nous venons de donner, les adjectifs sont formés des substantifs eux-mêmes. பேர் grand, grande, et கார் noir, noire, se placent toujours devant une voyelle. Devant une consonne, on se sert de பெரும் grand — de et கரும் noir - re.

REM. II. — L'adjectif est indéclinable et se place toujours devant le nom qu'il qualifie.

Visage	முகம்
ressemblance de visage	முகச் சாயல்
spiritualité	ஞானம்
nourriture spirituelle	ஞானப் போசனம்
pureté	சுத்தம்
volonté pure	சுத்த மனசு

REM.III.—Les substantifs terminés par ம் deviennent adjectifs en retranchant ce ம். On peut aussi changer ce ம் en த்து et dire, au lieu de முகச்சாயல், முகத்துச் சாயல். Quand le substantif qui suit commence par une des lettres க, ச, த ou ப, cette lettre se redouble.

grandeur	பெருமை
grand arbre.	பெரிய மரம்
difficulté.	அருமை,
commandement difficile	அரிய கற்பனை
cruauté	கொடுமை
roi cruel.	கொடிய ராசா

REM. IV.— Les substantifs terminés par உமை changent உமை en இய, pour devenir adjectifs.

bœuf	மாடு
corne de bœuf	மாட்டுக் கொம்பு
forêt	காடு

homme des bois (sauvage)	காட்டு மனுஷன்
stérilité	மலடு
vache stérile	மலட்டுப் பசு
rivière	ஆறு
jonc de rivière	ஆற்றுக் கோரை
puits	கிணறு
eau de puits	கிணற்றுத் தண்ணீர்
taureau	எருது
peau de taureau,	எருத்துத் தோல்

REM. V.—டு, று, து, se redoublent pour changer en adjectifs les mots à la fin desquels ils se trouvent. Quand le substantif qui les suit commence par க, ச, த, ப, ces lettres se redoublent.

un singe	குரங்கு
queue de singe	குரங்கு வால்
venin	நஞ்சு
plante venimeuse	நச்சுச் செடி
remède	மருந்து
feuille médicinale	மருத்து இலை
fer	இரும்பு
tige de fer	இருப்புக் கம்பி

REM. VI.— Les désinences ங்கு-ஞ்சு-ந்து-ம்பு se changent, pour former des adjectifs: ங்கு en க்கு, ஞ்சு en ச்சு, ந்து en த்து, ம்பு en ப்பு.

une pierre	கல் (ou கல்லு)
maison	வீடு
maison-de-pierres (*briques*)	கல் வீடு
terre	மண்
forteresse.	கோட்டை
forteresse-de-terre	மண் கோட்டை
froid	குளிர் (coulour).
vent	காற்று
vent-froid	குளிர்காற்று

REM. VII.—Uue manière fort simple de former des adjectifs consiste à placer devant un substantif un autre substantif exprimant qualité, mesure, etc.

joie	சந்தோஷம்
joyeux — se	சந்தோஷமான
colère	கோபம்
irascible	கோபமான

REM. VIII.—En ajoutant à un substantif le mot ஆன, partic. passé du verbe ஆகிறது, devenir, ce substantif devient adjectif: சந்தோஷம் — ஆன signifie littéralement *qui est la joie;* c-à-d. joyeux. Cette manière de former les adjectifs ne s'emploie qu'avec les mots immatérîels.

richesse	ஆஸ்தி
riche	ஆஸ்தியுள்ள

REM. IX.— Aux mots matériels, ou ajoute plus ordinairement உள்ள, partic. de உண்டு, il y a; ce mot உள்ள signifie qui contient, qui a en-soi-même. ஆன et உள்ள s'emploient souvent l'un pour l'autre. Ainsi, ou peut dire indifféremment: பிரியமான சகோதரர்களே, ou: பிரியமுள்ள, etc...mes chers frères.

tout		எல்லாம்
	ou	சகலம்
toutes choses		எல்லாக் காரியமும்
	ou	காரியம் எல்லாம்.

REM. X.— எல்லாம், tout, peut se mettre avant ou après le substantif. Dans le premier cas, on doit ajouter au substantif la particule உம், et எல்லாம் perd le ம் final et க-ச-த-ப se redoublent.

Placé avant le substantif சகலம் perd le ம் final: tous les hommes, சகல மனுஷரும்.

Comme pour எல்லாம், le substantif prend alors la désinence உம்.

எல்லாம் et சகலம் placés après un substantif sont eux-mêmes de véritables substantifs et comme tels, se déclinent entièrement. Il en est de même quand ils sont seuls. Comme la déclinaison de ces mots est très usuelles, nous donnerons quelques exemples pratiques.

tous sont ici	எல்லாரும் இங்கே இருக்கிறார்கள்
tous lès hommes doivent mourir.	மனுஷர்கள் எல்லாரும் சாக வேணும்
donne-lui tout l'argent.	பணம் எல்லாம் அவனுக்குக் கொடு
j'ai vu toutes choses.	எல்லாதையும் பார்த்தேன்
il a volé tous les fruits.	எல்லாப் பழங்களையுந் திருடினான்
toute la maison s'est écroulée	வீடெல்லாம் விழுந்து போச்சுது
il faut leur donner à tous un pourboire	அவர்கள் எல்லாருக்குஞ் சந்தோஷங் கொடுக்கவேணும்
il frappa tous les enfants	பிள்ளைகள் எல்லாரையும் அடித்தான்
tous les enfants sont-ils arrivés?	எல்லாப் பிள்ளைகளும் வந்திருக்கிறார்களா?
tous les enfants sont arrivés	பிள்ளைகள் எல்லாரும் வந்திருக்கிறார்கள்
en toutes choses, il est habile	எல்லாத்திலும் அவன் கெட்டிக்காரன்
Dieu viendra juger tous les hommes	சர்வேசுரன் சகலரையும் நடுத் தீர்க்க வருவார்
tous auront le bonheur	எல்லாருக்கும் பாக்கியம் இருக்கும்
ils jouiront de toute sorte de bonheur	சகல பாக்கியமும் அநுபவிப்பார்கள்
toutes les fois qu'il vient	அவன் வரும்போதெல்லாம்
un corbeau	காக்காய்
est-ce là un tigre?	அது புலியா?
je ne sais si c'est un tigre	புலியோ!
je l'ignore	எனக்குத் தெரியாது
un lit	கட்டில்
une punaise	மூட்டுப் பூச்சி
y a-t-il des punaises dans ce lit?	இந்தக் கட்டிலிலே மூட்டுப் பூச்சி இருக்குதா?
qui le sait!	என்னமோ!
à quelle heure?	எத்தனை மணிக்கு?
je ne sais	எத்தனை மணிக்கோ!
quand partira-t-il	எப்போ போவான்?
je ne sais	எப்போ போவானோ!

qu'est-ce que cela ?	அதென்ன ?
je ne sais	அதென்னமோ!
Evêque	மேற்றிராணியார்
quand l'évêque viendra-t-il ?	மேற்றிராணியார் எப்போ வருவார் ?
je ne sais quand il viendra	எப்போ வருவாரோ! எனக்குத் தெரியாது
pleuvra-t-il, oui ou non ?	மழை பெய்யுமா இல்லையோ?
je ne sais s'il pleuvra ou non	மழை பெய்யுமா இல்லையோ தெரியாது
connais-tu cela ?	அது உனக்குத் தெரியுமா ?
je le connais	தெரியும்
qui le sait!	யாருக்குத் தெரியும்!

REM. I.— On répond à une interrogation par une autre interrogation en ஓ. Cette nouvelle interrogation indique l'ignorance.

REM. II.— தெரியாது signifie littéralement *n'est pas connu* இது எனக்குத் தெரியாது cela ne m'est pas connu, c-à-d. je l'ignore, je ne sais.

தெரியும் signifie *est connu.* இது எனக்குத் தெரியும் cela m'est connu, je connais, je sais.

Après la réponse *négative* en ஓ on ajoute souvent தெரியாது, pour plus clarté.

REM. III.—என்னமோ est une double interrogation composée de என்ன et de ஓ avec un ம intercalé. Ce mot indique le doute. Il est d'un usage fréquent.

REM. IV.—On voit que dans ces sortes de phrases, on peut employer une double interrogation : je ne sais quelle heure : எத்தனை மணிக்கோ!

qui est là ?	யார் அங்கே?
je ne sais	யாரோ!
quand ?	எப்போ?
je ne sais.	எப்போவோ!
combien ?	எத்தனை?
je ne sais	எத்தனையோ!
à qui ?	யாருக்கு?
je ne sais	யாருக்கோ!

comment?	எப்படி?
je ne sais	எப்படியோ!
où?	எங்கே?
je ne sais	எங்கேயோ!
quel homme?	எந்த மனுஷன்?
je ne sais	எந்த மனுஷனோ!

REM.— On voit par ces exemples que lorsqu'on répond à un mot interrogatif *per se*, on doit doubler cette interrogation par le signe ஓ. Mais lorsqu'il y a un autre mot outre le mot interrogatif *per se*, c'est alors à cet autre mot que se joint le signe ஓ, comme le montre le dernier exemple.

je suis venu sans but	சும்மா வந்தேன்
tiens-toi tranquille	சும்மா இரு
ne le bats pas sans raison	சும்மா அடிக்காதே
il donna pour rien.	சும்மா கொடுத்தான்

REM.—சும்மா signifie: inaction, inutilité, sans raison. Ce mot s'emploie dans une foule de sens que l'usage apprendra.

VERSION

நல்ல பழங் கொண்டுவா.— எத்தனை பழம் வேணும்? — அந்த மனுஷன் நல்ல மனுஷன்தான்.— பலபேர் கோவிலிலே இருந்தார்கள். (a) புத்தியுள்ள மனுஷர் சுவாமிக்கு ஊழியம்பண்ண வேணும்.— ஞானமுள்ள பிள்ளைகளுக்குச் சுரூபங் கொடுக்க வேணும்.— உன் தகப்பன் கிட்ட காரியம் இருக்குதா? — இருக்குது.— என் தோட்டத்திலே ஒரு பெரும் பாம்பு அடித்தார்கள் (b). சகல பேர் அங்கே போனார்கள் (c). அவர்கள் வீட்டிலே பெரிய நாய் இருக்குது.— அவன் கொடிய மனுஷன்.— மாட்டுத்தோல் வேண்டாம்.— மா

ட்டு வண்டி.— மாட்டுக் குணம்.— காட்டுப் பூனை.— ஆற்றுத் தண்ணீர்.— எருத்துக்கொம்பு.— மண் வீடு.— கல் கோட்டை.— இரும்புக்கத்தி.— நல்ல செய்தி — கோபமுள்ள ராசா.— ஆஸ்தியுள்ள ராசா.— பிரியமான சகோதரர்களுக்குப் புத்தி சொல்லவேணும். (d) காட்டு நாய் எல்லாம்.— எல்லா காட்டுப் பூனைகளும்.— சகல மிருகங்களும்.— எல்லாரும் அங்கே போக வேணும்.— மனுஷர்கள் எல்லாரும் சாக வேண்டாமா?— சாகத்தான் வேணும்.— யார் அவன்?— யாரோ! — எப்படி செய்வாய்?— எப்படியோ — என் பூசைப் புஸ்தகம் எங்கே?— எங்கேயோ!— அதென்ன?— அதென்னமோ!— எது?— எதோ!— எதைக் கொடுப்பான்?— எதைக் கொடுப்பானோ!—

a) étaient — *b)* on a tué — *c)* allèrent — *d)* donner des avis.

THEME

Sur cet arbre il y a de bons fruits (sing.) — Quelques enfants. — Un grand serpent. — Beaucoup de personnes. — Celui-ci (est) un homme cruel — A qui est ce grand jardin? (யாரது). La grandeur du roi. — Le grand roi. — La difficulte de ce commandement. — Ceci (est) un commandement difficile. — Eau de rivière. Terre de forêt. — Peau de bœuf. — Un roi riche — Tous les bœufs. — Tous les taureaux. — La peau de tous les animaux. — Il faut de l'eau à tous les animaux. — Tous sont-ils à l'église? Il faut dire toutes choses. — Faut-il leur donner à tous un pourboire? — Qui frappa tous les enfants? — Y a-t-il des taureaux dans cette forêt? — Le père viendra-t-il? — Je ne sais. — Comment cela? — Je ne sais. — J'ai vu le chat de cet homme. — Quel homme? — Je ne sais quel homme. — Le roi viendra-t-il, oui ou non? — Je ne sais s'il viendra, oui ou non. — Viendras-tu, oui ou non? — Je ne sais si je viendrai, oui ou non. — Combien de personnes? — Je ne sais. — Qui est celui-là? — Je ne sais. — Viendra-t-il sans raison? — (சும்மா) — Restera-t-il sans rien faire? (id) — Ne parle pas sans raison. (id) — Il ne faut pas (கூடாது) battre ce chien sans motif. (id). —

VI. LEÇON.

Verbes. Présent, — Passé.

j'étudie	படிக்கிறேன்
j'ai étudié	படித்தேன்
j'étudierai	படிப்பேன்
je fais	செய்கிறேன்
j'ai fait	செய்தேன்
je ferai	செய்வேன்

REM. — Le verbe tamoul n'a qu'une seule conjugaison. Il y a 3 modes; l'Infinitif, l'Impératif et le Subjonctif. Il y a aussi 3 temps: le Présent, le Passé et le Futur. Le radical ou racine est le même pour les trois temps. Dans les deux verbes ci-dessus la racine est படி et செய். Les terminaisons personnelles sont les mêmes pour les trois temps. Voici le tableau de ces terminaisons:

1re pers.	என்	honorif.	ஒம்	1re pers.	ஒம்
2e pers.	ஆய் ou ஐ	hon.	ஈர்	2e pers.	ஈர்கள்
3e pers. masc.	ஆன்	hon.	ஆர்	3e pers.	ஆர்கள்
3e pers. fém.	ஆள்				

je parle	பேசுகிறேன்
tu lis	வாசிக்கிறாய் ou வாசிக்கிறை
il écrit	எழுதுகிறான்
elle marche	நடக்கிறாள்

nous voyons	பார்க்கிறோம்
vous frappez	அடிக்கிறீர்கள்
ils ou elles viennent	வருகிறார்கள்
je vois (honor.)	பார்க்கிறோம்
vous frappez (honor.)	அடிக்கிறீர்
il dit (honor)	சொல்லுகிறார்

REM. I.— La racine de ces verbes donne l'impératif. Ainsi: பேசு parle; — வாசி lis, — எழுது, écrit; — நட, marche; — பார், vois; — அடி, frappe; — Quant à வருகிறது, venir, il fait à l'impératif: வா, c'est une exception.

REM. II.— Les verbes tamouls ont deux désinences infinitives, l'une en க்கிறது, l'autre en கிறது. Pour former le présent, on retranche து de க்கிறது, ou de கிறது et on ajoute les terminaisons personnelles. Ainsi பேசுகிறது parler. Retranchez le து final: il reste பேசுகிற. Si vous ajoutez les terminaisons personnelles என் — ஆய் ou ஐ — ஆன் etc, vous aurez le présent பேசுகிற + என் = பேசுகிறேன்; — பேசுகிற + ஆய் ou ஐ = பேசுகிறாய் ou பேசுகிறை etc...

வாசிக்கிறது, lire: retranchez le து final; il reste வாசிக்கிற. Ajoutez les terminaisons என், ஆய் etc, et vous aurez: வாசிக்கிறேன், je lis, வாசிக்கிறாய் ou வாசிக்கிறை, tu lis etc...

காக்கிறது, garder	passé	காத்தேன், j'ai gardé
விரிக்கிறது, étendre	—	விரித்தேன், j'ai étendu
படுக்கிறது se coucher	—	படுத்தேன் je me suis couché
பூக்கிறது, fleurir	—	பூத்தேன், j'ai fleuri
ஒக்கிறது. convenir	—	ஒத்தேன் j'ai convenu
மேய்க்கிறது, faire paître	—	மேய்த்தேன், je fais paître
பார்க்கிறது, voir	—	பார்த்தேன், j'ai vu
பாழ்க்கிறது, être ruiné	—	பாழ்த்தேன் j'ai été ruiné
படைக்கிறது, créer	—	படைத்தேன், j'ai créé

REGLE.— Dans les verbes en க்கிறது le passé se forme en changeant க்கிறது en த்தேன் pour la première personne. On ajoute ensuite les autres terminaisons personnelles; Ainsi: காக்கிறது; retranchez க்கிறது et remplacez-le par த்தேன்: vous aurez la 1re personne du passé. Si vous ajoutez ensuite ஆய் — ஆன் — ஆள் etc, vous aurez la conjugaison du passé: காத்தாய், காத்தான், etc. Exception. — Quand le க்கிறது est précédé d'un அ bref, le passé se forme en changeant க்கிறது en ந்தேன், au lieu de த்தேன்.

நடக்கிறது, marcher	passé	நடந்தேன், j'ai marché
பிறக்கிறது, naître	—	பிறந்தேன், je suis né
இறக்கிறது, mourir	—	இறந்தேன், je suis mort
மணக்கிறது, fleurir	—	மணந்தேன், j'ai fleuri (?)

Dans tous ces verbes, க்கிறது est précédé d'un அ bref: நடக்கிறது — பிறக்கிறது — இறக்கிறது — etc.

On voit que la formation du passé dans les verbes en க்கிறது n'offre aucune difficulté. Il n'est pas tout-à-fait de même de ceux en கிறது.

அறிகிறது, connaître	passé	அறிந்தேன், j'ai connu
ஈகிறது, donner	—	ஈந்தேன், j'ai donné
அறைகிறது, attacher	—	அறைந்தேன், j'ai attaché
மேய்கிறது, paître (neutre)	—	மேய்ந்தேன், —
செய்கிறது, faire	—	செய்தேன், j'ai fait

REM.— Quand கிறது est précédé de l'une des lettres ஈ — இ — ஐ — ய précédé d'une longue, le passé fait ந்தேன், ந்தாய், ந்தான், etc. que l'on ajoute après les lettres indiquées.

Si ய est précédé d'une brève, le passé est alors தேன், comme on le voit par le dernier exemple செய்கிறது

உண்கிறது, manger	passé	உண்டேன், j'ai mangé.
காண்கிறது, voir	—	கண்டேன், j'ai vu
தின்கிறது, manger	—	தின்றேன், j'ai mangé
என்கிறது, dire	—	என்றேன், j'ai dit, ai-je dit

REM.— கிறது précédé de ண் ou ன் fait au passé தேன், தாய், etc. Mais pour satisfaire aux règles de l'orthographe, தேன், etc. se change en டேன் après ண் et en றேன் après ன்.

பேசுகிறது, parler	passé	பேசினேன்
எழுதுகிறது, écrire	—	எழுதினேன்
திருடுகிறது, voler (dérober)	—	திருடினேன்
நம்புகிறது, avoir confiance	—	நம்பினேன்
பண்ணுகிறது, faire	—	பண்ணினேன்
பின்னுகிறது, entrelacer	—	பின்னினேன்
உலாவுகிறது, se promener dans la [maison	—	உலாவினேன்

REM.— Quand கிறது est précédé de l'une des lettres ச — த — ண — ப — ம — ன — வ — et que cette lettre est unie à உ, cet உ disparaît et se change en இன், au passé, avec les terminaisons personnelles: இனேன் — இனாய் — இனான் etc.

ஏகுகிறது, aller	passé	ஏகினேன்
ஆக்குகிறது, faire	—	ஆக்கினேன்
பாடுகிறது, chanter	—	பாடினேன்
கட்டுகிறது, lier	—	கட்டினேன்
தேருகிறது, se remettre	—	தேரினேன்
தேற்றுகிறது, guérir (actif)	—	தேற்றினேன்

REM.— கு — டு — று précédés d'une syllabe *longue* ou de *plusieurs* syllabes s'élident et font au passé இனேன்.

N. B. கு précédé d'une syllabe longue ou de plusieurs syllabes s'élide ordinairement: Ainsi on dira ஏகிறது — ஆக்கிறது, au lieu de ஏகுகிறது, ஆக்குகிறது.

மிகுகிறது, s'augmenter	passé	மிக்கேன்
படுகிறது, souffrir	—	பட்டேன்
அறுகிறது, être privé	—	அற்றேன்

REM.— கு — டு — று précédés d'une syllabe brève se redoublent. On ajoute ensuite les terminaisons personnelles.

La terminaison குகிறது se conjugue irrégulièrement au passé en குந்தேன். Ainsi, au lieu de மிக்கேன், on dit மிகுந்தேன் — மிகுந்தாய் etc. Le verbe அறுகிறது fait au passé அறுந்தேன், dans le sens de — être coupé.

ஆளுகிறது gouverner — passé ஆண்டேன்

REM.— ளுகிறது fait au passé ண்டேன்.

துள்ளுகிறது, gambader — துள்ளினேன்

REM. — ள்ளுகிறது fait ள்ளினேன்

கோலுகிறது, creuser à fond — கோலினேன்

REM. — லுகிறது fait லினேன்

வெல்லுகிறது, vaincre — வென்றேன்

REM. — ல்லுகிறது fait ன்றேன்

சேருகிறது, arriver, — சேர்ந்தேன்

REM.— ருகிறது fait ர்ந்தேன். Il faut excepter le verbe வருகிறது venir qui fait au passé: வந்தேன், வந்தாய் etc.

வாழுகிறது, vivre heureux — வாழ்ந்தேன்

புகழுகிறது, louer — புகழ்ந்தேன்

REM. — ழுகிறது fait ழ்ந்தேன் quand il est précédé d'une syllabe longue ou de plusieurs syllabes.

தொழுகிறது, adorer — தொழுதேன்

Mais quand ழுகிறது est précédé d'une syllabe brève, il fait au passé: ழுதேன்.

Tous les verbes de cette leçon ne sont pas également usités. Nous ne donnerons dans la version et le thème suivants que ceux d'un usage journalier.

VERSION.

நாய் எங்கே?— அதை அடித்தேன்.— ஏன் அடித்தாய்?—என் தகப்பன் அவனுக்குப் பழங்கொடுத்தான்.—இந்த மனுஷனுடைய தாய் வந்தாள்.— நாங்கள் அப்படிச் செய்தோம்.— நீங்கள் எப்படிச் செய்தீர்கள்?—அவர்கள் அப்படிச் செய்தார்கள். — சுவாமியார் கோவிலிலே இருந்தார். — இவனுடைய தம்பி பேசினன்.—உன் தகப்பன் உலாவினுர்.—யார் அதைச் செய்தான்? — நான் தானே அதைப் பண்ணினேன்.—சுவாமியை நம்பினுர்கள்.— நீ தான்

பணந் திருடினாய்.—நானா?—ஆம், நீ தான்.—சோறு ஆக்கினையா? — ஆக்கினேன் (a).—என் அப்படிப் பாடினாய்?—அந்த நாய் கட்டவேணும்.— அதைக் கட்டினேன்-— உன் தகப்பனாருக்கு எழுதினையா? — எழுதினேன். — யாரோடே பேசினாய்?—உபதேசியாரோடே பேசினேன்.—“போ” என்றான்.—“வா” என்றார்கள்.— உரொட்டி தின்றேன்.—அங்கே என்ன கண்டீர்கள்?—பெரிய கோவில் கண்டோம்.—பூசை காண வேணும் (b) பூசை கண்டாயா?—கண்டேன்.—இவர்கள் எல்லாரும் பூசை கண்டார்களோ?—கண்டார்கள்.—எல்லாரும் பாடினார்கள். — என்ன திருடினார்கள்? — எல்லாத்தையுந் திருடினார்கள்.—எங்கே படுத்தாய்?—என் வீட்டிலே படுத்தேன்.— சுவாமி எல்லாத்தையும் படைத்தார்.—இந்தப் புஸ்தகம் வாசி.—வாசித்தேன்.— உன் தாயாருக்கு எழுது.— எழுதினேன்.—இங்கேவா.—வந்தேன்.— அங்கே போ.—அங்கே போனேன்.—எல்லாஞ் சொல்லு.—எல்லாஞ் சொன்னேன்.—இந்த நாயை அடி.— அதைக் கொடு.—இப்படிச் செய் .—புஸ்தகத்தைப் படி.— அந்த மரத்தைப் பார்.—பார்த்தேன். — சொல்லுவார் .— பண்ணு. —சொன்னேன்.—பார்த்தேன்.—பண்ணினேன்.

a) litt. faire le riz cuit — *b)* litt. il faut voir la messe.

THEME

Cet enfant a frappé son père— Pourquoi as-tu frappé cet homme? — J'ai donné cela à mon grand-père —

Tous vinrent à l'église — Comment firent-ils? — Où allez-vous? — Que pensa le catéchiste? — Où était ton père? — Où es-tu allé? — Pourquoi as-tu parlé ainsi?— Cette femme fit cuire (ஆக்குகிறது) le riz (சோறு) — Il souffrit toutes ces choses — Le grand enfant gambada de joie — Pierre vit Paul dans l'église — J'ai mangé cela — On a volé dans l'église (on = ils) — Nous avons fait cela. — Ils eurent confiance en lui (accusatif) — Nous vous avons écrit — Tu as parlé — Elle chanta — J'ai connu cela — J'ai entendu (vu) la messe — Nous avons lu — Qu'avez-vous lu? — Pourquoi lisez-vous cela? — Dieu a créé tous les hommes — Le père et son fils marchèrent — Lis — Parle — Viens — Va-t-en là-bas — Sers Dieu. — Fais ainsi — L'enfant fait cuire le riz — Regarde ceci — Chante cela — Attèle. (litt.—attache la charrette) — Il se promena dans la maison — Ils ont souffert à cause de lui (par lui).

VII. LEÇON

Conjonction.—Verbe: futur.

Le chien et le chat	நாயும் பூனையும்
celui-ci et celui-là	இவனும் அவனும்
donne-ceci et cela	இதுவும் அதுவும் கொடு

REM.— La conjonction *et* se rend en tamoul par உம் que l'on ajoute aux deux mots que l'on veut unir. Cette particule se met toujours à la fin du mot, quel que soit le cas ou le temps.

Au nom du Père et du Fils et du St. Esprit	பிதாவுடையவும் சுதனுடையவும் இஸ்பிரித்து சாந்துவுடையவும் நாமத்தினாலே
à toi et et à moi	உனக்கும் எனக்கும்
appelle le Père et le catéchiste	சுவாமியாரையும் உபதேசியாரையும் கூப்பிடு

Quand on emploie un seul உம், cela donne le sens de *aussi* ou *même*.

viens aussi toi.	நீயும் வா
même les rois meurent	இராசாக்களும் சாவார்கள்

உம் ajouté à un mot interrogatif donne un sens de généralité, d'universalité.

quand?	எப்போது
toujours	எப்போதும்
comment?	எப்படி?
n'importe comment,	எப்படியும்
lequel?	எவன்
chacun, tous	எவனும்
qui?	யார்?
tous?	யாரும்
où?	எங்கே ou எங்கு?
partout	எங்கேயும் ou எங்கும்?
as-tu appris ta leçon?	உன் பாடத்தைப் படித்தாயா?

REM. — Au lieu de படித்தாயா, on dit படித்தியா, Cette, manière d'écrire la 2e personne interrogative n'est pas regulière; cette prononciation vient de ஐ qui peut remplacer la désinence personnelle ஆய் à la 2e personnes. On entend souvent: என் அப்படிச் செய்தை? — என் வந்தை? etc. — avec interrogation, on aura donc செய்தையா? வந்தையா? au lieu de செய்தாயா? வந்தாயா? Mais la prononciation commune est செய்தியா? — வந்தியா? — Dans le haut tamoul on trouve செய்கிறை, tu fais; செய்தை, tu as fait: செய்வை tu feras. Quand donc nous écrivons செய்தியா — வந்தியா — போனியா, etc., il faut se reporter à cette forme en ஐ de la seconde personne que l'usage est de remplacer par இ dans le langage, quoiqu'il soit préférable de conserver la forme en ஆய், quand on écrit.

j'étudierai	படிப்பேன்
je parlerai	பேசுவேன்
je mangerai	உண்பேன்
je dirai. (Dirai-je)	என்பேன்
je demanderai	கேட்பேன்

REGLE.— Le க்கிறது, se change au futur en ப்பேன். Le கிறது se change en வேன்.

EXCEPTION.— Lorsqu'il y a au radical ண், ன், ட், ou ற், le கிறது se change au futur en பேன்.

je te donnerai des caches	உனக்குக் காசு கொடுப்பேன்
tu frapperas l'enfant	பையனை அடிப்பாய்
il apprendra sa leçon	தன் பாடத்தைப் படிப்பான்
nous demanderons cela	அதைக் கேட்போம்
vous sonnerez la cloche.	மணி அடிப்பீர்கள்
ils donneront le baptême	ஞானஸ்நானங் கொடுப்பார்கள்
attacher	கட்டுகிறது
j'attacherai cet homme.	இந்த மனிதனைக் கட்டுவேன்
tu viendras demain	நாளைக்கு வருவாய்
il dira ainsi.	இப்படிச் சொல்லுவான்
va-t'en, dirons-nous.	போ—என்போம்
vous parlerez fort.	சத்தமாய்ப் பேசுவீர்கள்
ils feront ce travail.	இந்த வேலை செய்வார்கள்
donneras-tu cela ?	அதைக் கொடுப்பியா?
viendras-tu à l'église?	கோவிலுக்கு வருவியா?

REM.— Les observations que nous avons faites relativement à la 2e pers. interrogative du passé s'appliquent également à la même personne du futur. Au lieu de கொடுப்பியா, il faudrait கொடுப்பாயா, et au lieu de வருவியா, il faudrait வருவாயா. Mais l'usage général est de prononcer comme nous avons écrit. Cette prononciation vient de la terminaison en ஐ de la 2e personne: கொடுப்பை, வருவை ... கொடுப்பையா, வருவையா.

On voit que la formation du futur est fort simple. Ajoutons seulement que les verbes en ளுகிறது ou ள்ளுகிறது font au futur ளுவேன் — ள்ளுவேன், d'après la règle donnée, mais au haut tamoul le futur est ள்வேன். Ainsi கொள்ளுகிறது, acheter, fut. கொள்வேன். De même, les verbes en லுவேன், ou ல்லுவேன் peuvent faire au futur ல்வேன்: சொல்லுகிறது, dire, fut. சொல்லுவேன்.

partir, se mettre en route	புறப்படுகிறது
quand partiras-tu?	எப்போ புறப்படுவாய்?
je partirai demain	நாளைக்குப் புறப்படுவேன்
je viendrai demain matin	நாளைக்காலமே வருவேன்
ils viendront après-demain	நாளையின் அன்றைக்கு வருவேன்

REM.— நாளையின் est le génitif de நாளை jour ;—அன்று signifie *ce jour-là ; ce jour-ci* se dit இன்று ; *quel jour,* என்று.. Ces trois mots forment leur datif d'une manière irrégulière : இன்றைக்கு, aujourd'hui ; அன்றைக்கு, ce jour-là, என்றைக்கு, quel jour ? என்றைக்கும் toujours. Ce dernier se redouble ordinairement : என்றென்றைக்கும், pour toujours, à jamais.

les bons chrétiens accompliront tous les commandements de Dieu.	நல்ல கிறீஸ்துவர்கள் சர்வேசுரனுடைய கட்டளைகளை எல்லாம் நிறைவேற்றுவார்கள்.
par là ils obtiendront le ciel.	அதினாலே மோக்ஷத்தை அடைவார்கள்.
marcheras-tu selon la volonté de Dieu ?	சர்வேசுரனுடைய சித்தத்தின்படி. நடப்பியா ?
oui	நடப்பேன்

REM. — Le mot படி signifie proprement *manière, mesure.* Ii s'emploi comme préposition, comme adverbe et comme conjonction. Les mots இப்படி, comme ceci, அப்படி, comme cela, எப்படி, comment, sont composés de இந்த, அந்த, எந்த, et de படி. On ajoute souvent ஏ pour donner plus de force.

je ferai ainsi	இப்படியே செய்வேன்
tu marcheras ainsi	அப்படியே நடப்பாய்
afin qu'il vienne	அவன் வரும்படிக்கு

REM. — Après un participe, படி ou படிக்கு signifie *pour que, afin que, de manière à ce que...*

Dans படிக்கு le கு final se prononce généralement கி— படிக்கி. Quand un mot terminé par கு a un இ ou un ஐ immédiatement avant கு, ce கு se prononce ordinaire ment கி. Ainsi மணிக்கு (manikki) — வேலைக்கு (vèleikki) —நாளைக்கு (naleikki), etc.

je ferai en sorte qu'il vienne.	அவன் வரும்படியாகச் செய்வேன்.

Au lieu de படிக்கு, on emploie aussi படியாக en படியாய்.

puisque tu l'as battu, je te battrai toi-même	நீ அவனை அடித்த படியினால் நான் உன்னை அடிப்பேன்.

REM. ... A l'ablatif, படி signifie *parce que, vu que, attendu que, à cause que.* Il s'emploie alors avec les participes présents ou passés.

je te frapperai parce que tu as fait cela, prends garde.	நீ அதைச் செய்த படியினாலே உன்னை அடிப்பேன் பார்
pourquoi la première mère mangea-t-elle ce fruit?	ஆதித்தாய் ஏன் அந்தப் பழத்தைத் தின்றாள்?
elle le mangea parce que le démon le lui dit.	பிசாசு அவளுக்குச் சொன்ன படியினாலே அதைத் தின்றாள்.
comme vous êtes ici, tous viendront vous voir.	நீங்கள் இங்கே இருக்கிற படியினாலே எல்லாரும் உங்களைப் பார்க்க வருவார்கள்.
arracher.	பிடுங்குகிறது
balayer	பெருக்குகிறது
bénir	மந்திரிக்கிறது
changer	மாற்றுகிறது
qui arrachera cet arbuste?	இந்தச் செடி யார் பிடுங்குவான்?
le domestique balayera	வேலைக்காரன் பெருக்குவான்
je te bénirai	உன்னை மந்திரிப்போம்
je changerai cette roupie	இந்த ரூபாய் மாற்றுவேன்
les enfants doivent agir (marcher) selon les ordres de leurs père et mère	தாய் தகப்பன்மார்கள் சொற்படி பிள்ளைகள் நடக்கக் கடவார்கள்
(une chose) se vendre, être à vendre	விற்கிறது
vendre quelque chose	விற்றுப் போடுகிறது
cela se vend dix roupies	இது பத்துரூபாய் விற்குது
je vendrai ma voiture	என் வண்டி விற்றுப் போடுவேன்

VERSION

பையன் தன் பாடத்தைப் படித்தான். — ஆர் அந்த வேலை செய்வான்? — சுவாமியாரோடே

பேசுவீர்களோ?—இது விற்கிறதா? — இவனு
டைய பாட்டன் தன் மாட்டை விற்றுப்போட்
டான்.—உன்னை அடிப்போம் பார்.—சர்வேசு
ரனுடைய சித்தத்தின் படியே நடப்பேன்.—
பிள்ளைகள் கோவிலுக்குப் போகும் படிக்கு
அவர்களை அடிப்பார்கள். — எப்போ அந்
தக் கடிதம் எழுதுவீர்கள்? — எப்போதும்
அப்படி நடப்பையா?—எப்படியும் அந்தவே
லை செய்வோம்.— எப்படி வருவாய்?—வண்டி
யிலேதான் வருவேன்.— இன்றைக்குக் கோவி
ல் பெருக்க வேணும்.— அவர்கள் எத்தனை ம
ணிக்கு வருவார்கள்? — பத்துமணிக்கு வருவீர்
களோ? — வருவோம்.—பாத்திரமும் பூசை பு
ஸ்தகமும் இங்கே இருக்கிறபடியினாலே நா
ளைக்குப் பூசை செய்வோம். — என் தாய்தகப்
பன் சொற்படி நடப்பேன். — அவன் சொன்
னபடியே நடக்கவேணும்.—இன்றைக்கு என
க்குப் பணம் இல்லை.—நாளையின் அன்றைக்
கு வா. — நாளை காலமே உன்னை மந்திரிப்
போம்.

THEME

Le père et le fils. — La mère et la fille. — Le grand-père et la grand'mère. — Toi et moi. — Le père et le catéchiste te verront. — Les rois gouverneront. — Les enfants souffriront. — Les domestiques feront cuire le riz. — Ils connaîtront cette nouvelle. — Mangerez vous du pain? — Demain je chanterai à l'église (abl). — Tu auras confiance en moi (accus). — Il volera cet argent. — Après-demain nous écrirons une grande lettre. — A quelle heure faut-il venir? — à dix heures. — Comment feras-tu? — Je viendrai n'importe comment. — Vous serez avec Dieu à jamais. — Regarde cela. — Lire. — J'ai lu. — Je lirai. — Naître. — Je suis né. — Je naîtrai. — Mourir. — Il est mort. — Il mourra. — Non, ai-je dit. — Non, dirent-ils. — Va-t'en, dit le roi. — Père, me bénirez-vous? — Puisque tu sers Dieu, je te bénirai.

VIII. LEÇON

VERBE—NEUTRE.

Apprendre	படிக்கிறது
le perroquet apprend	கிளி படிக்குது
il apprendra	படிக்கும்
devenir	ஆகிறது
cela devient bon.	இது நல்லதாய் ஆகுது
cela deviendra ainsi	அது இப்படி ஆகும்
aller	போகிறது
le taureau va	எருது போகுது
l'âne ira	கழுதை போகும்
le cheval ira là.	குதிரை அங்கே போம்.

REM.— Le க்கிறது se change pour le neutre en க்குது au présent ; en க்கும் au futur. Le கிறது précédé d'une seule syllabe longue fait au présent குது, et au futur கும் ou ம். Ainsi ஆகிறது fait ஆகுது — ஆகும் ou simplement ஆம். Ce verbe signifie aussi *être*. Le futur neutre ஆம் s'emploie pour exprimer *oui*.

Le கிறது se change au présent neutre en குது; au futur en கும். Mais vulgairement on ajoute seulement உது pour le présent et உம் pour le futur, au radical du verbe. Ainsi செய்கிறது, faire, présent régulier: செய்குது ; futur செய்கும்; vulgairement, présent: செய்யுது; futur செய்யும்.

connaître	அறிகிறது.
Le renard connaît cela	நரி அதை அறியுது
il connaîtra la science	அது சாஸ்திரம் அறியும்

obtenir	அடைகிறது
le chien obtient du pain	நாய் உரொட்டி அடையுது
il obtiendra un os	எலும்பை அடையும்
sembler, paraître	காண்கிறது
cela semble ainsi	இப்படிக் காணுது
cela paraîtra ainsi	இப்படிக் காணும்
le perroquet dit: "sœur, sœur!"	கிளி: "அக்காள், அக்காள்" என்னுது
il dira: "va-t'en"	அது: "போடா" என்னும்
l'oiseau parle	பக்ஷி பேசுது
il parlera	அது பேசும்

REM. — Le உ final du radical s'élide à ses désinences neutres. Ainsi dans பேசுகிறது, le radical est பேசு Ce உ final disparaît et il est remplacé par உது — உம்.

Dans le tamoul relevé, le présent du neutre n'est autre que l'infinitif en க்கிறது ou கிறது. Ainsi: le corbeau croasse: காக்காய் கத்துகிறது.

courir	ஓடுகிறது
le cheval court	குதிரை ஓடுது
le tigre courra	புலி ஓடும்
le vase se brisera	பானை உடையும்
le petit enfant a brisé le vase.	சிறு பையன் குடம் உடைத்தான்
briser (v. actif)	உடைக்கிறது
se briser (v. neutre.)	உடைகிறது
le pot s'est brisé.	குடம் உடைந்தது
mieux:	உடைந்து போச்சுது
ce trou se remplira	இந்தக் குழி நிறையும்
la table remue	மேசை அசையுது
le lion remue la queue	சிங்கம் வால் அசைக்குது
le chien aboie	நாய் குலைக்குது
mordra-t-il?	கடிக்குமா?
oui	கடிக்கும்
il tonne avec fracas	கடக்கடென்குது
litt. il dit:	*cada cada.*
il pleura à chaudes larmes.	கோவென்று புலம்பினான்

litt. il pleura en disant *Kô*.

j'ai appris — படித்தேன்
le corbeau a appris — காக்காய் படித்தது
j'ai parlé — பேசினேன்
le perroquet a parlé — கிளிப்பிள்ளை பேசினது.

REM. — ஏன் ou இனேன் du passé se change en அது pour former le passé neutre, tant singulier que pluriel. Au pluriel, on ajoute parfois கள் et காக்காய்கள் பேசினதுகள்

j'ai parlé — பேசினேன்
le cheval a parlé — குதிரை பேசிற்று

REM. — இனது se change élégamment en இற்று, பேசிற்று au lieu de பேசினது. Mais cette forme est fort peu usitée, excepté dans les livres. Dans le langage *très vulgaire* cet இற்று se change en இச்சு que l'on prononce *itchi*.

le perroquet a parlé — கிளி பேசிச்சு
le chien est allé là-bas — நாய் அங்கே போச்சுது
il est allé à la maison — வீட்டுக்குப் போச்சு

REM. — போனது, 3e pers. neutre de போகிறது, aller, est remplacé dans les livres par போயிற்று. Dans le langage ordinaire ont dit போச்சுது on போச்சு. Ce dernier se prononce போச்சி, la 1re syllabe longue.

c' est fait — ஆச்சுது, ஆச்சு

REM. — ஆனது, 3e pers. neutre de ஆகிறது, être, devenir, est remplacé, dans les livres par ஆயிற்று. Dans le langage vulgaire on dit ஆச்சுது ou ஆச்சு. Ce dernier se prononce ஆச்சி.

le travail est il fini? — வேலை ஆச்சுதா?
oui — ஆச்சு
le repas est-il prêt? — சாப்பாடு ஆச்சா?
oui — ஆச்சுது
cela est gâté — அது கெட்டுப்போச்சு

l'arbre est desséché	மரம் பட்டுப் போச்சுது
est-ce fini?	ஆய்ப்போச்சா?

litt. étant est-ce fait ?

oui	ஆய்ப் போச்சு
le lion mordit le chat	சிங்கம் பூனையைக் கடித்தது
la pluie est tombée	மழை பெய்தது
le lièvre a souffert	முசல் பாடு பட்டது

litt. étant est-ce fait ?

le bœuf est mort	மாடு செத்துப்போச்சுது

litt. étant mort s'en est allé.

le petit enfant mourra	குழந்தை செத்துப்போம்

N. B. Petit enfant — est neutre.

le cheval devint boiteux	குதிரை நொண்டி ஆச்சுது
"ceci n'est pas un lion" dit le renard	நரி: "இது சிங்கம் அல்ல" என்றது

VERSION.

கிளிப்பிள்ளை எல்லாம் படிக்கும்.—இந்தக் கிளி பேசுமா?—பேசும்.—நரி பேசினது.—நாயும் பூனையும் பேசினதுகள்.—குதிரை இங்கே வரும்.—உங்களுடைய நாய் எங்கே போச்சு?—எங்கையோ!— தச்சனுடைய வேலை ஆய்ப் போச்சுதா?—ஆய்ப் போச்சு.—இந்த மீன் எல்லாங் கெட்டுப்போச்சு.—பத்துமரம் பட்டுப் போச்சுது.—இதுவும் பட்டுப்போம்.—எல்லாம் ஆய்ப்போச்சு.—மானும் நரியுஞ் செத்துப் போச்சு.—எப்போ செத்துப்போச்சுது?—காலமே செத்துப்போச்சு.—புலி: "நீ யார்" என்றது.—காக்காய்: "நான் உன் சினேகத்தை நம்புகிறேன்" என்றது.—என் மேசை எங்கே இ

ருக்குது?—கோவிலிலே இருந்தது.— அந்தப் பெட்டி உன் வீட்டிலே இருக்கும். — மாடுகளெல்லாம் நொண்டியாச்சுது. — இதென்ன? பூனையா?—இது பூனை அல்ல, புலிதான்.—அவர்களுடைய குழந்தை செத்துப்போச்சா? — செத்துப்போச்சுது.—நீயா இவனுடைய தகப்பன்?—அல்ல.—கடக்கடவென்று மழை பெய்யும். — பால் கெட்டுப்போகுமா? — கெட்டுப்போம்.

THÈME

Cette eau est gâtée. — Ce vin est-il gâté? — La charrette viendra. — Quand viendra le cheval? Tout sera-t-il prêt? — Tout est prêt. — Est-ce fini? — Qui? — Quel tigre a mordu notre chien? — Le chien est-il mort? — Le renard, le lièvre, le chien, le chat, le bœuf, le cerf, le cheval, le corbeau, le lion, le tigre et le taureau sont morts. — Le cheval connu. — Il a connu. — Le pot est-il brisé? — L'âne mourra. — L'âne deviendra boiteux. — Le lion fera ainsi. — La charrette du Père viendra demain matin. — Le bœuf a souffert. — Le cheval souffrira. — Le singe a parlé. — Qu'a t-il dit? — Il a dit: " je suis roi ". Le petit chien a mordu le gros chat (gros பெரிய). — Le bœuf de mon grand-père est mort.— L'arbre du catéchiste sera desséché.

IX. LEÇON.

VERBE : IMPERATIF :— INFINITIF VRAI.

Prendre, saisir.	பிடிக்கிறது
prends	பிடி
prenez. (honor.)	பிடியும்
prenez. (pluriel.	பிடியுங்கள்

REM. — Pour avoir la 2e personne de l'impératif, il suffit de retrancher க்கிறது ou கிறது. Le radical est l'impératif. A l'honorifique on ajoute உம் et au pluriel, உங்கள்.

marcher	நடக்கிறது
marche	நட
marchez (hon.)	நடவும்
marchez (plur.)	நடவுங்கள்

REM. — Quand il y a au radical un அ bref, on intercale un வ, d'après les règles de l'orthographe que l'on trouvera plus loin. நட + வ + உம் = நடவும்.

venir	வருகிறது
viens	வா
venez (hon.)	வாரும்
venez (plur.)	வாருங்கள்
donner	தருகிறது
donne	தா
donnez (hon.)	தாரும்
donnez (plur.)	தாருங்கள்
garder	காக்கிறது
garde	கா
gardez (hon.)	காரும்
gardez (plur.)	காருங்கள்
aller	போகிறது
va	போ
allez (hon.)	போம்
allez (plur.)	போங்கள்

REM. — Comme on le voit, ces quatre verbes forment leur impératif d'une manière irrégulière ; on ajoute ரும் pour l'honorifique, et ருங்கள் pour le pluriel : போகிறது fait போம், போங்கள்.

donne de l'eau.	தண்ணீர் கொடு
verse.	வார் (vulgo வாரு.)
verse de l'eau dans le bassin.	தொட்டியிலே தண்ணீர் ஊற்று

N. B. வார்க்கிறது signifie verser doucement, avec précaution. ஊற்றுகிறது, verser en grande quantité, de haut.

fais ainsi	இப்படிச் செய்
fais courir	ஓட்டு
cours, marche vite.	ஓடு
achète une chaise	ஒரு நாற்காலி வாங்கு
donne-lui deux caches	அவனுக்கு இரண்டு காசு கொடு
viens demain à 3 heures	நாளைக்கு மூன்று மணிக்கு வா
donne-lui quatre cordes	அவனுக்கு நாலு கயிறு கொடு
salue cinq fois	அஞ்சு விசை கும்பிடு
frappe six fois	ஆறு தரம் அடி
bois sept fois	ஏழு வாட்டி குடி
saute huit fois	எட்டு தடவை குதி
regarde les neuf personnes	ஒன்பது பேர் பார்
reste ici dix mois	பத்து மாசம் இங்கே இரு
frapper	அடிக்கிறது
il faut le frapper	அவனை அடிக்க வேணும்
pleurer	அழுகிறது
il ne faut pas pleurer	அழவேண்டாம்

REGLE. I. — Tous les verbes en க்கிறது, que ce soit par syncope ou non, changent à l'infinitif vrai க்கிறது, en க்க. L'infinitif est dit *vrai* quand il est régi par un autre verbe: comme " il faut frapper ". Si on disait seulement " frapper ", d'une manière générale, il faudrait employer l'infinitif *verbal*: அடிக்கிறது.

REGLE. II. — Tous les verbes en கிறது changent à l'infinitif vrai கிறது en க, lorsque le கிறது est précédé d'une syllabe longue.

REGLE. III. — Tous les autres verbes en கிறது *peuvent* avoir l'infinitif vrai en க. Mais cela ne se rencontre que dans le haut tamoul. Dans le langage vulgaire on retranche கிறது, et on ajoute அ qui lui-même se joint aux radicaux.

A) Si le radical est en உ, on retranche aussi cet உ. பேசுகிறது: le கிறது étant précédé de உ bref, ce verbe est régi par la 3e règle. Retranchez d'abord கிறது, puis உ et ajoutez அ, il reste pour l'infinitif vrai: பேச.

B) Si le radical est en ஐ ou இ ou ஈ, on ajoute ய. Ex. அடைகிறது. Retrancher கிறது. Puis, le radical étant அடை ajoutez ய et l'infinitif vrai sera : அடைய.

அறிகிறது, le radical étant அறி, ajoutez ய, et l'infin. vrai sera அறிய.

C) Enfin, si le radical consiste eu une *seule* syllabe *brève* consonnante, cette consonnante se redouble. Cependant il y a exception pour ர et ழ qui ne se redoublent jamais Ex. செய்கிறது : Le radical est செய், redoublez cette consonnante et vous avez செய்ய infinitif vrai. De même உண்கிறது = உண்ண, etc.

je suis allé voir ce spectacle	அந்த வேடிக்கை பார்க்கப் போனேன்

REM.— Après l'infinitif vrai les lettres க, ச, த, ப se redoublent.

il dit de chanter	பாடச் சொன்னான்
il convient de dire	சொல்லத் தகும்

litt. — il conviendra de dire. —

j'ai vu venir le père	சுவாமியார் வரக் கண்டேன்
le mouton est allé paître	ஆட்டுக்குட்டி. மேயப் போச்சு

N. B Ici le கிறது est précédé d'une syllabe brève ; la première syllabe est மே, la seconde ய. On doit donc retrancher கிறது de மேய்கிறது, puis ajouter அ. Pour cela on change ய் en ய et on a pour l'infinitif மேய.

faites cela, prince	அதைச் செய்க ராசாவே

REM.— Dans le haut tamoul, comme nous l'avons dit, *tous* les verbes en கிறது peuvent avoir l'infinitif en க. Mais cela n'a pas lieu dans le tamoul ordinaire. Il faut donc s'en tenir aux règles données ci-dessus.

seigneur, venez	தேவரீர் வர

REM. — Dans le style relevé, l'infinitif vrai sert d'impératif.

arrête la charrette	வண்டி நிறுத்த வேணும்
faut-il faire ainsi?	இப்படிச் செய்ய வேணுமா?
oui, fais ainsi	ஆம், அப்படி தான் செய்யவே ணும்

REM. — L'impératif français se rend souvent en tamoul par l'infinitif vrai avec வேணும். Quoique cette tournure soit vulgaire, elle est cependant très usuelle.

on ne peut pas faire cela	அதைச் செய்யக் கூடாது
on peut le faire	செய்யக் கூடும்

REM. — கூடும் signifie *sera possible*: கூடாது *ne sera pas possible*. Selon que l'on emploie la 1re, la 2e, la 3e pers. etc. கூடும் se rend par *je peux, tu peux, il peut*, etc.; கூடாது par *je ne peux pas, tu ne peux pas, il ne peut pas*, etc. Le pronom se met à l'ablatif, ainsi que tout autre mot servant de sujet.

je puis faire cela	அது என்னாலே கூடும்
tu ne peux faire ceci	இது உன்னாலே கூடாது
l'homme pourra-t-il faire ce travail?	இந்த வேலை மனுஷனாலே கூடு மா?

Mais si, outre கூடும் ou கூடாது, on emploie un autre verbe, le sujet alors se met au nominatif.

je ne peux partir	நான் போகக் கூடாது
il ne peut partir	அவன் போகக் கூடாது
ne parle pas ainsi	இப்படிப் பேசக் கூடாது

REM. — On emploie souvent கூடாது, au lieu de l'impératif négatif pour marquer qu'une chose est défendue.

La différence entre வேண்டாம் et கூடாது consiste en ce que வேண்டாம் indique qu'il n'est *pas nécessaire* de faire une chose, tandis que கூடாது signifie que la chose ne *peut pas*, ne *doit pas* être faite.

il n'est pas nécessaire de venir	வர வேண்டாம்
il ne faut pas faire le péché	பாவம் செய்யக்கூடாது

VERSION.

அவனைப் பிடி.— என்னோடே நட.— இதைச் சாப்பிடு.— அந்த மாட்டைக் கட்டுங்கள். — என்னுடைய படத்தைப் பாருங்கள். — ஆ என்னு மாடுகளை ஓட்டு. — குதிரைக்குச் சேணிப்போடு. — நாலு நாற்காலி வாங்கு. — கரண்டி கொடு. — சுவாமியாரைக் கும்பிடு. தோட்டத்திலே தண்ணீர் ஊற்று. — எங்கும் பார். — பூசைக்குப் போ. — அந்தக் கெட்ட பையனை அடியுங்கள். — இதை வாசி. — உங்கள் பாடத்தைப் படியுங்கள். — இப்படி பேசுங்கள். — உன் வீட்டுக்குப் போ. — அவன் வீட்டிலே இரு. — ஒன்று — இரண்டு. — மூன்று — நாலு. — ஐந்து. — ஆறு. — எழு. — எட்டு. — ஒன்பது. — பத்து. — காலமே உரொட்டி சாப்பட வேணும். — பாவத்துக்காக (*) அழவேணும். — வரவேணுமா? — வரத்தான் வேணும். — அந்தக் கெட்ட மனுஷனைப் போகச் சொல்லு. — இவனைப் பாடக் கேட்டேன். — அங்கே போகத் தகுமா? — அந்த நாயை அடிக்கப் போங்கள். — சுவாமியார் வருவாரா இல்லையா சொல்லு? — இன்றைக்கு வரக்கூடாது. — என் வரக்கூடாது. — அவர் இப்படிச் சொல்லச் சொன்னார்.

* (à cause du péché.)

THEME.

Pierre, viens ici. — Où vas-tu ? — Je vais à l'église — Pourquoi marches-tu ainsi ? — Marche de cette manière. — Regardez là-bas.— Ce perroquet parlera-t-il ?— Demain il parlera. — Que dira-t-il ? — Il dira " sœur, sœur ! ". — Le bœuf est-il mort ? Non, il marche. — Il a marché.— Après demain, il marchera. — Bois cette eau. — Je boirai ce vin. — Chien, mords cet enfant. — Pourquoi frappez-vous ce cheval ? — A qui est ce bœuf ? — A moi. — Donne-moi le missel. — Donne-lui une roupie. — Achète deux livres. — Dis cela trois fois. — J'ai vu quatre hommes venir à l'église. — Nous sommes cinq personnes. — Peux-tu me donner six caches ? (கூடும்). — Regarde ces sept serpents. — Achetez huit moutons. — Dans le jardin de mon père, il y a neuf puits. — Dix bœufs paissent ici. — Quand arriverons-nous là-bas ? — Nous arrivâmes à quatre heures. Dieu a créé les hommes, les arbres et les animaux. — Ici et là. — Il faut aller à l'église et à la maison. Y a-t-il de l'argent dans cette boîte ? — Non. — Qu'est ceci ? — Est ce un calice ? — Non. — Je ne puis dire cela.— Il n'est pas nécessaire d'aller au village. — Cet arbre se dessèchera. — Il s'est desséché. — Il ne faut pas boire cette eau (கூடாது.) — Il ne faut pas frapper les chiens. — Il ne faut pas parler ainsi. — Il faut que chacun entende (காண்கிறது) la messe. — Fais ce travail n'importe comment. — Partout il y a des hommes. — Attèle (attache la charrette). — Quand attèleras-tu ? — A qui donneras-tu ces fruits ? — Est-ce à ton frère cadet que tu donneras cela ? — Cela paraît ainsi : — Comment cela te paraît-il ? — Je connaîtrai cet homme. — Connaîtras-tu cet homme ? — Fais cuire le riz. — Sers Dieu. — Il te bénira.

X. LECON.

INFINITIF.— PARTICIPES.— VERBAUX.

Le roi ayant ainsi parlé le ministre se retira.	இராசா அப்படிச் சொல்ல, மந்திரி போய்விட்டான்
cela étant ainsi...	இது இப்படி இருக்க...
comme je venais, il partit.	நான் வர அவன் புறப்பட்டான்
comme je suis malade, je ne puis aller à l'église.	நான் வியாதியாயிருக்க, கோவிலுக்குப் போகக்கூடாது

REM.— On voit que l'infinitif vrai n'a pas toujours le sens de l'infinitif français. Il correspond parfois à l'ablatif absolu des latins.

Ils partirent ensemble.	ஒருமிக்கப் புறப்பட்டார்கள்.
s'unir, s'accorder.	ஒருமிக்கிறது.
venez ensemble.	கூட வாருங்கள்.
se joindre, se réunir.	கூடுகிறது.
cela excepté	அது தவிர.
cesser, exclure.	தவிருகிறது.
doucement, doucement !	மெல்ல மெல்ல. ou மெள்ள மெள்ள.
manger doucement, mâcher ?	மெல்லுகிறது.
peu à peu.	வர வர.
de son propre mouvement.	வலிய.
entreprendre; oser.	வலிகிறது.
de même.	இது போல.
ressembler.	போலுகிறது.

REM. Plusieurs verbes s'emploient à l'infinitif vrai comme adverbes, prépositions, conjonctions. Ceux que nous avons donnés sont d'un usage journalier.

déchirer.	கிழிக்கிறது.
un blanchisseur qui déchire le linge.	துணி கிழிக்கிற வண்ணான்.
dormir.	தூங்குகிறது.
un ours qui dort.	தூங்குகிற கரடி.
un enfant qui pleure.	அழுகிற பிள்ளை.
la semaine prochaine.	வருகிற கிழமை.
le berger qui paît les brebis.	ஆடுகளை மேய்க்கிற மேய்ப்பன்.
les brebis qui paissent dans le bois.	காட்டிலே மேய்கிற ஆடுகள்.
la parole que tu dis.	நீ சொல்லுகிற வார்த்தை.
l'eau que tu bois.	நீ குடிக்கிற தண்ணீர்.
le travail qu'il fait.	அவன் செய்கிற வேலை.
l'arbre que nous plantons.	நாம் நடுகிற மரம்.
l'arbre que vous coupez.	நீங்கள் வெட்டுகிற மரம்.

la vertu qu'ils pratiquent. அவர்கள் அநுசரிக்கிற புண்ணியம்.
le lieu où je suis. நான் இருக்கிற இடம்.

REM. — Le participe présent se forme en retranchant து de l'infinitif verbal, que le verbe soit en க்கிறது ou en கிறது. Ainsi : படிக்—கிறது, apprendre. Retranchez le து final et vous avez le participe présent படிக்கிற. சொல்லுகிறது dire; part. présent சொல்லுகிற. Remarquez avec soin, dans les exemples ci-dessus, l'emploi de ce participe.

l'homme que j'ai frappé. நான் அடித்த மனுஷன்.
l'habit que j'ai acheté. நான் வாங்கின வஸ்திரம்.
le lièvre que tu as pris. நீபிடித்த முசல்.
la maison que tu as vue. நீ பார்த்த வீடு.
le jour qu'il vint. அவன் வந்த நாள்.
la charrette que tu as conduite. நீ ஓட்டின வண்டி.
le village où nous étions. நாங்கள் இருந்த ஊர்.
la souffrance que vous avez endurée (soufferte.) நீங்கள் பட்ட பாடு.
la route où ils ont marché (sont allés.) அவர்கள் போன வழி.

REM. — Le participe passé se forme en changeant la désinence என் de la première personne du passé en அ. — Ex. : சொன்னேன், j'ai dit. Change, என் en அ, vous avez le participe passé சொன்ன.

le perroquet qui parlera. பேசும் கிளி.
la pluie qui tombera. பெய்யும் மழை.
l'endroit où tu seras. நீ இருக்கும் இடம்.
les hommes qui feront ainsi. அப்படிச் செய்யும் மனிதர்.
dans le temps à venir. வரும் காலத்திலே.
les avis que le Père te donnera. சுவாமியார் உனக்குச் சொல்லும் புத்தி.

REM. — Le participe futur n'est autre chose que la 3e personne neutre du futur; mais le participe futur *précède* toujours le substantif, tandis que la 3e pers. neutre du futur le suit.

N. B. Ces trois participes, présent, passé et futur, s'appliquent à toutes les personnes et à toutes les choses, au singulier comme au pluriel, sans aucun changement. Quoique la formation de ces participes soit très facile, l'emploi que l'on en fait demande beaucoup d'attention. Dans les phrases précédentes, on a pu voir que c'est le plus souvent dans la *pensée*, et non dans la phrase française que se trouve le participe Donnons encore un certain nombre d'exemples.

Dieu voit tout ce que nous faisons.	நாம் செய்கிற கிரியைகளை எல்லாஞ் சுவாமி பார்க்கிறார்.
apporte les six chaises qui sont dans l'église.	கோவிலிலே இருக்கிற ஆறு நாற்காலிகளைக் கொண்டுவா.
je te donnerai le livre que j'ai écrit.	நான் எழுதின புஸ்தகத்தை உனக்குக் கொடுப்பேன்.
il faut servir Dieu qui a créé le monde et les hommes qui y sont.	உலோகத்தையும் அதில் இருக்கிற மனிதர்களையும் படைத்த சர்வேசுரனைச் சேவிக்க வேணும்.
y aura-t-il de l'eau dans le village où nous allons?	நாம் போகிற ஊரிலே தண்ணீர் இருக்குமா?
Est-ce là la table que tu as faite?	நீ செய்த மேசை இதுதானா?
quand je parle, écoute.	நான் பேசும்போது கேள்.

போது signifie: le temps, le moment.

pendant que la messe se dit (marche), il faut prier.	பூசை நடக்கும்போது வேண்டிக்கொள்ள வேணும்.

REM. — On voit que dans ces sortes de phrases, le verbe est au futur en tamoul, quoiqu'il soit au présent en français.

le Seigneur qui nous a rachetés, c'est Jésus.	நம்மை இரட்சித்த சுவாமி சேசுநாதர் தான்.
le lièvre que j'ai pris n'avait que trois pattes.	நான் பிடித்த முசலுக்கு மூன்றே கால்.

மூன்று — ே emphatique — மூன்றே.

viens à la maison où je vais moi-même.	நான் போகிற வீட்டுக்கு நீயும் வா.

la maison qu'il bâtit est-elle grande?	அவன் கட்டுகிற வீடு பெரிசா?
la semaine passée.	போன கிழமை.
le serpent qui a été trouvé dans la chambre est une capelle.	அறையிலே அகப்பட்ட பாம்பு நல்ல பாம்புதான்.
le jour que tu mourras.	நீ சாகும் நாளிலே.
quand tu viens il faut saluer.	நீ வரும்போது கும்பிடவேணும்.
toutes les fois qu'il chante il pleut.	அவன் பாடும்போதெல்லாம் மழை பெய்யுது.
toutes les fois que tu t'en vas ferme la porte.	நீ போகும்போதெல்லாம் கதவை சாத்திப்போடு.
la chaîne avec laquelle les pions avaient attaché ce voleur s'est brisée.	சேவகர் அந்தத் திருடனைக் கட்டின சங்கிலி அறுந்து போச்சுது.
le serpent qu'ils ont nourri les mordra.	அவர்கள் வளர்த்த பாம்பு அவர்களைக் கடிக்கும்.
la lettre que vous avez écrite est arrivée.	நீர் எழுதிய கடிதம் வந்து சேர்ந்தது.

REM. — எழுதிய est pour எழுதின. Dans le style relevé la désinence இன se change en இய.

fais comme j'ai dit.	நான் சொன்னபடி செய்.
au Père qui se trouve à Madras.	சென்னைப்பட்டணத்தில் இருக்கும் சுவாமியாருக்கு.
où est l'argent que je t'ai donné hier?	நேற்று கொடுத்த பணம் எங்கே?
celui qui apprend.	படிக்கிறவன்.
celle qui apprend.	படிக்கிறவள்.
celui qui vient (hon.)	வருகிறவர்.
ceux qui partent.	போகிறவர்கள்.
le frapper.	அடிக்கிறது.

REM. — En changeant என் du présent en அவன்-அவள்-அவர்-அவர்கள்-அது, on obtient des appellatifs ou verbaux qui jouent le rôle de substantifs et peuvent être sujets ou compléments de la phrase.

celui qui a appris.	படித்தவன்.

celle qui a parlé.	பேசினவள்.
ce qui est tombé.	விழுந்தது.

REM.— Pour le passé, on change également என் au passé en அவன்-அவள், etc.

celui qui apprendra.	படிப்பவன்.
celle qui apprendra.	படிப்பவள்.
ce qui apprendra (ou; ce qu'on apprendra.	படிப்பது.

REM.—Pour le futur, on change என் en அவன்-அவள்-அது. Mais la désinence வேன் du futur des verbes en கிறது se change en பவன்-பவள்-பவர் பவர்கள். Quant au neutre il fait வது.

je ferai.	செய்வேன்.
celui qui fera.	செய்பவன்.
celle qui fera.	செய்பவள்.
le devoir faire (ou qui sera fait).	செய்வது.

N. B. Ces appellatifs et verbaux sont déclinables comme les substantifs. C'est la forme neutre: படிக்கிறது-படித்தது-படிப்பது, que l'on appelle nom verbal. Le nom verbal exprime l'action faite par le verbe. Ainsi பேசுகிறது signifie—l'action de parler. C'est le *to* des Grecs: to *legein, le parler.*

puisque tu dis des mensonges, je te battrai.	நீ பொய் சொல்லுகிறதினாலே உன்னை அடிப்பேன்.
parce que tu es venu à la messe, je te donnerai une médaille.	நீ பூசைக்கு வந்ததினாலே ஒரு சுரூபம் கொடுப்பேன்.

REM. — Le 2e ablatif des verbaux se traduit par *puisque, parce que, attendu que*...

lorsque j'étais là-bas.	நான் அங்கே இருக்கையில்.
pendant que je parlais.	நான் பேசுகையில்.
je suis content que tu viennes.	நீ வருகையால் எனக்குச் சந்தோஷம்.

REM. — En changeant க்கிறது en க்கை et கிறது en கை on a un substantif verbal qui se décline pour le présent seulement. Le 2e ablatif de ces substantifs verbaux signifie *parce que*, *puisque*, littér. *par le*...

parce qu'elle est venue à l'église. — அவள் கோவிலுக்கு வந்தமையால்.

REM. — En ajoutant மை au participe présent et au participe passé on obtient une autre forme de substantif verbal, dont le 2e ablatif se traduit également par *puisque*, *parce que*, *comme*, *etc*...

VERSION.

இதெல்லாம் இப்படி இருக்க நான் என்ன செய்வேன்? — உனக்கு ஒரு குதிரை இருக்க என் வண்டி வாங்குகிறாய்?— நான் அந்த வார்த்தை சொல்லவே (சொல்ல-வ்-ஏ) (a) அவர்கள் என்னை அடிக்க வந்தார்கள். இவர்களோடே கூடப்போ.—இந்தப் பணம் தவிர உனக்கு என்ன இருக்குது?—மெள்ளப் பேசு.—மெல்ல நட.—அவர்கள் வலிய வந்ததினாலே.—என்ன சொல்லப்போகிறார்கள்? (b)—நான் சொல்லுகிறது போல நீயும் சொல்லு.— அவன் செய்ததுபோல நீயும் செய்யக்கூடாதா?—வலிய வருகிற பணம் என் வேண்டாம் என்கிறாய்? —என் ஆடுகளை மேய்க்கிற பையனைக் கூப்பிடு. —அழுகிற பிள்ளை பால் பெறும் (c)—நீ படித்த பாடம் எது?—சர்வேசுரன் இட்ட கட்டளைகள் எத்தனை?—பத்து.—உன்னை அடித்த மனு

a) emphatique. — *b)* que peuvent-ils dire? — *c)* obtiendra du lait. (proverbe)

ஷன் இவன் தானு?— ஆம், இவன் தான்.—கு லைக்கிற நாய் யாரது?—என்னுடைய நாய்தான் சுவாமீ.— மனுஷர்களைப் படைத்த சர்வேசுர னுக்கு ஊழியம் பண்ண வேணும். — என் அ றையிலே இருக்கிற மேசை கொண்டு வாருங் கள்.—உன் தகப்பன் சொன்னபடியே நடக்க வேணும்.— காலமே வந்த பையன் உன் தம்பி யா?— ஆம். — நாம் உலோகத்தில் இருக்கும் போது சுவாமிக்கு ஊழியம் பண்ணவேணும். —இப்படிச் செய்வதே காரியம். — (செய்வது- ஏ (*d*) காரியம்) (*e*)—புண்ணியம் அநுசரிப்ப தே காரியம்.—அப்படி நடக்கிறவன் பாக்கிய ம் (*f*) அடைவான்.— என் தாயார் செத்ததினு லே கோவிலுக்குப் போகக் கூடாது. — செத்த நாய் கடிக்குமா? அந்தப் புலி செத்ததினாலே எல்லாமிருகங்களுக்குஞ் சந்தோஷம். — அ தைச் செய்தவன் யார்?—இவன் தான்.—சோறு ஆக்கினவள் உன் அக்காள் தானு?— நம்மைப் படைத்தவர் யார்? — சர்வேசுரன்.— நாம் என் ன செய்ய வேணும்?— வேண்டிக்கொள்ள வே ணும்.

d) emphatique. — *e)* c'est l'affaire, ce qu'il faut, ce qui convient. — *f)* bonheur.

THEME

L'homme qui marche. — L'arbre que tu plantes. — L'enfant qui est venu. — La pluie qui est tombée (பெய் கிறது) — L'image que je te donne. — L'argent que je t'ai donné. — La messe que tu as entendue (காண்கிறது) — Le bœuf que nous avons acheté. — La maison que vous avez bâtie (கட்டுகிறது) Le serpent qui a mordu ton frère cadet. — Le perroquet qui a parlé — Dans le temps futur (வருகிறது), je pratiquerai la vertu. — Le jour qui est passé (போகிறது) j'ai vu ton frère aîné. — Le chien qui mordra. — Les arbres qui tomberont. — Celui qui parle est-il ton grand-père? — Celui qui a écrit cette lettre est-il ton père ou ton frère cadet? — Puisque le chien de Pierre a mordu Paul, celui-ci ne peut aller à l'église. — En priant (par le prier) tu obtiendras le bonheur.

XI. LEÇON.

GÉRONDIF

onze.	பதினொன்று.
douze.	பன்னிரண்டு.
treize.	பதின்மூன்று.
quatorze.	பதினாலு.
quinze.	பதினைந்து.
seize.	பதினாறு.
dix-sept.	பதினேழு.
dix-huit.	பதினெட்டு.
dix-neuf.	பத்தொன்பது.
vingt.	இருபது.
je l'ai battu onze fois.	பதினொருவிசை அவனை அடித்தேன்.

N. B. Quand *un* est suivi d'un nom on l'exprime par ஒரு au lieu de ஒன்று. Il en est de même de *onze* qui est composé de பத்து et ஒன்று. Quand *onze* est suivi d'un nom on l'exprime par பதினொரு composé de பத்து et ஒரு. Devant une consonne on met ஓர் (ô long.)

le frappant ainsi il le renvoya	அவனை அப்படி அடித்து அனுப்பிவிட்டான்
ayant dit cela il s'en alla.	அதைச் சொல்லிப் போய்விட்டான்
ayant fait sa prière il alla au travail.	செபம்பண்ணி வேலைக்குப் போனான்.

ayant pris un poisson il le mangea	மீன் பிடித்துத் தின்றான்
douze personnes étant venues se disputèrent	பன்னிரண்டு பேர் வந்து சண்டை போட்டார்கள்
treize voleurs ayant pénétré dans la maison se mirent à voler	பதின்மூன்று திருடர் வீட்டில் பிரவேசித்துத் திருடத் துவக்கினார்கள்

REM. — Le gérondif se forme en changent என் du passé en உ et இனேன் en இ. Cette forme n'est pas un gérondif proprement dit. Le plus souvent elle correspond plutôt au participe passé avec *ayant* ou *étant*. படித்தேன் j'ai appris. Changez என் en உ = படித்து, ayant appris ou apprenant.

விட்டேன், j'ai l'aissé. changez என் en உ = விட்டு, ayant laissé ou laissant. — De même பண்ணினேன், j'ai fait; Changez இனேன் en இ = பண்ணி, ayant fait ou faisant.

REM. II. — Il y a trois exceptions à cette règle: 1° போனேன், je suis allé — fait போய், allant, étant allé; 2° ஆனேன் je suis devenu, ஆய், devenant, étant devenu; 3° சொன்னேன், j'ai dit, சொல்லி, disant ayant dit. Ce dernier vient du passé சொல்லினேன் qui n'est usité qu'en haut tamoul. A proprement parler ce n'est donc pas une exception à la règle.

il faut comprendre cette leçon en l'apprenant.	இந்தப் பாடத்தைப் படித்து அறிய வேணும்.
ô Seigneur, éloignez le mal et sauvez-nous.	தின்மையை நீக்கி எங்களை இரட்சியுஞ் சுவாமீ.

Litt. Eloignant le mal, etc.

dis cela en prononçant clairement.	தெளிவாய் உச்சரித்துச் சொல்லு.
il est mort	செத்துப்போனான்

Litt. mourant il est allé.

va au village et amène quatorze personnes	ஊருக்குப்போய்ப் பதினாலுபேர் கூட்டிக்கொண்டுவா.

Litt. Au village *allant*, quatorze personnes *réunissant* — *ayant* viens.

N. B. Désormais nous nous dispenserons de traduire mot à mot. Mais il importe de décomposer toutes les phrases pour bien se rendre compte de la *manière* tamoule. Cette tournure qui paraît fort singulière au premier abord, est tout-à-fait dans le génie de la langue. On peut donner comme règle générale que: toutes les fois qu'un sujet a plusieurs verbes, tous ces verbes doivent se mettre au gérondif, excepté le dernier qui détermine s'il s'agit du passé ou du futur.

il naquit, téta, mangea du riz, devint un grand homme, fuma de bons cigares, amassa des richesses, fut malade, souffrit beaucoup et mourut.	அவன் பிறந்து, பால் குடித்து, பெரிய மனுஷன் ஆய், நல்ல சுருட்டுகளைக் குடித்து, திரவியங்களைச் சம்பாதித்து, வியாதியாயிருந்து, மிகவும் பாடுபட்டுச் செத்தான்
va sonner la cloche.	மணி அடித்துவா
va voir.	போய்ப்பார்
regarde bien partout.	எங்கும் நன்றாய்ச் சுற்றிப்பார்
je viendrai quand j'aurai mangé.	சாப்பிட்டு வருவேன்
va lui dire cela.	அவனுக்குப் போய்ச் சொல்லு.
il frappa cet homme et s'enfuit en courant	அந்த மனுஷனை அடித்து ஓடிப்போய் விட்டான்
il dit:— non — et se tut	இல்லையென்று சொல்லி, பேசாமல் இருந்தான்
le maître d'école troublé, éperdu, s'empressant, courant, pleura.	வாத்தி மயங்கி, புத்தி கலங்கி, பதறி, ஓடி அழுதான்
ayant dit cela, il pleura	அதைச் சொல்லி அழுதான்
il bâtit une maison et mourut	ஒரு வீட்டைக் கட்டிச் செத்துப்போனான்
il le fit venir, le conduisit au pied de la montagne et lui dit: "soulève cela"	மலை அண்டை அழைத்துப் போய் "அதை எடு" என்றான்
lui: "si vous tous soulevez cela et le placez sur ma tête, je le porterai" dit-il	அவன்: "நீங்கள் எல்லாரும் அதை எடுத்து, என் தலைமேலே வைத்தால், எடுக்கிறேன்" என்றான்

REM. — Le présent s'emploie pour le futur quand le contexte indique qu'il s'agit du futur. Si vous dites à quelqu'un: நாளைக்கு வா, viens demain, il répondra: வருகிறேன், je viens.

je mettrai de côté sur ma paye, chaque mois, et vous paierai	என் சம்பளத்தில் மாசம் மாசம் சேர்த்துக் கொடுப்பேன்

REM. — மாச மாசம் pour மாசம் மாசம் signifie *chaque mois*. Chaque année se rend par வருஷ வருஷம்; chaque jour par தினந்தினம். On dit aussi தினந்தோறும். Chacun: அவனவன்.

il le fit appeller et le frappa	அவனை அழைப்பித்து அடித்தான்
il mit la selle sur le cheval, monta et partit	குதிரை மேலே சேணிபோட்டு, ஏறிப் போனான்
descends et viens	இறங்கிவா
il vint, dit: "que voulez-vous?" et s'en alla	அவன் வந்து: "என்ன வேணும்" என்று சொல்லிப் போய்விட்டான்.

REM.— போய் விட்டான் m. à. m. s'en allant il laissa. On prononce ordinairement போயிட்டான். A l'article *verbes auxiliaires* on verra l'emploi de ces verbes qui, dans la phrase, indiquent le temps, le sujet, la continuation, l'intérêt, etc., quoique le premier verbe seul donne la signification proprement dite.

Essayez maintenant de former des phrases, en mettant tous les verbes au gérondif, excepté le dernier que vous mettrez. au présent, au passé ou au futur. Un exemple montrera combien il est facile d'agencer une suite de verbes de manière à n'en faire qu'une seule phrase.

Le Seigneur lui-même se fit homme. Il naquit dans une grotte, fut élevé dans la souffrance, mendia dans la rue,	சுவாமி தாமே மனிதன் ஆய் ஒரு குகையில் பிறந்து, துன்பத்தில் வளர்ந்து, தெருவில் இரந்து, நிந்தையுந துன்பமும் பட்டு, எங்குந் திரிந்து, மட்

souffrit l'affront et le chagrin, alla partout, fit des miracles sans nombre, instruisit tout le monde ; puis, se livrant lui-même à ses ennemis, il souffrit des humiliations et des douleurs inimaginables et indicibles, et attaché à la croix, il mourut.

டில்லாத புதுமைகளைக் காட்டி, எல்லாரையும் படிப்பித்த பிறகு, தம்மைத்தாமே சத்துருக்கள் கையில் ஒப்புக்கொடுத்துச் சொல்லிலும் நினைவிலும் அடங்காத அவமானமும் பாடும்பட்டு, சிலுவையில் அறை உண்டு மரணத்தை அடைந்தார்.

VERSION.

பதினொன்று. — பதினொரு மணிக்குச் சாப்பிடுவேன். — பன்னிரண்டு மணிக்கு மணி அடிக்கவேணும். — அந்த ஊரிலே பதின்மூன்று கிறீஸ்துவர்கள் இருக்கிறார்கள். — இந்த மேசை பதினாலு ரூபாய்க்கு வாங்கினேன். — அந்தப் பட்டணத்திலே பதினைந்து நாள் தங்கி, பிறகு வேறே ஊருக்குப் போனேன். — இந்த மாசத்திலே பதினாறு பேருக்கு ஞானஸ்நானங் கொடுத்தோம். — அவன் கலியாணஞ் செய்து எத்தனை வருஷம் ஆச்சு? — பதினேழு வருஷம் ஆச்சு. — பதினெட்டு வருஷத்துக்குமேல் இருக்கும் (*a*) — அந்த ஊரில் பத்தொன்பது தலைக்கட்டு இருக்குமா? (*b*) — நேற்று இருபது பேர் செத்துப் போனார்கள். — குதிரைக்குச் ஜீனி போட்டு வா. — சுவாமியாரைக் கும்பிட்டுப் போ. — நடந்து வந்தேன் (*c*) — ஓடிவா பிள்ளை.

a) il y a plus de — *b)* famille, ménage — *c)* litt. en marchant, c. à. d. à pied.

—என் தாயார் வீட்டுக்குப் போய், பத்து நாள் முழுமையும் அவள் கிட்ட இருந்து, திரும்பி வந்தேன்.

THÈME

Frappe le chien, fume un cigare, bois de l'eau, appelle ton ami et reviens (திரும்பி வருகிறது) — Il alla à l'école, (பள்ளிக்கூடம்) apprit sa leçon, salua le maître, (கும்பிடுகிறது) retourna à la maison, mangea et se coucha (படுத்துக்கொண்டான்) — D'où viens-tu? — Il mangèrent du riz, allèrent auprès de la montagne, la regardèrent, s'arrêtèrent deux heures et revinrent — Il dit à Jean de venir, sella le cheval, le fit courir (ஓட்டுகிறது) descendit, frappa son frère cadet, se coucha, dormit (தூங்குகிறது), le matin fit sa prière et alla au travail — Regarde de tous côtés dans la voiture et reviens — J'ai regardé de tous côlés, je n'ai pas trouvé le livre (அகப்படவில்லை. *Le complément livre devient sujet*) — Il travaille et mange — Achète du riz (அரிசி et vends-le விற்றுப்போடுகிறது)—Fais cuire le riz (சோறு ஆக்குகிறது), donne-le à ces gens et dis-leur de s'en aller— Il souleva la montagne et se tut (பேசாமல் இருக்கிறது) — Il vint, me regarda, pleura, me salua, me dit de venir chez lui (தன்னிடத்தில்) et partit aussitôt— Dès que nous aurons fait ce travail, le Père nous donnera quatre roupies. — Le charpentier apporta du bois, fit deux tables et les vendit (vendre விற்றுப்போடுகிறது). — Il se coucha par terre (தரையிலே), fut malade et mourut. — Ils jurèrent qu'il n'y avait pas de riz chez eux (தங்களிடத்தில்), mangèrent eux-mêmes (தாங்களே), montèrent sur un arbre, virent les pions (சேவகர்) eurent peur, descendirent de l'arbre et s'enfuirent en courant (ஓடிப்போகிறது). — Va dire cela (litt. allant dis) — Va voir (allant vois) — Va manger — Va chercher (allant—ayant cherché—viens.)

XII. LEÇON.

Optatif—Negatif

Je ferai.	செய்வேன்.
que je fasse ou puissè-je faire.	செய்வேனாக!
tu partiras.	போவாய்.
puisses-tu partir?	போவாயாக!
il viendra.	வருவான்.
puisse-t-il venir!	வருவானாக!

REM.— Le subjonctif, ou plutôt l'optatif, se forme en ajoutant ஆக, infinitif de ஆகிறது devenir, aux personnes du futur. Pour le neutre, ஆக se joint au verbal futur.

que cela tombe அது விழுவதாக! (விழுவது ஆக)

Cette forme est peu usitée dans la conversation; elle a quelque chose d'affecté. Mais à la fin d'un sermon on pourra très bien dire:

puissiez-vous aller au ciel et être heureux à jamais!	மோக்ஷத்துக்குப் போய் என்றென்றைக்கும் வாழ்ந்திருப்பீர்களாக!
je n'apprends pas.	படிக்கேன்.
ou:	படியேன்.
je ne frappe pas.	அடிக்கேன்.
ou:	அடியேன்.
le perroquet n'apprend pas	கிளி படிக்காது.
ou:	படியாது.

REM.— Le négatif se forme en ajoutant les terminaisons personnelles என்-ஆய்-ஆன்-ஆள்-ஒம்-ஈர்கள்-ஆர்-ஈர் à l'infinitif vrai. Pour le neutre, on ajoute ஆது.

Ainsi விடுகிறது laisser, abandonner, infinitif vrai விட; ajoutez les terminaisons personnelles et vous aurez: விடேன்-விடாய்-விடான்-விடாள், etc., je ne laisse pas, tu ne laisses pas, il ne laisse pas, elle ne laisse pas...

Comme on le voit par les exemples ci-dessus, on peut aussi former le négatif en ajoutant les terminaisons personnelles à l'impératif, ex.: படி, apprends; படி—என், படியேன், je n'apprends pas.

Cette forme est fort peu usitée. Ordinairement on forme le négatif en ajoutant இல்லை à l'infinitif vrai. On intercale வ entre l'infinitif et இல்லை.

பேசுகிறது parler; infin. vrai: பேச—வ—இல்லை = பேசவி ல்லை je ne parle pas, tu ne parles pas, il ne parle pas, elle ne parle pas, cela ne parle pas, nous ne parlons pas vous ne parlez pas, ils ne parlent pas.

Remarquons cependant que la première forme est usitée pour le neutre. Ainsi:

la charrette n'arrive pas, ou n'arrivera pas.	வண்டி வராது.
il ne pleut pas, ou il ne pleuvra pas	மழை பெய்யாது
ceci ne réussira pas.	இது மாளாது.
cela ne finira pas.	அது முடியாது.
le chat ne mange pas, ou, ne mangera pas cela.	பூனை அதைத் தின்னாது.
le chien ne mord pas.	நாய் கடிக்காது.
ce papier ne boit pas.	இந்தக் கடுதாசி ஊறாது.
l'enfant qui n'apprend pas sa leçon.	தன் பாடத்தைப் படிக்கா ou படிக்காத பிள்ளை.
il est parti sans apprendre.	படிக்காமல் போனான்.

REM. — Le participe négatif se forme en ajoutant ஆ ou ஆத; l'infinitif et le gérondif négatifs en ajoutant ஆது ou ஆமல்.

le ne pas apprendre.	படிக்காமை ou படியாமை.
quand on n'apprend pas, il n'y a pas de joie.	படிக்காமையிலே சந்தோஷம் இல்லை.
parce que tu n'apprends pas, je te battrai.	நீ படிக்காமையினாலே உன்னை அடிப்பேன்.

REM. — Le substantif verbal négatif se forme en ajoutant ஆமை, qui se décline complètement comme un vrai substantif. Cette forme est peu usitée.

ne parle pas.	பேசாதே.
ne viens pas.	வராதே.
ne pars pas.	போகாதே.
ne frappe pas.	அடிக்காதே.
ne dis pas.	சொல்லாதே.
ne marche pas.	நடக்காதே.
ne monte pas.	ஏறாதே.
ne trompe pas.	மோசம் பண்ணாதே.
ne pense pas cela.	அதை நினைக்காதே.
ne remue pas la table.	மேசை அசைக்காதே.
ne pleure pas.	அழாதே.
ne chante pas.	பாடாதே.
ne dites pas.	சொல்லாதேயுங்கள்.
n'étudiez pas.	படிக்காதேயுங்கள்.
ne vous trompez pas.	மோசம் போகாதேயுங்கள்.
ne venez pas ici.	இங்கே வராதேயுங்கள்.
ne parlez pas ainsi.	அப்படிப் பேசாதேயுங்கள்.
ne vous plaignez pas.	முறையிடாதேயுங்கள்.
ne vous vengez pas.	பழிவாங்காதேயுங்கள்.
ne mangez pas.	சாப்படாதேயுங்கள்.
ne buvez pas.	குடிக்காதேயுங்கள்.
ne dormez pas.	தூங்காதேயுங்கள்.

REM. — L'impératif négatif se forme en ajoutant à l'infinitif vrai ஆதே pour le singulier, ஆதேயுங்கள் pour le pluriel. Le அ final de l'infinitif se confond avec le ஆ: பேச — ஆதே ou ஆதேயுங்கள் = பேசாதேயுங்கள். A l'honorifique, on met யும் au lieu de உங்கள், ainsi:

ne partez pas.	போகாதேயும்.
ne vous fâchez pas.	கோபிக்காதேயும்.

REM. — ஆதே - ஆதேயுங்கள் - ஆதேயும் peuvent aussi s'ajouter à l'impératif, mais cette forme est moins usitée que la précédente. Ainsi:

படி étudie, படி + ஆதே = படியாதே, n'étudie pas: படியாதேயுங்கள் — படியாதேயும், nétudiez pas

je ne frappe pas	நான் அடிக்கவில்லை
tu ne ris pas	நீ சிரிக்கவில்லை
il ne mord pas	அவன் கடிக்கவில்லை

REM. — இல்லை ajouté à l'infinitif vrai nie le présent ou le passé, quand il y a un sujet. Quand il n'y a pas de sujet on le traduit par *on ne ... pas*. Entre le அ final de l'infinitif et இல்லை on intercale le வ euphonique: வர + இல்லை = வரவில்லை, பேச + இல்லை = பேசவில்லை, etc...

A.) Si on ajoute இல்லை au verbal présent, on nie *la coutume* de faire l'action marquée par le verbe:

ce perroquet ne parle pas (n'a pas coutume de parler.	இந்தக் கிளிப்பிள்ளை பேசுகிறதில்லை.

B.) இல்லை ajouté au verbal passé signifie que l'action exprimée par le verbe n'a *jamais* été faite.

ce perroquet n'a *jamais* parlé.	இந்தக் கிளிப்பிள்ளை பேசினதில்லை.

C.) இல்லை ajouté au verbal futur signifie que l'action indiquée par le verbe *ne* se fera *plus*.

ce perroquet *ne* parlera *plus*.	இந்தக் கிளிப்பிள்ளை பேசுவதில்லை.

S'il y a un mot indiquant l'époque où l'action s'est faite, se fait ou se fera, il est inutile d'employer le verbal ; l'infinitif suffit. Ainsi:

le chien n'a pas mordu *hier*.	நாய் நேற்று கடிக்கவில்லை.
il ne mord pas *aujourd'hui*.	இன்றைக்குக் கடிக்கவில்லை
il ne mordra pas *demain*.	நாளைக்குக் கடிக்கவில்லை.

***

ce chien ne mord pas.	இந்த நாய் கடிக்க மாட்டாது.
il ne mordra plus.	அது கடிக்க மாட்டாது.
si tu fais cela tu n'obtiendras pas le ciel.	அதைச் செய்தால் மோக்ஷம் அடைய மாட்டாய்.

je ne veux pas parler.	பேசமாட்டேன்.
je ne viendrai pas.	வர மாட்டேன்.
il ne mourra pas.	அவன் சாக மாட்டான்.
vous n'échapperez pas.	பிழைக்க மாட்டீர்கள்.
ne voulez-vous pas vous en aller?	போகமாட்டீர்களோ?
nous ne servirons pas le démon.	பிசாசுக்கு ஊழியம் பண்ண மாட்டோம்.
ils ne pleureront plus.	இனிமேல் அழ மாட்டார்கள்.
je ne veux pas — je ne puis pas je ne pourrai pas — je ne dirai pas la messe.	பூசை செய்யமாட்டோம்.

REM. — மாட்டாது signifie *ne veut pas*. Conjugué après l'infinitif vrai, ce verbe signifie *ne pas vouloir — ne pas pouvoir — ne plus vouloir — ne plus pouvoir* faire l'action exprimée par l'infinitif. Ce n'est souvent qu'une simple négation. Ainsi:

ce clou ne peut pas s'arracher (litt. dit: je ne veux pas venir).	இந்த ஆணி வரமாட்டேன் என்குது.
il ne pleuvra pas.	மழை பெய்யமாட்டாது.
ne voulant pas travailler, il partit.	வேலை செய்யமாட்டாமல் போய் விட்டான்.
ne pouvant supporter son chagrin, il pleura.	கஸ்தி பொறுக்க மாட்டாமல் அழுதான்.
il refusa de venir (litt. il dit: je ne veux pas venir).	வர மாட்டேன் என்றான்.
il dit: je ne pardonnerai pas, et il le frappa.	பொறுக்க மாட்டேன் என்று சொல்லி அவனை அடித்தான்.

REM. — L'usage seul peut apprendre dans queis cas il faut traduire மாட்டேன், etc. par ne veux pas — ne peux pas — ou simplement par — ne pas. Les exemples que nous venons de donner doivent être étudiés attentivement avant de passer à la version qui suit.

VERSION.

நான் உன்னை அறியேன். (அறிகிறது a) — இனிமேல் அப்படிச் செய்வேன். — இது பற்ருது. (பற்றுகிறது b) — குதிரை நடக்காது. — மழை பெய்யாது. — மழை பெய்யவில்லை. — மழை பெய்ததில்லை. — மழை பெய்ய மாட்டாது. — இந்த வேலை முடியாது. — ஒன்றும் இல்லாதிருக்கையிலே சுவாமி உலோகத்தை உண்டாக்கினார். — இன்றைக்குப் புறப்படாதே. — ஓடாதே. — ஓடாதேயுங்கள். — அந்தப் பழத்தைச் சாப்பிடாதே. — அழாதே. — அதை விடாதே. — அந்த வார்த்தை சொல்லாதேயுங்கள். — சிரிக்காதே. — அந்த மரங்களை வெட்டாதே. — இனிமேல் அப்படிச் செய்யாதே. — செய்ய மாட்டேன். — பழி வாங்காதேயுங்கள். — அவன் வருகிறானா? — வரவில்லை — வண்டி வாங்கினையா? — வாங்கவில்லை. — சனங்கள் வருவார்களா? — வர மாட்டார்கள். இந்தப் புண் (c) ஆற மாட்டேன் என்குது (ஆறுகிறது d) — நேற்று மழை பெய்ததா? பெய்ததில்லை. — இந்தக் குதிரை நடக்கிறதில்லை. — சிங்கம் கடித்ததில்லை. — மேசை வாங்குவதில்லை. — ஏன் பாவசங்கீர்த்தனம் பண்ண மாட்டீர்கள்? — உனக்குக் காசு கொடுக்க மாட்டேன், போ. — பாடம் படிக்க மாட்டாமலிருந்தால் உங்களை அடிப்பேன். — தூங்க மாட்டீர்கள். — இனி அவனுக்கு எழுத

a) connaître. — *b)* suffire. — *c)* plaie. — *d)* guérir.

மாட்டேன்.— நாளைக்கு வருவையா?—இல்லை, வரமாட்டேன்.—குதிரை அதைத் தின்ன மாட்டாது.— வண்டி அங்கே போகுமா? — போக மாட்டாது. — இன்றைக்குச் சாப்பட மாட்டோம்.— அதைச் செய்ய மாட்டோம் என்று சொல்லி ஓடிப் போய் விட்டார்கள்.

THEME.

Je ne chante pas. — Je ne fais pas. — Je ne pars pas. — Je n'apprends pas. — Le cheval ne marche pas. — Le bœuf ne court pas. — Le lion ne mort pas. — Le chat ne dort pas. — La charrette ne vient pas.— Ces deux enfants ne dorment pas. — Ces trois personnes ne viennent pas. — Le père et la mère ne servent pas Dieu. — Il n'aime pas son grand-père. — Sa grand'mère ne viendra pas à la messe. — Ne sonne pas la cloche (மணி அடிக்கிறது). — Ne tıompe pas. — Ne voulez-vous pas aller à l'église? — Il ne mourra pas aujourd'hui. — Puisque vous avez commis ce péché, je ne dirai pas la messe dans votre village. — Je ne vous donnerai pas ces quatre roupies.

XIII. LEÇON

Passif. — Verbes Causatifs.

c'est toi même qui as fait cela, n'est-ce pas?	*நீ தானே அதைச் செய்தாய் அல்லவா?*
c'est par ta propre faute, n'est-il pas vrai, que tu t'es perdu.	உன் குற்றத்தினலே அல்லவோ கெட்டுப் போனுய்.
ce sont ceux qni agissent ainsi qui auront à souffrir, n'est-ce pas?	அப்படிச் செய்கிறவர்களுக்கு அல்லவோ வேதனை வரும்?
n'est-ce pas moi qui t'ai protégé?	உன்னைக் காப்பாற்றினவள் நான் அல்லவா?

REM. — Nous avons dit que இல்லை nie le fait, l'action, l'existence, et que அல்ல ni l'essence même ; அல்லவா, அல்லவோ (ou par contraction, அல்லோ) ne sont autre chose que அல்ல avec le signe de l'interrogation ஆ ou ஓ et le வ euphonique. Ces mots répondent à notre expression *n'est-ce pas ?* ou *n'est-il pas vrai ?* On les place à la fin de la phrase ou bien après le mot sur lequel tombe l'interrogation. Donnons encore quelques exemples ;

c'est en pratiquant la vertu, n'est-ce pas, que tu obtiendras le ciel. — புண்ணியத்தை அநுசரித்தால் அல்லோ மோக்ஷத்தை அடைவாய்.

c'est parce que tu ne voulais pas travailler que tu t'es enfui, n'est-il pas vrai ? — வேலை செய்ய மாட்டாததினாலே யல்லோ ஓடிப் போனாய்?

c'est lui qui est le voleur, n'est-ce pas ? — அவனே திருடன் அல்லவோ?

c'est toi qui es un grand homme, bien ? — நீயே மகா புருஷன் அல்லவா?

c'est hier, n'est-ce pas, que tu es venu ? — நேற்று அல்லோ வந்தாய்?

c'est lui qui a frappé, n'est-ce pas ? — இவன் அல்லோ அடித்தான்.

il ne chante pas. — அவன் பாடுகிறவன் அல்ல.

litt. Il n'est pas celui qui chante.

tu n'as pas parlé. — நீ பேசினவன் அல்ல.

celui-ci n'écrira pas. — இவன் எழுதுபவன் அல்ல.

celle-là n'est pas partie. — அவள் போனவள் அல்ல.

REM. — On voit par ces exemples que l'on peut former un négatif en ajoutant அல்ல aux appellatifs. Cette tournure est peu usitée.

croître, être nourri. — வளருகிறது.

j'ai été élevé, nourri, chez lui. — அவனிடத்தில் வளர்ந்தேன்.

être étendu. — விரிகிறது.

ceci est étendu — இது விரிந்திருக்குது.

REM.— A proprement parler, le tamoul n'a pas de *voix passive*. A part quelques verbes, qui d'ailleurs sont plutôt neutres que passifs, le passif se forme au moyen du verbe படுகிறது, souffrir; பெறுகிறது, obtenir; உண்கிறது, manger.

aimer.	நேசிக்கிறது.
être aimé.	நேசிக்கப் படுகிறது.
je suis aimé.	நேசிக்கப் படுகிறேன்.
tu es frappé.	அடிக்கப் படுகிறாய்.
il est appelé.	அழைக்கப் படுகிறான்.
nous sommes cherchés.	தேடப் படுகிறோம்.
vous êtes créés.	உண்டாக்கப் படுகிறீர்கள்.
ils sont vénérés.	வணங்கப் படுகிறார்கள்.
je serai battu.	அடிக்கப் படுவேன்.
il sera appelé.	அழைக்கப் படுவான்.
cette table a été faite par le charpentier.	இந்த மேசை தச்சனாலே செய்யப்பட்டது.
cela sera dit.	அது சொல்லப் படும்.
ils s'en allèrent.	புறப்பட்டார்கள்.

REM. — Ici படுகிறது est joint à புறம் qui signifie *dehors*, *côté*.

comme un cerf (pris dans un filet,) il est tombé dans le filet qu'on appelle honheur domestique.	மனையின் வாழ்வென்னும் வலையில் விழுந்து மானைப்போல் பிடிபட்டான்.
nous avons appris.	கேள்விப் பட்டோம்.
la lune éclaire le monde	சந்திரன் உலோகத்தை விளக்கும்.
la lune est éclairée par le soleil.	சந்திரன் சூரியனாலே விளங்கப் படும்.
ce qui a été dit suffit.	சொன்னது போதும்.
le travail qui a été fait.	செய்த வேலை.

REM. — On se sert souvent du verbe actif **pour** exprimer une idée passive. Dans les deux derniers **exemples**, il serait plus grammatical de dire: சொல்லப் பட்டது — செய்யப் பட்ட வேலை, mais dans le style familier on évite, autant que possible, le passif avec படு கிறது.

Quelquefois, au lieu de l'infinitif vrai, on met seulement la *racine* du verbe qui est alors considérée comme un substantif. Ainsi, au lieu de அடிக்கப் படுகிறேன், je suis frappé, on peut dire : அடி படுகிறேன்.

Remarquons encore que le verbe படுகிறது se conjugue entièrement, tandis que le verbe auquel il donne un sens passif reste toujours à l'infinitif vrai.

பெறுகிறது et உண்டுகிறது sont bien moins usités que படுகிறது. Nous donnerons seulement quelques exemples.

une chose qui est connue.	அறியப் பெற்ற காரியம்.
ayant été attaché à la croix.	சிலுவையிலே அறை உண்டு (அறை, racine de அறைகிறது).
le créer.	படைப்பு.
être créé.	படைப்புண்கிறது.
il fut créé.	படைப்புண்டான்.
ils furent coupés, taillés, tués.	வெட்டுண்டார்கள் (வெட்டு coupure).
la femme qui était attachée à la colonne.	தூணிலே கட்டுண்டவள்.
ne vous courbez pas après vous être heurté la tête.	முட்டுண்டு குனியாதே (proverbe).
j'étudierai.	படிப்பேன்.
je fais étudier.	படிப்பிக்கிறேன்.
je parlerai.	பேசுவேன்.
faire parler.	பேசுவிக்கிறது.
je ferai parler le perroquet.	கிளி பேசுவிப்பேன்.
j'ai fait parler cet homme.	இந்த மனிதன் பேசுவித்தேன்.
ayant fait appeler cette femme, il la fit battre.	அந்தப் பெண்பிள்ளை அழைப்பித்து அவளை அடிப்பித்தார்.
il faut faire une bonne chaise.	ஒரு நல்ல நாற்காலி செய்விக்க வேணும்.
j'en ferai faire une.	செய்விப்பேன்.
Dieu conduit (fait marcher) toute chose.	சர்வேசுரன் எல்லாத்தையும் நடத்திக்கொண்டு வருகிறார்.
ne fais pas parler cet enfant ainsi.	இந்தப் பிள்ளை அப்படிப் பேசுவிக்காதே.

REM.— Les verbes causatifs ou de commandement se forment en changeant என் du futur en இக்கிறது, lequel se conjugue entièrement.— On dit aussi: செயச்செய்கிறது faire faire; போகச்செய்கிறது faire aller, etc., c'est à-dire que l'on ajoute le verbe செய்கிறது après l'infinitif vrai d'un autre verbe, et செய்கிறது seul se conjugue. Cette tournure est vulgaire, peut être même n'est elle pas vraiment tamoule, mais elle est parfaitement comprise. L'usage apprendra quels sont les verbes causatifs employés. நடத்துகிறது, faire marcher, est *causatif per se*, mais on peut former ce verbe d'après la règle ci-dessus et dire: நடப்பிக்கிறது, en changeant என் du futur நடப்பேன், je marcherai, en இக்கிறது — நடப்பிக்கிறது, faire marcher: நடப்பித்தேன், j'ai fait marcher; நடப்பிப்பேன், je ferai marcher, etc...

Quelques verbes causatifs se forment d'une manière irrégulière; comme ils sont en petit nombre, il sera facile de les retenir.

courir.	ஓடுகிறது.
faire courir.	ஓட்டுகிறது.
s'augmenter, s'accroîte, se multiplier.	பெருகுகிறது.
faire augmenter, etc.	பெருக்குகிறது.
se tourner, se retourner, retourner, revenir.	திரும்புகிறது.
faire tourner, etc...	திருப்புகிறது.
se remplir.	நிரம்புகிறது.
faire remplir.	நிரப்புகிறது.
se lever.	எழும்புகிறது.
faire lever (quelqu'un)	எழுப்புகிறது
se déchirer	கிழிகிறது
déchirer, faire déchirer	கிழிக்கிறது
souffrir	படுகிறது
faire souflrir	படுத்துகிறது
être couché, être par terre, étendu.	கிடக்கிறது
faire coucher, etc.	கிடத்துகிறது
aller, se rendre, passer.	செல்லுகிறது
faire aller, faire passer	செலுத்துகிறது

Voilà les verbes que l'on trouve le plus fréquemment. La lecture en fera découvrir un grand nombre d'autres, mais ceux-ci suffisent pour le moment.

VERSION.

அந்த வீட்டிலே இருந்தாய் அல்லவா? — அவனோடே அல்லவோ போனாய்? — உன்னைப் படைத்தவர் சர்வேசுரன் அல்லவோ? — அவரைச் சிநேகித்தால், மோக்ஷமேயல்லோ உனக்குக் கிடைக்கும்? — அதைச் செய்ததினால் அல்லவோ உனக்கு ஆக்கினை வந்தது. — இதுக்கும் அதுக்கும் பத்துக் கல்லு இருக்கும் அல்லவா? — அவனுக்கு அல்லோ அந்தப் பணங் கொடுக்க வேணும். — நானே அல்லோ அப்படிச் சொன்னேன். — நான் அப்படி அல்லோ சொன்னேன். — நான் அப்படிச் சொன்னேன் அல்லோ? (a) — நாம் அதைச் செய்கிறவர்கள் அல்ல. — நீங்கள் பாடினவர்கள் அல்ல. — இவன் நாய்களை அடிப்பவன் அல்ல. — நேற்று வந்தவன் என் தகப்பன் அல்ல. — உன்னை அடித்தவன் நான் அல்ல, இவன்தான். — சந்தோஷப்படுகிறேன். — கஸ்திப்பட்டாய். — கிலேசப்படுவார்கள். — சந்தேகப்பட்டோம். — மனஸ்தாபப்படு. — புறப்படாதே. — அகப்பட்டேன் (b) — கடையிலே மீன் அகப்படுமா? — அகப்படும். — இந்த ஊரிலே நல்ல தண்ணீர் அகப்படா

a) dans ces sortes de phrases le ton est très important ; faites les lire par un Indien. — *b)* அகம் signifie : intérieur, maison ; joint à படுகிறது il se traduit par être trouvé, être pris.

து.—திருடன் அகப்படுவான். — பிடிக்கப்பட்டான். — அவர்கள் அகப்படமாட்டார்கள். — அகப்பட்டால் தண்டிக்கப்படுவார்கள் அல்லவா?— தூக்கப்படுவார்கள் *(c)* — இப்பேர்ப்பட்ட பாவத்தைச் செய்தார்களோ? *(d)* அப்பேர்ப்பட்ட பைத்தியம் *(e)* நான் ஒருக்காலும் பார்த்ததேயில்லை.— மோக்ஷத்தில் எப்பேர்ப்பட்ட பாக்கியத்தை அநுபவிப்போம்!— இப்படிப்பட்ட காரியத்தைச் செய்யாதே *(f)*—அப்படிப்பட்டவனை நம்பக்கூடாது. — எப்படிப்பட்ட மேசை வேணும்? — இப்படிக்கொத்த வார்த்தை சொல்லமாட்டேன். *(g)* இது சரிப்படாது. —*(h)* சொல்லப்படாத கஸ்தி எனக்கு வருவித்தாய். — சுவாமி சிலுவையிலே அறையுண்டு, சொல்லப்படாத பாடுபட்டு, மரணத்தை அடைந்தார்.—உன் பாட்டனாலே தண்டிக்கப்படுவாய்.—அவர்கள் செய்தது எங்குஞ் சொல்லப்படும்.—நாளைக்கு ஓலை கூறப்படும். *(i)* —முதல் ஓலை கூறப்பட்டது.— சர்வேசுரனாலே ஆசீர்வதிக்கப் படுவீர்கள். — உன் வீடு குருக்களாலே மந்திரிக்கப் பட்டதா? — இது விலை ஏறப்பெ

c) être pendus. — *d)* இப்பேர்ப்பட்ட est composé de இ démonstratif, பேர் nom, et de படுகிறது; ce mot se traduit par un tel, une telle (chose) une pareille action etc. — *e)* (folie). — *f)* இ-படி manière, படுகிறது.— *g)* இப்படிக்கு à cette manière.— ஒத்த qui est semblable, i. e. une pareille, une telle parole. — *h)* சரிப்படுகிறது, convenir, s'accorder, s'arranger, aller bien ensemble, cadrer, etc. — *i)* publier les bans de mariage.

ற்ற பொருள்.(j)—படைப்புண்ட வஸ்துக்கள் எல்லாம் சர்வேசுரனாலேயல்லோ உண்டாக்கப்பட்டது. — இது எனக்குத் தெரியாது. — நான் தெரிவிக்கிறேன்.— ஒரு வண்டி செய்விக்க வேணும்.—செய்விப்பேன்.—அவனை அழைப்பித்து, என் அப்படிச் செய்தாய் என்று கேட்டு, அவன் பேசாமல் இருக்க, சேவகர்களைப் பார்த்து: இவனைப் பத்தடி அடியுங்கள் என்று கட்டளையிட்டார்.—உன் சினேகிதனுக்கு என் கஸ்தி வருவித்தாய்?—என் தகப்பனார் செய்த குற்றம் மற்றவர்களுக்குத் தெரிவிக்க மாட்டேன். — இந்தச் செய்தி எல்லாருக்கும் அறிவிக்கக் கடவோம். — அர்ச்சியசிஷ்ட தேவமாதா அவருக்குக் காண்பித்து, (k) நாளைக்குச் செத்துப்போவாய் என்று சொல்லி மறைந்து போனாள்.—இந்தப் புஸ்தகம் வெளியே காண்பிக்காதே. — அந்தச் செய்தி வெளிப்படுத்தாதே.—(l) அந்தக் கதை தமிழ்ப்படுத்த வேணும்.—(m) உன் பிள்ளைகளை வெளியே படுப்பிக்க வேண்டாம். —(n) தச்சன் ஓர் நல்ல பெட்டியைச் செய்யச் செய்தேன்.— நீ வண்டி ஓட்டாதே.— அந்த மாடு ஓட்டு. (o)—வண்டி திருப்பாதே.

j) விலை prix ஏற qui monte, qui est élevé = objet de grande valeur. — *k)* காண்கிறது voir, காண்பிக்கிறது, faire voir, montrer, se montrer à quelqu'un. — *l)* faire connaître, découvrir, rendre public — *m)* traduire en tamoul. — *n)* faire couoher. — *o)* fais courir, chasse.

THEME.

C'est ton père, n'est-ce pas, qui t'a donné ce livre? — Celui qui t'a battu est ton ami, n'est-ce pas? — C'est là, n'est-ce pas, qu'il faut aller? — Tu as un livre de prières, n'est-ce pas? — Tu ne veux pas chasser ces bœufs, hein? — En te voyant, je me réjouis.— Le mois passé, j'ai été triste. — Ne doute pas. — Ce travail sera-t-il fait par un maçon (கொல்லற்றுக்காரன்)? — Il faut faire faire ce travail.—Enfants, chassez ces ânes.— Faites coucher cet enfant. — je ferai acheter de l'herbe (புல்லு). — je te ferai connaître la nouvelle — Ce cheval sera acheté par ton père. — Nous apprîmes cela. — Nous serons battus. — Ils seront pendus. — Il reçut quinze coups. (Il fut frappé quinze coups.)

QUELQUES OBSERVATIONS.

Avant d'aller plus loin, nous croyons utile de faire connaître quelques changements introduits par l'usage et dont l'ignorance pourrait embarrasser. Ce ne sont plus des règles que nous donnons ici, nous ne faisons que *constater*. Il ne suffit pas de parler soi-même correctement, il faut encore pouvoir comprendre les autres, même quand ils parlent d'une manière incorrecte. On n'est jamais obligé d'imiter les *vulgarismes* du peuple, mais il importe grandement de les connaître pour n'être pas dérouté. Ce chapitre étant essentiellement *pratique*, demande à être étudié avec la plus grande attention.

XIII. LEÇON

1° Le parfait த்தேன் se change vulgairement en ச்சேன் (tchèn), lorsqu'il y a இ-ஐ-ou ய devant ce த்தேன், et tous les temps qui viennent de ce parfait éprouvent le même changement en ச்ச (tch) dans la prononciation.

Ainsi: படித்தேன் j'ai étudié, se prononce படிச்சேன் (இ)
படைத்தேன் j'ai créé, — படைச்சேன் (ஐ)
மேய்த்தேன் j'ai fait paître,— மேய்ச்சேன் (ய்)

கிளி படித்தது le perroquet a appris, vulg. கிளி படிச்சது.

2° Lorsqu'il y a இ—ஈ—ஐ—ou ய précédé d'une syllabe longue, devant கிறது, le parfait ந்தேன் se change en ஞ்சேன்; ainsi அடைகிறது, obtenir; le passé அடைந்தேன் se prononce vulgairement: அடைஞ்சேன் (adeïgnjèn).

3° Le ய précédé d'une syllabe brève devant கிறது fait quelquefois au parfait சேன் au lieu de தேன். Ainsi au lieu de செய்தேன், on entendra செய்சேன்; mais cette corruption est assez rare.

4° Le parfait ன்றேன், quand il *n'est pas* après அ bref, se change toujours dans la prononciation vulgaire en ண்ணேன்.

Ainsi: என்றேன் j'ai dit, se prononcera எண்ணேன்.
தின்றேன் j'ai mangé, — திண்ணேன்.
கொன்றேன் j'ai tué, — கொண்ணேன்.

REM. சுழன்றேன் j'ai tourné, j'ai pirouetté (de சுழலுகிறது) ne se changera pas en சுழண்ணேன், parce que ன்றேன் est précédé de அ bref.

5° மூன்று trois se prononce மூணு.
கன்று veau — கண்ணு.
பன்றி cochon — பண்ணி.
குன்று colline — குண்ணு.

Les mots இன்றி, அன்றி ne varient pas, mais le றி prend ordinairement le son de தி (indi, andi.)

REM. *A* — On abrège le mot மூன்று trois, en retranchant ன்று et ne conservant que மூ devant les voyelles. Ces voyelles sont alors unies à மூ par le வ euphonique. Ex.:

மூன்று ஆள், trois personnes = மூவாள்.
மூன்று ஆயிரம், trois mille = மூவாயிரம்.

REM. *B* — Devant les consonnes initiales, மூ devient bref மு ; et la consonne se redouble:

மூன்று கோவில், trois églises = முக்கோவில்.
மூன்று பத்து trente = முப்பது (ici le த் se retranche.)

REM. *C* — Devant ய, மூ devient également bref: மு, et de plus, on intercale le ய் euphonique:

மூன்று யானை, trois éléphants = முய் யானை.

Ces divers changements de மூன்று sont réguliers et conformes aux règles.

s'il vient, donne-lui ceci. — அவன் வந்தாக்கா இதைக் கொடு.

si tu vas au bois, le tigre te tuera. — காட்டுக்குப் போனாக்கா புலி உன்னைக் கொல்லும்

REM. — வந்தாக்கா pour வந்தால், போனாக்கா pour போனால், sont des expresssions très vulgaires, quoiqu'elles viennent probablement de la forme poétique வந்தக்கால், போனக்கால்.

ils feront ainsi. — அப்படிச் செய்வாங்கோ.

செய்வாங்கோ et pour செய்வார்கள். La 3e personne du pluriel ஆர்கள் est presque toujours prononcée ainsi, par le peuple. Il faut bien se garder de parler ainsi, mais il est utile de savoir à quoi s'en tenir sur ces expressions.

non. — இல்லீங்க.

இல்லீங்க pour இல்லை. Ce mot est peut-être composé de இல்லை et உங்கள். Les personnes du peuple croiraient manquer de respect en disant à un supérieur: இல்லை tout court

achète du bois et fais cuire le riz. — விறகு இறகு வாங்கி, சோறு ஆக்கு.

dans cette maison il n'y a pas de lit. — அந்த வீட்டிலே கட்டில் இட்டில் இல்லை.

n'y a-t-il pas de toile pour essuyer la table? — மேசை துடைக்கத் துணி இணி இல்லையா?

REM. — On ajoute souvent à un mot-un autre mot à peu près semblable qui n'a aucune signification: affaire d'harmonie! Un savetier disait majestueusement: நல்ல செமெல் கிமெல் சுவாமீ! — bonne semelle, Père. Il est inutile de s'arrêter à ces vulgarismes. Il suffit d'en avoir une idée pour n'être pas surpris quand on les emploie devant nous. Nous le répétons, il faut éviter d'employer soi-même ces tournures basses. Les gens mêmes qui seraient étonnés si nous ne les comprenions pas, seraient fâchés de nous entendre parler ce jargon.

Il ne faut négliger aucune occasion de parler. Dès que l'on a appris une phrase nouvelle il faut s'en servir le plus souvent possible.

Comme ce chapitre n'a aucune importance grammaticale, nous ne donnerons ici ni version ni thème.

XV. LECON.

Verbes Auxiliaires.

Il y a en tamoul une particularité qu'il importe de connaître, c'est l'emploi, dans une phrase, de plusieurs verbes dont le premier seul donne la signification, les autres indiquant le temps, le sujet, la continuation, l'intérêt, etc... Le premier verbe se met toujours au gérondif.

il a fait comme cela.	அப்படிச் செய்து விட்டான்
il a marché.	நடந்து விட்டான்.
ils mourront.	செத்துப்போவார்கள்.
j'ai oublié.	மறந்து போனேன்.
	ou மறந்து விட்டேன்.
tu perdras tes richesses.	உன் ஆஸ்திகளை இழந்து போவாய்.
j'ai fait cela.	அதைச் செய்திருக்கிறேன்.

செய்து இருக்கிறேன், je suis ayant fait.

le rat a mangé le fer.	எலி இரும்பைத் தின்றுவிட்டது.

le chien a emporté le pain.	நாய் உரொட்டி எடுத்துக்கொண்டு போய்விட்டது.
il s'en alla chez lui.	தன் வீட்டுக்குப் போய்விட்டான்.
il le envoya à la maison.	அவர்களை வீட்டுக்கு அனுப்பிவிட்டான்.
il marcha jusqu'à la distance de deux milles, puis il revint.	இரண்டு மயில் தூரம் நடந்து போய், திரும்பி வந்தான்.
je les renverrai.	அவர்களை அனுப்பிவிடுவேன்.
j'ai oublié ton livre.	உன் புஸ்தகத்தை மறந்து போய்விட்டேன்.
mon ami a oublié de venir ici.	என் சினேகிதன் இங்கே வர மறந்து விட்டான்.

REM. — On entend souvent: மறந்துட்டேன், மறந்துட்டான்; c'est l'abréviation de மறந்துவிட்டேன், etc.

le scorpion a piqué l'enfant.	தேள் பையனைக் கொட்டிவிட்டது.
se frappant la bouche et le ventre et pleurant à chaudes larmes, il s'écria: ma fille est partie.	வாயிலும் வயிற்றிலும் அடித்துக்கொண்டு இரு கண்ணிலுஞ் சலந் தாரை தாரையாக ஒழுகும்படி என் மகள் போனாள் என்று சொல்லி அழுதான்.
le lion a mangé tout cela.	சிங்கம் அதெல்லாம் பட்சித்துப் போட்டது.
il écrivit la nouvelle.	சமாச்சாரம் எழுதிப் போட்டான்.
donne-moi ta main, (en témoinage) dit-il.	கை போட்டுக் கொடு என்றான்.
et il donna la main.	அப்படியே கை போட்டுக் கொடுத்தான்.
va mettre cette chaise dans l'église.	இந்த நாற்காலியைக் கோவிலிலே போட்டு விட்டு வா.
le chien est mort.	நாய் செத்துப்போச்சுது.
mon grand-père est mort hier.	என் பாட்டன் நேற்று இறந்து போனார்.
dès que je m'éveille, je prie Dieu.	நான் விழித்துக்கொண்டவுடனே சர்வேசுரனை வேண்டிக் கொள்ளுவேன்.

REM. — Le *futur* employé au lieu du présent indique *l'habitude* de faire une action ; employé au lieu du passé, il indique qu'une action *se faisait* régulièrement.

se couvrant d'un drap noir, il vint chez moi.	ஒரு கறுப்பு கம்பளியைப் போட்டுக்கொண்டு என் கிட்ட வந்தான்,

REM. — என்னிடத்தில் serait plus élégant, mais என் கிட்ட ou கிட்டே est plus usuel.

ils parlent parfois deux heures durant.	சில வேளை இரண்டு மணி நேரம் பேசிக்கொண்டு இருப்பார்கள்.
il dit cela.	அதைச் சொல்லி விட்டான்.
il se mit à désirer cette maison.	அந்த வீட்டின்மேல் ஆசைகொண்டான்.
il avait plu toute la nuit.	இராத்திரியெல்லாம் மழை பெய்து கொண்டிருந்தது.
j'ai demandé avec beaucoup de respect.	மிகுந்த வணக்கத்தோடே கேட்டுக் கொண்டேன்.
il prit le fruit et s'en alla en courant.	பழத்தைக் கைக்கொண்டு ஓடிப்போய் விட்டான்.
prends cette image.	இந்தப் படம் வாங்கிக்கொள்.

REM. — On prononce ordinairement : vàngui keu.

emporte cela.	அதை எடுத்துக்கொள்.
regarde bien.	நல்லா (ou நன்றாய்) பார்த்துக் கொள்.
il s'est marié.	கலியாணம் பண்ணிக்கொண்டான்.
on a marié cette fille.	அந்தப் பெண்ணைக் கட்டிக்கொடுத்தார்கள்.
on lui donnera cette fille en mariage.	இந்தப் பெண்ணை அவனுக்குக் கட்டிக்கொடுப்பார்கள்.
il ne veut pas l'épouser.	அவளைக் கட்டிக்கொள்ள மாட்டான்

REM. — கட்டுகிறது signifie *attacher, lier*. On l'emploie dans ce sens à cause du தாலி que le mari *attache* au cou de sa femme. On dit aussi : கட்டுக்கழுத்தி, celle dont le cou est lié, c.-à.-d. une femme mariée.

je ferai amitié avec lui.	அவனைச் சினேகம் பண்ணிக் கொள்வேன்.
le roi l'avait battu.	இராயன் அவனை அடித்திருந் தான்.
quand tu viendras, je l'aurai battu.	நீ வரும்போது அவனை அடித் திருப்பேன்.
j'ai écrit (pour moi-même)	எழுதிக் கொண்டேன்.
je lui ai écrit.	அவனுக்கு எழுதிப்போட்டேன்.
va l'appeller et amène-le	அவனை அழைத்துக் கூட்டிக் கொண்டுவா,
je l'amènerai.	அவனைக் கூட்டிக்கொண்டு வருவேன்.
emmène-les.	அவர்களைக் கூட்டிக்கொண்டு போ.
son père lui donnait sans cesse des avis.	அவன் தகப்பன் அவனுக்குப் புத்தி சொல்லிக்கொண்டு வருவான்.
il ressuscita le 3e jour.	மூன்றாம் நாள் எழுந்தருளினார்.

litt. எழுந்து se levant அருளினார் il daigna.

il dit cela et se mit à sangloter.	அதைச் சொல்லித் தேம்பி அழுதான்.
les soldats saluèrent, s'inclinèrent jusqu'à terre, firent salam et dirent : tue-le d'un coup.	சேவகர் சாஷ்டாங்கமாக விழுந்தெழுந்து தரைமட்டுங் குனிந்து சலாஞ்செய்து சொல்வார்கள்: ஒரே வெட்டினால் அவனைக் கொன்றுபோடுவாய்.

N. B. சொல்வார்கள், futur au lieu du présent ; கொன்றுபோடுவாய், futur au lieu de l'impératif.

je l'ai tué.	அவனைக் கொன்றுபோட்டேன்
écrase cet insecte.	அந்தப் பூச்சியை நசுக்கிப்போடு.
as-tu compris ce que j'ai dit?	நான் சொன்னதைக் கண்டுபிடித்தியா (vulg. பிடிச்சியா)

attache-moi et va-t'en.	என்னைக் கட்டிவைத்து நீ போ.
il garde cet argent dans sa maison.	அந்தப் பணத்தைத் தன் வீட்டிலே வைத்திருக்கிறான்.
j'ai fait cela.	அதைச் செய்திருக்கிறேன்.
ils doivent être arrivés.	அவர்கள் வந்திருப்பார்கள்.
je vous découvrirai cela.	அதை உங்களுக்கு வெளிப்படுத்துவோம்.
on peut aisément comprendre cela par une parabole.	இது ஓர் உவமையினாலே எளிதாய்க் கண்டுபிடிக்கலாம்.
tu recevras trois coups.	மூணடி படுவாய்.
va là-bas, donne-lui cet argent et apporte la réponse qu'il te donnera.	அங்கேபோய் இந்தப் பணத்தை அவனுக்குக் கொடுத்துவிட்டு அவன் கொடுக்கும் பதில் காகிதம் வாங்கிக் கொண்டுவா.

REM.— கொடுக்கிறது donner, et வாங்குகிறது, recevoir s'emploient régulièrement quand on donne ou que l'on reçoit *de la main à la main.*

Donne le *collou* au cheval.	குதிரைக்குக் கொள்ளுபோடு.
as-tu donné de l'herbe au cheval?	குதிரைக்குப் புல்லு போட்டாயா? (vulg. போட்டியா?)
oui.	போட்டேன்.
donne de l'eau aux bœufs.	மாடுகளுக்குத் தண்ணீர் காட்டு

Litt. montre l'eau aux bœufs.

prends une roupie dans cette boîte.	இந்தப் பெட்டியிலே ஒரு ரூபாய் எடுத்துக்கொள்

REM. — Ici on ne pourrait pas dire: வாங்கிக்கொள் parce que la roupie n'est pas des mains d'un autre.

donne-moi cela.	அதை எனக்குத் தா.

REM.— தா est l'impératif du verbe தருகிறது, donner. Ce verbe s'emploie de la même manière que கொடுக்கிறது.

j'ai causé avec ton père.	உன் தகப்பனோடே பேசிக் கொண்டேன்.

REM. — பேசினேன் signifierait simplement que j'ai parlé; பேசிக்கொண்டேன் indique un entretien, une causerie.

Ce chapitre est extrêmement important. Les verbes கொள்ளுகிறது — போடுகிறது — விடுகிறது, se joignent à une foule d'autres verbes, quelquefois changeant le sens naturel de ces verbes, souvent n'ajoutant aucune idée nouvelle. Les verbes auxquels ils se joignent se mettant toujours au gérondif, il importe de connaître parfaitemeut leur conjugaison. Donnons encore quelques explications.

I. — கொள்ளுகிறது, parfait கொண்டேன்; futur கொள்ளுவேன் ou கொள்வேன்.

A. — Ce verbe employé seul signifie, *avec les mots immatériels*: avoir, j'ai eu, etc.

j'ai eu de la joie.	சந்தோஷங் கொண்டேன்.

B. — *Avec les mots matériels*, il signifie : acheter.

j'ai acheté un cheval.	ஒரு குதிரை கொண்டேன்.

C.— Il a quelquefois le sens de : entrer, tenir dans, être contenu.

ces effets entreront-ils dans cette boîte?	இந்தச் சாமான் இந்தப் பெட்டியிலே கொள்ளுமா?
oui.	கொள்ளும்.
non.	கொள்ளாது.

D. — Il s'emploie encore pour marquer *l'intérêt* du sujet ou la *bonté* du régime du verbe qui donne la signification.

j'ai écrit une lettre à ce monsieur (intérêt du sujet.)	அந்தத் துரைக்குக் காகிதம் எழுதிக் கொண்டேன்.
O divine Mère, priez pour nous (bonté, intérêt du régime)	தேவதாயே, எங்களுக்காக வேண்டிக்கொள்ளும்.

E. — Ce verbe donne au verbe principal un sens réfléchi.

il s'est frappé.	அவன் தன்னை அடித்துக் கொண்டான்.

F. — Avec உள், dedans, intérieur, il signifie *avaler*. Le ள் se change en ட்.

il a avalé le breuvage.	பானங் உட்கொண்டான்.

II. — போடுகிறது — போட்டேன் — போடுவேன், jeter, mettre, placer.

Ce verbe joint à un autre verbe exprime l'intérêt d'*autrui*.

j'ai écrit une lettre à mon ami.	என் சினேகிதனுக்கு ஒரு காகிதம் எழுதிப்போட்டேன்.
mets ces pendants à tes oreilles	இந்தக் கடுக்கன் உன் காதிலே போட்டுக்கொள்.

III. — அடிக்கிறது — அடித்தேன், அடிப்பேன், frapper, battre.

Ce verbe s'emploie avec l'infinitif vrai de quelques verbes, et il devient alors verbe *causatif*.

oublier.	மறக்கிறது — மறக்க.
faire oublier.	மறக்கடிக்கிறது.
être vaincu, défait.	தோர்க்கிறது — தோர்க்க.
vaincre (i. e, rendre vaincu.)	தோர்க்கடிக்கிறது.

IV. — ஆடுகிறது — ஆடினேன் — ஆடுவேன், danser.

nous célébrerons la fête.	திருநாளைக் கொண்டாடுவோம்.
la fête sera célébrée dimanche prochain.	திருவிழா வருகிற ஞாயிற்றுக்கிழமை கொண்டாடப் படும் (passif).
ils célébrèrent ce guerrier.	அந்த வீரன் கொண்டாடினாகள்.
je suis arivé, me voici.	வந்திருக்கிறேன்.
je lui ai dit tout cela.	அதெல்லாம் அவனுக்குச் சொல்லி இருக்கிறேன்.
lève-toi (debout.)	எழுந்திரு.

tout le monde est-il arrivé ?	ஜனங்களெல்லாம் வந்திருக்கிறார்களா?
oui.	வந்திருக்கிறார்கள்.
je l'ai frappé.	அவனை அடித்திருக்கிறேன்.
je sais cela (je connais.)	அறிந்திருக்கிறேன்.
le travail est fait.	வேலை செய்திருக்கிறது.
on l'aura sans doute battu.	அவனை அடித்திருப்பார்கள்.
quand tu vins, je lui avais déjà tout dit.	நீ வரும்போது அவனுக்கு எல்லாத்தையுஞ் சொல்லி இருந்தேன்.
à cette époque-là nous serons morts.	அப்போது செத்துப்போயிருப்போம்.
je te l'avais dit, n'est-ce pas?	நான் உனக்குச் சொல்லி இருந்தேன் அல்லவா?
si tu as reçu ton salaire, va-t'en bien vite.	உன் கூலி வாங்கி இருந்தால், ஓடிப்போ.
le feu sera éteint.	நெருப்பு அவிந்துபோயிருக்கும்.
tout sera-t-il prêt à quatre heures?	நாலுமணிக்கு எல்லாம் முஸ்திப்பாயிருக்குமா?
oui.	இருக்கும்.

REM. — On voit par ces exemples que l'on peut former le parfait, le plus-que-parfait et le futur parfait en ajoutant le présent, le passé ou le futur du verbe இருக்கிறது au participe passé d'un verbe quelconque. Observez toutefois que ce parfait a souvent le sens du présent ; ainsi : வந்திருக்கிறேன் quoiqu'exprimant une action passée, parfaite, je suis venu, donne cependant un sens présent. C'est comme si l'on disait : je suis ici, me voici. De même : அந்த வீட்டிலே குடியிருக்கிறான் signifie qu'il s'est logé, installé dans cette maison, mais cette phrase se traduit par : il demeure, il habite dans cette maison.

VERSION.

ஒரு பெரிய மரத்தில் கூடு (*a*) கட்டிக்கொண்டு இரண்டு காக்கைகள் வாழ்ந்திருந்தது. ஒரு நாள் அந்த மரப்பொந்தில் (*b*) ஒரு பாம்

a) nid. — *b)* creux.

பு வந்து சேர்ந்து அந்தக் காக்கையாலே இட
ப்பட்ட முட்டைகளை எல்லாங் குடித்தது.—
காக்கை அதைக் கண்டு மிகவும் விசனப்பட்டு
ஒரு நரியிடத்தில் போய் நடந்த சங்கதிகளைச்
சொல்லி அதுக்கு என்ன செய்யவேணும்? எ
ன்றது. — நரி காக்கைக்கு ஒரு நல்ல உபாயஞ்
சொன்னது. — பிறகு காக்கை அந்த உபாயத்
தினாலே இரக்ஷிக்கப்பட்டது. — ஒரு காட்டி
லே ஒரு பெரிய சிங்கம் மிருகங்களை எல்லாங்
கொன்று தின்று கொழுத்து (*c*) வெறிகொ
ண்டு (*d*) திரியும். (*e*) — அதினாலே அந்தக்
காட்டிலே இருந்த மிருகங்கள் எல்லாம் நிர்மூ
லமாய்ப் போனதினாலே, சிங்கம் வேறொரு கா
ட்டுக்குப் போனது. — ஓ சிங்கமே தினந்தோ
றும் ஒரு புலியை உனக்கு இரையாகக் (*f*) கொ
டுத்துக்கொண்டு வருவோம்.— அதை நீ பக்ஷி
த்துக்கொண்டிரு. (*g*) — சிங்கம் அப்படியே
செய்கிறேன் என்று சத்தியஞ் (*h*) செய்துகொ
டுத்தது.— பின்பு எல்லா மிருகங்களையுந் தின்
றுகொண்டு வரும்.—வழியிலே ஒரு யானையைக்
கண்டு பயந்து ஒளித்திருந்தேன். (*i*)— வெகு
நாளாக அந்த ஊரிலே வாசம்பண்ணிக்கொ
ண்டிருந்ததினாலே, அங்கே குடியிருக்கிறவர்
கள் எல்லாரையும் அறிந்திருக்கிறேன்.— நம்
முடைய ராசா மூன்று மந்திரிகளை வைத்துக்

c) s'engraisser. — *d)* être furieux. — *e)* le futur pour marquer l'habitude. — *f)* pour nourriture. — *g)* se nourrir se repaître. — *h)* serment.— *i)* être caché.

கொண்டிருக்கிறார்.— கதவு சாத்திப்போடு.— கதவு திறந்துவிடு.— அவனிடத்தில் பணம் வாங்கிக்கொள்ள மாட்டோம்.— பெட்டி எடுத்துக்கொள்.— வண்டியிலே சாமான் எல்லாம் வைத்துப் போட்டேன்.— அதை அவனுக்குச் சொல்லிப் போட்டேன்.— இந்தப் பையன் அழுது கொண்டே திரிகிறான். — (கொண்டே *j*). கோவிலில் விளக்கு அவிந்துபோச்சுது.— விளக்கு அவித்துப்போடு.— அவர்களை ஏற்றுக்கொள்ள மாட்டேன். (*k*)— உன்னைச் சேர்த்துக்கொள்ளுவார்கள். (*l*)— ஞானஸ்நானம் பெற்றிருக்கிறையா?— பெற்றிருக்கிறேன்.— திருடர் என் சினேகிதனைக் கொன்று போட்டார்கள்.— எட்டிப்போ. (*m*) — சுவாமி எல்லாத்தையும் நடத்திக்கொண்டு வருகிறார்.— அந்தச் சமயங்களைப் பார்த்துக்கொள். (*n*)— அந்தப் பெண்ணைக் கட்டிக்கொடுப்போம்.— இவன் அவளைக் கட்டிக்கொள்ள மாட்டேன் என்று சொல்லுகிறான்.— இராயப்பா, இந்தப் பெண்ணைக் கட்டிக்கொள்ளச் சம்மதிக்கிறையா? (*o*). சம்மதிக்கிறேன். — உன்னைப் பெரிதாக நினைத்துக்கொண்டிருக்கிறாயோ? — படுத்துக்கொள்.—துணி கட்டிக்கொள்.— அதைத் தள்ளிப்போடு.— வேலி (*p*) அடைத்துப் போடவேணும். —அந்தப் பலகை தூக்கிக்கொண்டு

j) emphatique pour கொண்டு i.-e. il ne fait que. — *k)* admettre, recevoir. — *l)* recevoir, associer. — *m)* s'éloigner. — *n)* regarder attentivemeut, surveiller. — *o)* consentir. — *p)* haie.

வா. — மேசை தூக்கிக்கொண்டு போ. — வாய் மூடிக்கொள். (q) — கண்ணு மூடிக்கொள்.

q) fermer.

THEME.

Cet homme est-il mort? — Quand est-il mort? — Comment est-il mort? — De quoi est-il mort (par quoi)? — As-tu oublié cela? — N'oubliez pas ces choses. — Ils s'en allèrent chez eux. — Pourquoi avez-vous renvoyé ces gens? — N'attache pas cette toile sur ta tête. — J'ai pris vingt roupies dans la boîte. — Combien astu reçu de roupies? — Vous perdrez toutes vos richesses — Ton frère aîné est-il arrivé? — Oui. — Nous mourrons tous. — Nous avons causé trois heures durant. — Mets une bonne haie à ce jardin. — La divine Mère priera pour nous. — Le tigre mangera-t-il tout cela? — Oui. — Eteignez la lampe. — La lampe est-elle éteinte? — Je comprends (voyant — je saisis). — As-tu compris? — Il a compris. — Nous comprendrons. — Il faut comprendre cela. — Ecrasez cet insecte. — Nous avons écrasé cet insecte. — Pourquoi écrasez-vous cet insecte? — Demeurez-vous dans ce village-ci? — Nous demeurons dans ce village-là. — Nous recevrons le baptême. — Il faut recevoir le scapulaire (உத்தரீயம்). — As-tu épousé la sœur de cet homme? — Te donnera-t-on en mariage la sœur de ton ami? — Ne mets pas ces objets (சாமான்) dans cette charrette. — Avez-vous dit ces paroles? — Oui. — Est-il caché? — Où est-il caché? — Porte cette planche chez mon père.

XVI. LEÇON.

VERBES DÉFECTIFS.

Quoiqu'on ait vu déja un grand nombre de verbes défectifs, nous croyons utile de les réunir tous dans une leçon spéciale. L'emploie de ces verbes est si commun qu'il importe extrêmement de s'en rendre compte.

இல்லை — அல்ல,— Comme nous l'avons dit, இல்லை nie l'existence ou la présence; அல்ல nie l'essence.

ce chien n'a pas de queue.	இந்த நாய்க்கு வால் இல்லை.
est-ce là un chien?	அது நாயா?
non.	அல்ல.

Dans le Tamoul vulgaire, ces deux verbes négatifs ne sont usités qu'au gérondif et au participe.

இல்லா ou இல்லாத.	n'étant pas; n'ayant pas.
இல்லாமல்—இல்லாது.	sans, outre, etc.
அல்லாமல்—அல்லாது.	sans, outre, etc.
இல்லாமை—அல்லாமை.	*le* ne pas être; —exister.

comme je n'ai pas d'argent je ne puis acheter un cheval.	எனக்குப் பணம் இல்லாமையால் குதிரை வாங்கக்கூடாது.
comme tu n'es pas prêtre, tu ne peux dire la messe.	நீ குரு அல்லாமையால் பூசை செய்யக் கூடாது.

இல்லாமல் இருக்கிறது joints ensemble signifient: ne pas avoir, ne pas être.

lorsqu'il n'y avait rien...	ஒன்றும் இல்லாதிருக்கையிலே.
puisqu'il n'y a pas de chrétiens ici...	இங்கே கிறீஸ்துவர்கள் இல்லாதிருக்கிறதினாலே...

இல்லாமல், (ou இல்லாத) ne change pas. இருக்கிறது seul se conjuge.

je n'ai pas de cheval.	குதிரை இல்லாமல் இருக்கிறேன்.

உண்டு. — Ce verbe s'emploie pour toutes les personnes, au pluriel aussi bien qu'au singulier, avec le masculin, le féminin et le neutre. Il affirme l'existence, la présence.

dans cette ville, il y a un roi.	இந்தப் பட்டணத்தில் ஒரு ராசா உண்டு.
j'ai des richesses.	எனக்கு ஆஸ்தி உண்டு.
dans le bois, il y a des lions, des tigres et des éléphants.	காட்டிலே சிங்கங்களும் புலிகளும் யானைகளும் உண்டு.

Ce verbe n'a que le participe உள்ள, étant, ayant, qui est, qui a.

l'homme qui a de la vertu.	புண்ணியமுள்ள மனுஷன்.
celui qui est content.	சந்தோஷமுள்ளவன்.

உள்ளவன் est composé de உள்ள et அவன். — On obtient ainsi: உள்ளவள் celle qui a, உள்ளவர்கள் ceux qui ont, உள்ளது ce qui a, etc... La racine உள் signifie *existence, le avoir en soi.* — உள்ளது signifie: ce qui est la vérité.

dis la vérité.	உள்ளதைச் சொல்லு.
ceci est évident.	இது உள்ளதுதான்.

உள்ள s'emploie comme ஆன pour former un adjectif d'un substantif.

mon cher fils.	என் பிரியமுள்ள குமாரன்.
mes chers frères.	பிரியமுள்ள சகோதரர்களே.

உண்டு joint à ஆகிறது signifie: *devenir.* — Joint à ஆக்கிறது et à பண்ணுகிறது il signifie: *créer,* faire qu'une chose existe.

il devint malade et mourut.	அவன் வியாதி உண்டாய்ச் செத்துப் போனான்.

REM. — ஆய் est le gérondif de ஆகிறது, comme ஆகி.

Dieu t'a créé.	சுவாமி உன்னை உண்டாக்கினார்
c'est par lui que tout a été fait.	அவராலே எல்லாம் உண்டாக்கப்பட்டது.
il a créa le soleil.	சூரியன் உண்டுபண்ணினார்.

வேண்டும் — வேணும், il faudra, il faut.— C'est le futur de வேண்டுகிறது; vouloir, désirer, souhaiter, demander. வேண்டும் s'emploie dans le sens de: il faut, il est besoin, je désire, etc. — Le négatif est வேண்டாம் On prononce généralement வேணும் et quelquefois வாணும்.

1° Dans le sens de: prier, demander, வேண்டுகிறது se conjugue régulièrement. Il est ordinairement uni à கொள்ளுகிறது. Ainsi: je prie, வேண்டிக்கொள்ளுகிறேன். C'est alors கொள்ளுகிறது seul qui se conjugue avec le participe வேண்டி qui ne change pas.

2° வேண்டும் ou வேணும் est aussi participe futur. Il signifie alors: devant désirer, désirable, nécessaire. — Le négatif est வேண்டா ou வேண்டாத, non désirable, non nécessaire.

une chose désirable ou nécessaire.	வேண்டும் பொருள்.
une chose non désirable ou non nécessaire.	வேண்டாத பொருள்.

3° வேண்டாமல், sans vouloir et வேண்டாமை (subst. verbal négatif) *Le* ne pas vouloir, se rencontrent plus rarement.

4° Le participe passé வேண்டின ou வேண்டிய s'emploie fréquemment au lieu du participe futur வேண்டும்.

le fruit qu'il me faut.	எனக்கு வேண்டிய பழம்.
de la manière qui convient.	வேண்டிய படி.

5° Le gérondif வேண்டி signifie: pour, à cause de, dans l'intérêt de, etc.

il a donné sa vie pour nous.	நம்மை வேண்டித் தம் பிராணனைக் கொடுத்தார்.
il est venu à cause de lui.	அவனை வேண்டி வந்தான்.

போதும் il suffit, c'est assez, 3e pers. neutre du verbe போதுகிறது. Le négatif est போதாது, il ne suffit pas, ce n'est pas assez.

cela me suffit.	அது எனக்குப் போதும்.
assez, assez!	போதும் போதும்.
ceci ne te suffit pas.	இது உனக்குப்போதாது.
sera-ce suffisant?	போதுமா?
non.	போதாது.
j'en ai assez dit.	இம்மாத்திரஞ் சொன்னது போதும்.

போதும், participe futur du même verbe, signifie: suffisant, quand il est placé avant le substantif. — போதா ou போதாத, ne suffisant pas; போதாமல் ou போதாது, sans suffire.

போதாமை *Le* ne pas suffire.

REM. — On remplace parfois le த de ce verbe par ர: போரும் au lieu de போதும், போராது au lieu de போதாது.

போதாது est souvent remplacé par பற்றாது, partic. négatif de பற்றுகிறது, ne pas prendre, ne pas tenir, ne pas suffire.

est-ce assez?	போதுமா?
non (ce n'est pas assez).	பற்றாது.
un salaire insuffisant.	பற்றாத கூலி.

தெரியும், 3e pers. neutre du futur de தெரிகிறது, savoir. Ce verbe n'est pas précisément défectif, cependant தெரியும் s'emploie comme un verbe défectif. Il se traduit par: il est su, il est connu, il sera su, il sera connu. Le négatif est தெரியாது, il n'est pas, il ne sera pas su ou connu. Le sujet se met toujours au datif, le régime au nominatif.

je sais ceci.	இது எனக்குத் தெரியும்.
je ne sais pas.	எனக்குத் தெரியாது.
quand partira-t-il?	அவன் எப்போ போவான்?
le savez-vous?	உனக்குத் தெரியுமா?
ne sait-elle donc pas cela?	அது அவளுக்குத் தெரியாதா?
oh! non.	ஏது!

REM.— ஏது signifie proprement: quoi? quelle chose? On l'emploie souvent pour nier complètement. Il correspond à: allons donc! oh! non.

te donnera-t-on de l'argent?	உனக்குப் பணம் கொடுப்பார்களோ?
certainement non!	ஏது!
je n'ai absolument pas d'argent.	எனக்கு ஏது பணம்.
pleuvra-t-il?	மழை பெய்யுமா?
oh! non, pas aujourd'hui.	இன்றைக்கு மழை ஏது!

தக்க, part. passé de *தகுகிறது*, convenir: qui convient.
தகாத, part. négatif du même verbe: ne convenant pas.
தக்கது, 3e pers. neutre du passé: cela a couvenu.
தக்கது, est aussi le verbal passé: *Le* avoir convenu.
தக்கதாக, subjonctif ou optatif: pour-qu'il convienne. Ce dernier se place toujours après l'infinitif vrai.

une chose qu'il convient de faire.	செய்யத்தக்க காரியம்.
une parole qui ne convient pas.	தகாத வார்த்தை.
il a été convenable de faire cela.	அதைச் செய்யத் தக்கது.
je suis venu *pour* prêcher l'Evangile.	சுவிசேஷம் போதிக்கத் தக்கதாக வந்தேன்.
le Seigneur nous a créés *afin que* nous le servions tous.	நாமெல்லாரும் தமக்கு ஊழியம் பண்ணத்தக்கதாகச் சுவாமி நம்மை உண்டாக்கினார்.

On voit que *தக்கதாக* se traduit par: pour, afin que. En conversation, *தக்கதாக* aurait quelque chose d'affecté. On le remplace par *படிக்கு* ou *படியாக*, avec la 3e pers. neutre du futur.

pour qu'il vienne.	அவன் வரும் படிக்கு.
pour que tu fasses.	நீ செய்யும் படியாக.
priez pour qu'il pleuve bien.	நல்ல மழை பெய்யும்படிக்கு வேண்டிக் கொள்ளுங்கள்.

கூடும். 3e pers. neutre du futur de *கூடுகிறது*, se réunir, s'associer, se joindre. Le négatif est *கூடாது*. Comme verbe défectif, *கூடும்* signifie: il est possible; *கூடாது* il est impossible. Il s'emploie avec le 2e ablatif ou le datif; mais après l'infinitif, il demande le nominatif.

je puis ceci.	இது எனக்குக் கூடும்.
	இது என்னாலே கூடும்.
je ne puis.	என்னாலே கூடாது.
il ne peut pas venir.	அவன் வரக் கூடாது.
on ne peut faire cela.	அதைச் செய்யக் கூடாது.
on peut le faire.	அது செய்யக் கூடும்.
tous se sont unis à lui.	அவனோடே எல்லாருங் கூடினார்கள்.
nous vînmes avec lui (i.-e. joints avec lui).	அவனோடே கூடி வந்தோம்,
autant que possible.	கூடின மட்டும்.
ou	கூடுமான மட்டும்.
ou	கூடின மாத்திரம்,
sans pouvoir dire.	சொல்லக் கூடாமல்.
une chose impossible.	கூடாத காரியம்.
qui peut faire cela?	அது யாராலே கூடும்?
ou	அது யாராலே ஆகும்?

REM. — On voit que கூடுகிறது se conjugue entièrement dans le sens de: se réunir, se joindre, s'associer. Il n'est défectif que dans le sens de: il se peut, il est possible. கூடும் signifie: 1° la possibilité, 2° l'habiteté à faire une chose; 3° le droit de la faire. — கூடாது en est le négatif dans tous ces sens, ஆகும் exprime plus spécialement la convenance ou la permission, et ஆகாது l'inconvenance.

ton frère aîné ne fera pas ce travail (ne veut pas faire) ou	உன் அண்ணன் அந்த வேலை செய்யமாட்டான்.
il ne peut pas le faire. (il n'a pas la possibilité ou l'habileté ou le droit.)	அது அவனாலே செய்யக்கூடாது.
il ne faut pas parler ainsi (c'est inconvenant.)	அப்படிப் பேசலாகாது.

REM. — மாட்டேன் - மாட்டாய் - மாட்டான். etc. s'emploient quelquefois au lieu de கூடாது et de ஆகாது. Cependant மாட்டேன், etc., indique ordinairement un choix de la volonté qui refuse de faire une action.

பேசலாம் est composé de பேசல், n. verbal de பேசுகிறது, et ne ஆம் qui est probablement une corruption de ஆகும். Le nom verbal se forme en ajoutant ல் à l'infinitif vrai des verbes en கிறது et en க்கிறது.

faire.	செய்கிறது — செய்ய.
Le faire.	செய்யல்.
être	இருக்கிறது — இருக்க.
Le être.	இருக்கல்.
on peut faire	செய்யலாம்.
on peut être.	இருக்கலாம்.
peut-on dire cela?	அதைச் சொல்லலாமா?
puis-je venir?	நான் வரலாமா?
oui.	வரலாம்.

REM. — Cette forme marque proprement la permission, mais on l'emploie également dans le sens de கூடும். Il importe cependant de ne pas confondre ces deux verbes.

Père, puis-je partir? (me permettez-vous.)	சுவாமீ போகலாமா?
non, cela ne convient pas.	போகலாகாது.
je ne puis partir sans voiture.	வண்டியில்லாமல் போகக் கூடாது.
peut-on écrire en charrette? (est-ce possible.)	வண்டியிலே எழுதக் கூடுமா?
non (c'est impossible.)	கூடாது.
est-ce là ton frère cadet?	அவன் உன் தம்பியா?
oui.	ஆம்.

REM. I. — ஆம் est la 3e pers. neutre du futur de ஆகிறது. On l'emploie seul pour affirmer, comme le *oui* français affirmant l'essence. On le prononce généralement ஆமா (de ஆம் ஆம்).

II. ஆம் signifie: il sera, il y a, il servira, selon les circonstances.

III. Après un verbe ou un nom, ஆம் signifie: on dit, peut-être, il paraît que…

IV. ஆமே signifie: certainement, assurément.

N. B. Il serait souvent incorrect de répondre à une interrogation par ஆம். Il faut, quand on le peut, répondre par le verbe de la phrase.

puis-je partir?	போகலாமா?
oui.	போகலாம்.
peut-on cacher une courge entière dans cette toile?	இந்தத் துணியிலே முழுப் பூசணிக்காய் மறைக்கலாமா?
oui.	கூடும் ou மறைக்கக் கூடும்.
peut-on la cacher dans le riz cuit?	சோற்றோடே மறைக்கலாமா?
non.	கூடாது.

L'observation ci-dessus s'applique également à la négation. Dans le dernier exemple, il serait fautif de répondre இல்லை.

ce cheval ira-t-il à la voiture?	இந்தக் குதிரை வண்டியிலே போகுமா?
non (il ne peut, ne veut.)	போகமாட்டாது.
la plainte présentée par l'avocat est-elle digne d'être défendue?	வக்கீல் கொடுத்த மனு தகுமா?
non.	தகாது.
cela réussira-t-il?	இது மாளுமா?
oh! non.	ஏது! மாளாது.
faut-il donner de l'argent au pion?	சேவகனுக்குப் பணங் கொடுக்க வேணுமா?
non.	வேண்டாம்.

ஒக்கிறது. (ஒ *bref*) convenir, ressembler, ètre égal. ஒக்கும் 3e pers. neutre du futur de ce verbe se traduit par: il ressemble, qui convient.— Il demande le datif, l'accusatif, ou l'ablatif.

ceci ressemble à cela.	அதுக்கு ஒக்கும் இது.
ou	அதை ஒக்கும் இது.
ou	அத்தோடு ஒக்கும் இது.

L'infinitif ஒக்க signifie: également, en même temps, ensemble.

je suis venu également.	ஒக்கவந்தேன்.
nous sommes venus ensemble.	ஒக்க வந்தோம்.

ஒத்திருக்கிறது: ressembler. இருக்கிறது seul se conjugue ஒத்துக்கொள்ளுகிறது: consentir, acquiescer.

இப்படிக்கொத்த (இப்படிக்கு ஒத்த) tel, de telle sorte.

ஒவ்வாத ou ஒவ்வாமல், différent, inconvenant, incohérent

ஒவ்வாது qui ne convient pas, etc.

En somme, ce verbe s'emploie à tous les temps, excepté le présent et l'impératif.

ஒப்பு, nom verbal du même verbe, signifie: ressemblance, comparaison.

Il n'a pas son pareil.	அவனுக்கு ஒப்பில்லை.

N. B. Il faut avoir grand soin de prononcer la première lettre de ce verbe brève, ஒ, à cause d'un verbe semblable dont la première lettre est longue et qui a un sens infâme.

மாட்டேன். 1re personne négative du verbe மாட்டுகிறது, pouvoir, vouloir. Dans ce sens, ce verbe n'est usité qu'au futur et au négatif, et dans ces temps, il se conjugue régulièrement: மாட்டுவேன் - மாட்டுவாய் - மாட்டுவான் etc... je voudrai ou je pourrai, etc... மாட்டேன் - மாட்டாய் - மாட்டான், etc... je ne veux pas, ou, je ne peux pas, etc... — On se sert aussi du gérondif மாட்டாது ou மாட்டாமல், sans vouloir, sans pouvoir; et du participe மாட்டாத, qui ne veut pas, qui ne peut pas. Quoique le négatif de ce verbe se traduise par: ***je ne veux pas***, aussi bien que வேண்டாம், on ne peut cependant pas les employer l'un pour l'autre. Qand l'action de ***vouloir*** et l'action ***non voulue*** regardent le même sujet ou sont dans la même personne, c'est மாட்டேன் qu'il faut employer. S'il s'agit de sujets différents, on se sert de வேண்டாம்.

je ne veux pas *partir*.	நான் போக மாட்டேன்.
je ne veux pas que *tu* partes.	நீ போக வேண்டாம்.
je ne veux pas *venir*.	நான் வரமாட்டேன்.
je ne veux pas qu'*il* vienne.	அவன் வரவேண்டாம்
ne veux-*tu* pas *manger*?	நீ சாப்படமாட்டையா?
ne voulez-*vous* pas qu'*il* mange?	இவன் சாப்படவேண்டாமா?
cet homme dit qu'il ne veut pas faire ce travail.	இந்த மனுஷன் இந்த வேலை செய்யமாட்டேன் என்கிறான்.
dis-lui qu'il ne doit pas faire ce travail (il n'est pas nécessaire).	அந்த வேலை செய்யவேண்டாம் என்று அவனுக்குச் சொல்லு.
dis-lui qu'il ne faut pas qu'il sorte (ce n'est pas permis ou pas possible.)	வெளியே போகக் கூடாதென்று அவனுக்குச் சொல்லு.

REM. — *Il n'est pas nécessaire* se rend souvent pas தேவையில்லை; *n'est il pas nécessaire* par தேவையில்லையா?

il n'est pas nécessaire que que ta mère vienne à l'église.	உன் தாயார் கோவிலுக்கு வரத் தேவையில்லை.
ne faut-il pas allumer les cierges?	வத்தி கொளுத்தத் தேவையில்லையா?
ne dois-tu pas saluer le Père?	சுவாமி கும்பிடத் தேவையில்லையா?
peu importe! c'est égal, cela ne fait rien.	பறவாயில்லை.

கடவது. verbe défectif Ce verbe n'est employé qu'au verbal et au futur, dans le sens du présent. Il signifie: devoir. On le place après l'infinitif vrai.

je dois venir, il est de mon devoir de venir.	நான் வரக்கடவேன்.
il faut que tu fasses cela.	அதைச் செய்யக்கடவாய்.
il faut qu'il parte.	அவன் போகக்கடவான்.
elle doit soigner son enfant.	அவள் தன் பிள்ளையைக் காப்பாற்றக் கடவாள்.

nous devons aimer Dieu de tout notre cœur. — சர்வேசுரனை முழுமனதோடே நேசிக்கக் கடவோம்.
vous devez observer tous les commandements. — கட்டளைகளையெல்லாம் அநுசரிக்கக்கடவீர்கள்.
ils doivent dire. — சொல்லக்கடவார்கள்.

REM. — Au lieu de கடவேன் 1re pers. on trouve quelquefois கடவன், de même pour கடவான், கடவன்; pour கடவாள், கடவள்; pour கடவார்கள், கடவர்.

கடவது sert d'optatif. Il exprime le désir de voir une chose se réaliser. On ajoute parfois: ஆக

puisse-t-il échapper! — பிழைக்கக்கடவது!

REM, Le futur ci-dessus peut aussi servir d'optatif. Alors on ajoute généralement ஆக.

puisiez-vous être heureux pour toujours! — எப்போதைக்கும் வாழ்ந்துகொண்டிருக்கக் கடவீர்களாக!

N. B. Cette forme ne s'emploie guère que dans le style noble. En conversation, ce serait de l'affectation.

ஒட்டும். 3e pers. neutre du futur de ஒட்டுகிறது, coller, unir, permettre, laisser faire.

ஒட்டும் ou ஒட்டு se placent après l'infinitif vrai en élidant அ. Ce composé indique alors la permission, la la possibilité de faire l'action exprimée par le verbe.

il peut venir. — அவன் வரட்டும்.

Remarquez que dans வரட்டும், ce n'est pas le அ de வர, mais le ஒ de ஒட்டும் qui est élidé. Régulièrement, on devrait dire: வரொட்டும், mais dans la pratique, c'est le ஒ de ஒட்டும் qui disparaît. Nous l'écrivons comme il se prononce.

tu peux partir, toi. — நீ போகட்டும்.
lui peut partir. — அவன் இருக்கட்டும்.
allons, qu'il en soit ainsi! — நல்லது அப்படியே இருக்கட்டும்.

puis-je parler? — போகட்டா?

REM. — L'interrogtion fait ட்டா et non ஒட்டுமா, parceque l'affirmation est ஒட்டும் ou ஒட்டு; c'est de ce dernier que se forme l'interrogation, quoique ஒட்டும் soit plus usité pour l'affirmation. Toutefois, on pourrait dire aussi போகட்டுமா.

il peut faire cela, n'est-ce pas?	அவன் அதைச் செய்யட்டும் அல்லவா?
puis-je parler?	நான் பேசட்டா?
ou	நான் பேசட்டுமா?
ne permettez pas de parler.	பேசொட்டாதேயுங்கள்.

REM. — Avec l'impératif, le ஒ ne s'élide jamais: வரொட்டாதே, போகொட்டாதே.

On emploie ஒட்டும் ou ஒட்டு — ட்டும் — ட்டா? ஒட்டாதே — ஒட்டாதேயுங்கள், quand il s'agit d'une permission ou de la possibilité par suite d'une permision. On peut souvent employer indifféremment ஆம் ou ஒட்டும்.

போதிலும். 1er ablatif de போது, temps, auquel on a joint la particule உம்.

Quoique ce mot soit un vrai substantif, nous le plaçons parmi les verbes défectifs, parce que, joint à un participe passé (ou présent,) il donne le sens du subjonctif avec *quoique, quand bien même.*

quoique tu viennes.	நீ வந்தபோதிலும்.
quoiqu'il pleuve.	மழை பெய்தபோதிலும்.
quoiqu'il fasse.	அவன் என்ன செய்தபோதிலும்
quoiqu'il en soit ainsi.	இப்படி இருந்தபோதிலும்.
quoiqu'il fût arrivé.	அவன் வந்திருந்தபோதிலும்

REM. — On voit par ces exemples qu'avec போதிலும் on emploie le participe *passé* quoiqu'il s'agisse d'une action présente: நீ இங்கே இருந்தபோதிலும், quoique tu sois ici... On pourrait régulièrement employer le participe présent: நீ இங்கே இருக்கிறபோதிலும், mais ce ne serait pas conforme à l'usage qui a prévalu.

quoique tu fasses cela.	நீ அதைச் செய்தும்

REM. — உம் ajouté à un simple gérondif signifie aussi: *quoique*.

lorsque je venais.	நான் வருகிறபோது.
lorsqu'ils chantaient.	அவர்கள் பாடுகிறபோது.
quand je dis cela.	நான் அதைச் சொல்லும்போது.
quand il pleut, ou: quand il pleuvrait ou pleuvra.	மழை பெய்யும்போது.
quand j'étudie.	நான் படிக்கிறபோது.
ou	நான் படிக்கும்போது.
quand j'étudiais.	நான் படித்தபோது.
ou	நான் படிக்கிறபோது.
ou	நான் படிக்கும்போது.

REM. — 1° Le présent avec *lorsque, quand*, se rend indifféremment par le participe futur avec போது. — 2° Le passé ou imparfait se rend également bien par le participe futur. Le reste de la phrase indique s'il s'agit du présent, du passé ou du futur. Le futur lui-même peut se rendre par le présent: Demain, quand je *viendrai*, je te donnerai de l'argent: நாளைக்கு நான் வருகிறபோது உனக்குப் பணங்கொடுப்பேன். Il serait cependant préférable, dans ce cas, d'employer le futur: வரும்போது.

போது signifiant *temps, moment*, toutes ces phrases peuvent se décomposer ainsi: Dans le moment où je viens; dans le moment où je viendrai, etc...

quand tu ne viens pas, je suis triste.	நீ வராதபோது கஸ்தியாயிருக்கிறேன்.
quand tu ne venais pas, j'étais content.	நீ வராதபோது சந்தோஷமாயிருந்தேன்.
quand tu ne parleras pas, je dormirai.	நீ பேசாதபோது, தூங்குவேன்.

REM. — Avec le négatif on ajoute ஆத à l'infinitif vrai வர + ஆத = வராத போது; சொல்ல + ஆத = சொல்லாத போது. Cette forme négative sert pour le présent, le passé, et le futur. Ajoutons que dans tous ces cas, போது peut être remplacé par பொழுது qui signifie également *temps, moment*. De la même manière, ce moment-ci இப்போது, ce moment-là அப்போது; quand எப்போது, toujours எப்போதும், peuvent se remplacer par: இப்பொழுது, அப்பொழுது, எப்பொழுது, எப்பொழுதும்.

Nous terminerons ce chapitre par quelques observations relatives au *si* conditionnel.

si tu parles, je te battrai.	நீ பேசினல் உன்னை அடிப்பேன்.
si tu le frappes, je te tuerai.	நீ அவனை அடித்தால் நான் உன்னைக் கொல்லுவேன்.
s'il vient, dis-lui d'attendre un peu ici.	அவன் வந்தால் இங்கே காத்திருக்கச் சொல்லு.

REM. — Le *si* conditionnel se forme en changeant என் du parfait en ஆல். Cette forme est invariable pour toutes les personnes et pour tous les temps: si je viens, si tu viens, s'il vient, si cela vient, si nous venons, si vous venez, s'ils viennent, s'ils venaient, dans le cas où ils viendraient — நான், நீ, அவன், அது, நாம், நீங்கள், அவர்கள் வந்தால். — On peut aussi joindre வந்து à இருக்கிறது; on a alors வந்திருந்தால், si je suis, si tu es, s'il est venu; si nous sommes, si vous êtes, s'ils sont, s'ils étaient s'il fussent venus.

si tu étudies.	நீ படிக்கில்.

Cette forme est moins usitée que la première. On change le அ finale de l'infinitif vrai en இல்: படிக்க — படிக்கில்.

si je tombe.	நான் விழுகிறேனுனல்.
si tu marches.	நீ நடக்கிருயானல்.
s'il pleure.	அவன் அழுகிருனுனல்.
s'ils pensent.	அவர்கள் நினைக்கிருர்களானல்.

On exprime également le *si* conditionnel en ajoutant ஆனல் subjonctif de ஆகிறது à tous les temps et à toutes les personnes. Ajouté à un substantif, ஆனல் donne aussi le sens du *si* conditionnel:

s'il est un homme.	அவன் மனுஷனுனல்.
si ceci est un chat.	இது பூனையானல்.

Dans tous ces cas, ou peut remplacer ஆனால் par ஆகில்.

si tu meurs.	நீ செத்துப் போவாயாகில்.

N. B. On emploie souvent le futur au lieu du présent, quand l'action est future, quoique le verbe français soit au subjonctif présent.

si je viens.	நான் வருவேனானால்.
si tu pars.	நீ போவாயாகில்.

ஆனால் au commencement d'une phrase ou d'une période signifie : *mais*.

je te donne ceci, mais ne le dis pas aux autres.	இதைக் கொடுக்கிறேன்; ஆனால் மற்றவர்களுக்குச் சொல்லாதே.
si tu ne parles pas.	நீ பேசாவிட்டால்.
si tu ne viens pas.	நீ வராவிட்டால்.
si tu ne pars pas.	நீ போகாவிட்டால்.
si je ne fais pas cela.	நான் அதைச் செய்யாவிட்டால்
s'il ne frappe pas.	அவன் அடிக்காவிட்டால்.
s'ils ne mangent pas.	அவர்கள் சாப்படாவிட்டால்.

REM. — Pour le *si* négatif on ajoute விட்டால் au participe négatif en ஆ. Le sujet seul change. Le verbe est invariable.

si je ne viens pas.	நான் வராமல் போனால்.
si nous ne lisons pas.	நாம் வாசிக்காமல் போனால்.
si tu ne ris pas.	நீ சிரிக்காமல் இருந்தால்.

REM. — On obtient encore le *si* négatif en ajoutant போனால் ou இருந்தால் au gérondif négatif.

si tu ne frappes pas.	நீ அடிக்காதே போனால்.
si je ne dors pas.	நான் தூங்காதிருந்தால்

N. B. Toutes les fois qu'il n'y pas de terminaison personnelle, il faut exprimer le sujet.

si nous mourons.	நாம் செத்துப் போனாக்கால்.

REM. — On a déja vu cette forme. Elle est très vulgaire et ne doit pas être employée quand on parle en public ou à des personnes respectables.

si Jean ne vient pas. அருளப்பன் வராவிட்டாக்கால்.

REM. — On peut également ajouter விட்டாக்கால் (le ல் finale ne se prononce pas) au participe négatif. On ajoute au même participe கிட்டி: வராகிட்டி = அவன் வரா கிட்டி s'il ne vient pas. Cette tournure est *très*-basse. On entend souvent கட்டி. வராகட்டி; parfois le கி est retranché et l'on entend seulement: ட்டி joint au part. négatif en ஆ.

sinon.	இல்லாட்டி.
s'il ne vient pas.	வராட்டி.
s'il ne part pas.	போகாட்டி.
si je ne dis pas.	நான் சொல்லாட்டி.

N. B. Il importe de se familiariser avec les tournures indiquées dans cette leçon. On peut avec les mots déjà connus former un nombre immense de phrases pratiques. Nous allons donner une version et un thème pour servir de modèle, mais il faut s'exercer soi-même à faire des phrases nouvelles en changeant soit le sujet, soit le temps des phrases données comme modèles.

VERSION.

சின்னப்பா எங்கே போகிறாய்?—வீட்டுக்குப் போகிறேன்.—உன் தகப்பன் வீட்டிலே இருப்பானோ?—இருப்பானோ இல்லையோ எனக்குத் தெரியாது.—இருந்தால் நாளைக்கு இங்கே வரச்சொல்லு.—அவன் இல்லாதேபோனால் உன் பாட்டனைக் கூட்டிக்கொண்டுவா.—உனக்கு என்ன வேணும் ?—பணம்வேணும்.— எனக்குப் பணம் இல்லை —பணம் இல்லாவிட்டால் சுரூபங் கொடுங்கள். — ஒன்றுங் கொடுக்க மாட்

டேன் ஓடிப்போ.— நாளைக்கு வந்தால் ஒரு நல்ல படத்தைக் கொடுப்போம்.—சுவாமிக்கு ஊழியம் பண்ணவிட்டால் நரகத்திலே தள்ளப்படுவீர்கள்.—இது கழுதையா?—அல்ல, கழுதையானால் அதின்மேலே ஏறமாட்டேன்.—வண்ணானல்ல, தமிழன் தான்.—கால் இல்லாமல் நடக்கக் கூடுமோ? — நடக்கக் கூடாது.—அப்பேர்ப்பட்ட காரியத்தைச் செய்திருக்கையிலே மனஸ்தாபப்படாமல் இருக்கலாமா?—ரொம்ப மனஸ்தாபப் படுகிறேன் சுவாமீ.—உன் தம்பிதானே அந்த மனிதனை அடித்திருப்பான் (*a*). — இருக்கும் (*b*). — அங்கே போகவேணுமா? — வேண்டாம், தேவையில்லை. — பூசை காணத் தேவையில்லையா?—காணத்தான் வேணும். (*c*) — திருடன் செத்துப்போனானு? —செத்தேதான் போச்சு.—(*d*) உனக்குப் பணம் இருந்தால் என்ன தான் செய்வாய்?(*e*)—யார்தான் அதைச் செய்யப் போகிறார்கள். (*f*) — இவனுக்கு வேண்டியபடி கொடு. (*g*)— ஒரு குதிரை வாங்கினால், ரொம்ப செலவு இருக்கும் அல்லோ?—இது உங்களுக்குத் தெரியாதா?— இதெல்லாம் உனக்குத் தெரிந்துகொண்டேயிருக்கும். (*h*) — எனக்குத் தெரிந்தால் கேட்க

a) — soupçon. — *b)* ici இருக்கும் signifie: c'est bien possible, c'est probable. — *c)* remarquez la place de தான் après le verbe. — *d)* செத்தே emphatique pour செத்து—போச்சு neutre au lieu de போனான், vulgaire. — *e)* i.-e. que feras-tu donc? voyons! — *f)* i.-e. qui sera capable de. — *g)* autant qu'il faut. — *h)* emphatique, i.-e. tu sais cela parfaitement.

மாட்டேன், தெரியாததினாலே தான் உங்களைக் கேட்டேன். (*i*) — இனிமேல் அந்த வார்த்தைச்சொல்லாதே, சொன்னால் உன்னை அடிப்பேன், பார்.—மோக்ஷபாக்கியத்தை அடையத் தக்கதாகப் பாவத்தைத் தள்ளிப் புண்ணியத்தைச் செய்யவேணும்.—தச்சன் ஒரு வீட்டைக் கட்டக் கூடுமா?—ஏது! கூடாது.— சுவாமீ வியாதியாயிருக்கிறேன், உட்காரலாமா? — உட்காரலாம். — கூடுமானால் நாளைக்கு வருவோம். — கூடுமானமட்டும் பிச்சைக்காரருக்குப் பிச்சை கொடுக்கவேணும்.—இந்த நாற்காலி நிற்கமாட்டேன் என்குது.—அவன் கெட்டுப்போனால் போகட்டும் எனக்கென்ன?—ஒரு செய்தி கேழ்விப்பட்டேன், சொல்லட்டா? — அதைச் சொன்னபோதிலும் நம்ப (*j*) மாட்டேன். — அந்தக் கனியைத் தின்பாயானால் சாவாய்.—பொய் சொல்லாதிருந்தால் அடிக்கப்படமாட்டாய். — அதெல்லாங் கண்டுபிடித்தீர்களானால் நல்லது தான்.— யாரோ கதவைத் தட்டுகிறார்கள். (*k*)—கோவில் மரங்களை எல்லாங் குத்தகையாகக் கொடுத்தால் (*l*) இலாபம் இருக்கும்.—குத்தகைக்காரன் பணங் கொடுக்கமாட்டேன் என்றுக்கால், தென்னமட்டை வெட்டக் கூடாது.— இந்தத் தோட்டத்திலே எத்தனை தென்னமரங்கள் இருக்கும்?— நூறு (*m*) இருக்கும்.

i) la personne à *qui* on demande se met à l'accusatif. — *j)* croire. — *k)* frapper à la porte. — *l)* affermer. — *m)* cent.

— பனைமரங்கூட (n) இருக்குது. — ஐயோ ப னைமட்டை எல்லாம் உத்தரவு இல்லாமல் வெ ட்டிப் போட்டார்களே.— சாப்பட்டுப் பிட்டை யா? (o) — சாப்பட்டுப் பிட்டேன்.— இன்றை க்கு மருந்து சாப்பட்டால், நாளைக்குச் சௌ க்கியமாயிருப்பாய். — காய்ச்சல் அடிக்கும் போது (p) சோறு சாப்படக் கூடாது. — எண் ணெய் கட்டிப்போச்சுது.— அதை அடுப்பிலே போட்டால் சுண்டிப்போம். (q)— கடையிலே முட்டை அகப்பட்டால் நாலு வாங்கிக்கொண் டுவா. — சாயரட்சை (r) அரைவேக்காடு முட் டை (s) சாப்படலாம்.—ஒற்றை மாட்டுவண்டி (t). — இரட்டை மாட்டு வண்டி (u)—குதிரை வண்டி.

n) aussi. — *o)* manger. — *p)* avoir la fièvre. — *q)* se dégeler. — *r)* ce soir. — *s)* œufs à la coque i.-e. demi-cuits. — *t)* à un bœuf. — *u)* à deux bœfs.

THEME.

Si ton frère aîné vient, je lui donnerai une médaille. — Si non, je la donnerai à ta mère.— Ce chien ressemble à un chat. S'il faut étudier, il faut me donner un livre.— Peut-on étudier sans livre?—non.— Les prêtres doivent prêcher l'Evangile. — Je ne veux pas sonner la cloche. Si Jean parle dans l'église, je ne lui donnerai pas (மாட்டேன்) l'image que tu as vue.— Je ne veux pas prendre ce remède. — Mon frère cadet ne veut pas étudier auprès de moi. — Il peut étudier auprès de ta mère. — Ta mère (datif) sait-elle lire? — Demande-le-lui (complément indir. à l'accusatif). — Dans cette grande ville il y a un roi, — chez ce roi, il y a quatre ministres. — Quand le roi parle, les ministres se taisent (பேசாமல் இருக்கிறது.)— Où est allé cet homme (போய்

இருக்கிறது) ? — Je ne sais. — Comment s'appelle ta sœur aînée? — Je ne sais. — Qui a créé le monde? — Dieu. — Veux-tu du pain? — Non. — Si tu n'apportes pas l'eau, je ne te donnerai pas ta paye (சம்பளம்). — Dites la vérité (உள்ளது). Ne mentez pas. — Si vous mentez, vous serez précipités dans l'enfer. — Quand nous marchions dans le bois, nous vîmes un serpent. — Quoique tu pleures, ton père ne te donnera pas de riz. — Savez-vous le tamoul maintenant? (தெரியுமா)—Nous le savons un peu. — Dans ce village y a-t-il des charrettes à deux bœufs (au singulier.) — Non, mais il y a des charrettes à un bœuf (id) — S'il ne mange pas le riz, ne lui donne pas cette banane.

XVII. LEÇON.

QUAND, LORSQUE. — QUE RETRANCHÉ.

quand je parle, ne parle pas.	நான் பேசும் இடத்தில் நீ பேசாதே.
quand il disait cela.	அவன் அதைச் சொல்லும் இடத்தில்.
quand on l'eut frappé.	அவனை அடித்த இடத்தில்.
quand je viens.	நாம் வரும் இடத்தில்.
quand je suis venu.	நாம் வந்த இடத்தில்.

REM. — Au lieu de போது, on peut employer இடத்தில் pour exprimer *quand, lorsque*. C'est le 1er ablatif de இடம், lieu, place, endroit. On le joint au participe passé ou au participe futur.

quand je dis cela.	நான் அதைச் சொல்லும் அளவில்.
quand tu vins.	நீ வந்ததளவில்.
quand il mourra.	அவன் சாகும் அளவில்,

REM. — On peut encore exprimer *quand, lorsque* par அளவில் 1er ab. de அளவு, mesure, que l'on joint au verbal passé ou au participe futur.

pendant que nous sommes ici.	நாம் இங்கே இருக்கையில்,
pendant qu'il dort.	அவன் தூங்கிறமையில்.

REM. — Le verbal en கை et celui en மை se rendent par *pendant que, lorsque,* avec l'ablatif en இல், mais ils sont peu usités. Le négatif est யாமையில்.

Pendant que tu ne fais rien.	நீ ஒன்றுஞ் செய்யாமையில்.
on dit que l'évêque viendra.	மேற்றிராணியார் வருவார் என்று சொல்லுகிறார்கள்.
il a dit qu'il viendrait,	வருவேன் என்று சொன்னான்.
dis-lui qu'il faut entendre la messe.	பூசை காணவேணும் என்று அவனுக்குச் சொல்லு.
ils ont dit qu'ils les battraient.	அவர்களை அடிப்போம் என்று சொன்னார்கள்.
il m'a dit de venir.	வாவென்று சொன்னான்.

REM. — என்று est le gérondif du verbe என்கிறது, dire. On se sert de ce mot pour exprimer le *que* français. Il se place immédiatement avant le dernier verbe. Quand on dit வரவேணும் என்று சொன்னான், le mot à mot littéral de cette phrase est: சொன்னான், il a dit — என்று, disant: "வேணும், il faut வர, venir." C'est-à-dire que l'on fait parler le sujet lui-même. Décomposez les exemples donnés ci-dessus; vous verrez que c'est toujours le sujet de la phrase qui parle. Ainsi: மேற்றிராணியார் வருவார் என்று சொல்லுகிறார்கள். — Le sujet de la phrase est: *ils*, ou le pronom indéfini *on*. — சொல்லுகிறார்கள், ils disent, on dit — என்று, disant: "மேற்றிராணியார், l'évêque — வருவார், viendra." Quand on emploie le verbe என்கிறது à un temps personnel, on n'ajoute pas சொல்லுகிறது ni aucun autre verbe. On fait parler le sujet et on ajoute என்கிறது au temps voulu: என்கிறேன், என்கிறாய்... என்றேன், என்றாய்... என்பேன், என்பாய் etc., என்கிறது correspond alors au: *inquit* ou *ait* des latins.

je dis que je ne veux pas te donner cela.	அதைக் கொடுக்க மாட்டேன் என்கிறேன்.

il a dit qu'il ne faut pas manger de riz.	சோறு சாப்பிடக் கூடாதென்றான் (கூடாது என்றான்)
je lui dirai de s'en aller.	போவென்பேன் (போ என்பேன்) (வ intercalé).
il dira de venir.	வாவென்பான் (id.)

REMARQUEZ que c'est toujours le sujet de la phrase qui parle. La traduction littérale de போ என்பேன் est : "Va-t'en" dirai-je.

Dans la conversation, on remplace le plus souvent என்று par என, infinitif vrai du même verbe : il dit qu'il ne voulait pas venir : வரமாட்டேன் எனச்சொன்னான்.

என்கிறது, என்கிறேன், என்றேன், என்பேன் sont d'un usage tellement fréquent qu'il est absolument indispensable de bien se familiariser avec ce verbe. On remarquera que les Indiens prononcent généralement என்னேன் pour என்றேன்.

Au lieu என்கிறது, on se sert très souvent de ஆம் 3e pers. neutre du futur de ஆகிறது. Cet ஆம் se joint aux verbes ou aux substantifs ; le sens est alors : On dit, il paraît que. Nous avons déjà parlé de cette forme. Quelques nouveaux exemples feront comprendre l'utilité de என்று—என்கிறது et ஆம்.

dis aux gens que le Père viendra demain.	நாளைக்குச் சுவாமியார் வருவாரென்று சனங்களுக்குச் சொல்லு.
dis que le Monsieur n'est pas à la maison.	துரை வீட்டிலே இல்லை என்று சொல்லு.
je t'ai dit cent fois de ne pas aller là.	அங்கே போகக் கூடாதென்று நூறுவிசை சொன்னேன்.
demande si Pierre est chez lui ou non.	இராயப்பன் இருக்கிறானா இல்லையா வென்று கேள்.
va voir s'il y a des bananes au bazar.	கடையிலே வாழைப்பழம் இருக்குதா இல்லையா என்று போய்ப்பார்.
on dit qu'il n'y en a pas.	இல்லையாம்.
il paraît (on dit) que le Père ne viendra pas.	சுவாமியார் வரமாட்டாராம்.

crois-tu qu'il y a un Dieu?	சர்வேசுரன் உண்டென்று விசுவாசிக்கிறையா?
oui.	விசுவாசிக்கிறேன்.
il pleura en criant kô.	கோவென்றலறி அழுதான்

(கோ-என்று-அலறி-அழுதான்)

demande au Père si la fête aura lieu.	திருவிழா நடக்குமா இல்லையாவென்று சுவாமியாரைக்கேள்
je l'ai demandé au Père: il paraît qu'elle n'aura pas lieu.	சுவாமியாரைக் கேட்டேன், நடக்காதாம் (நடக்காது ஆம்.)
la voiture court avec rapidité (litt. en disant cadacada).	வண்டி கடகடவென்று ஓடுது.
il tonne avec fracas. (litt. Cela dit: cada cada)	கடகடவென்குது.
il m'a insulté en m'appelant (disant) chien.	என்னை நாய் என்று திட்டினான்.
dis que je n'ai pas d'argent aujourd'hui, et de venir demain.	இன்றைக்குப் பணமில்லை என்று சொல்லி நாளைக்கு வரச் சொல்லு.
le Père m'a dit de vous dire qu'il faut venir demain.	சுவாமியார் நாளைக்கு வரவேணுமென்று சொல்லி உங்களுக்குச் சொல்லச் சொன்னார்.
comme il a plu, il est allé labourer.	மழை பெய்ததென்று உழப் போனான்.

REM. — என்று s'emploie aussi pour exprimer *comme, parce que*, mais dans ce cas, on se sert plus généralement de படியினாலே, படியால்:

comme tu es venu.	நீ வந்த படியினாலே.
puisqu'il pleut.	மழை பெய்கிறபடியினாலே
puisqu'il en est ainsi.	இப்படி இருக்கிறபடியினாலே.
puisque le fils ne vient pas.	மகன் வராதபடியினாலே.
puisque tu vas à l'église.	நீ கோவிலுக்குப் போகிறதினாலே

REM. — *Puisque, comme*, etc, se rendent également par le 2e ablatif des verbaux. Le sens littéral est: *par le..*

puisque tu as menti, tu seras puni.	நீ பொய் சொன்னதினாலே தண்டிக்கப்படுவாய்.
comme la mère viendra ici il n'est pas nécessaire que nous allions là-bas.	தாயார் இங்கே வருவதினால் (futur) நாம் அங்கே போகத் தேவையில்லை.
va-t'en, te dis-je.	போ என்கிறேனே.
je te dis que, cela ne se peut.	அது கூடாதென்கிறேனே.
non, te dis-je.	இல்லை என்கிறேனே.

REM.— என்கிறேனே s'emploie quand on répète quelque chose que l'on désire affirmer ou nier énergiquement.

je l'ai fait exprès.	வேணும் என்று செய்தேன்.
l'a-t-il fait volontairement?	வேணுமென்று செய்தானா?
on dirait que tu le fais exprès.	வேணுமென்று செய்கிறாப்போலே காணுது.

REM. — வேணுமென்று indique une action faite de plein gré, volontairement, exprès. On pourrait dire également: மனசறிய (மனசு la volonté — அறிய connaissant; ou மனதுபொருந்தி.)

je lui demandai où était son père; il me répondit qu'il était mort.	நான் உன் தகப்பன் எங்கே என்று கேட்டதற்கு அவன் செத்துப்போனார் என்றான்.

REM.—Dans le premier membre de phrase, c'est le sujet நான் qui parle; dans le deuxième, c'est le sujet அவன்.

souviens-toi que le Seigneur t'a créé et qu'il t'a racheté.	சுவாமி உன்னைப்படைத்தார் என்றும் இரட்சித்தார் என்றும் நினைத்துக்கொள்.

REM. — Quand il s'agit de plusieurs choses dites, rapportées, demandées, pensées, etc., on répète என்று à chaque membre de phrase, en y ajoutant ம். La phrase précédente se décompose ainsi: souviens-toi en disant: *et* le seigneur t'a créé, *et* il t'a racheté.

il dit que cet enfant ne devait pas venir, et que s'il venait, il le battrait, l'attacherait à une colonne et l'y laisserait tout un jour.	அந்தப் பையன் வரக்கூடாதென்றும், வந்தால் அவனை அடிப்பேன் என்றும், தூணிலே கட்டுவேனென்றும், ஒருநாள் முழுமையும் அப்படியே விடுவேனென்றுஞ் சொன்னான்.
On dit qu'il a dit qu'il viendrait le mois prochain et que désormais il resterait ici.	அவன் வருகிற மாசம் வருவேனென்றும் இனிமேல் இங்கேதான் இருக்கிறேன் என்றுஞ் சொன்னானாம்.

REMARQUEZ l'emploi de என்று et de ஆம் dans la même phrase.

N. B. Dans les deux derniers membres de phrase des deux derniers exenples, le ம் été changé en ஞ் d'après les règles que l'on verra plus loin.

je pense qu'il y aura du vent.	காற்றடிக்கும் என்றிருக்கிறேன் (என்று—இருக்கிறேன்.)
on pense qu'il y aura une tempête.	புசல் அடிக்கும் என்றிருக்கிறார்கள்.
nous pensions que le catéchiste viendrait hier.	உபதேசி நேற்று வருவார் என்றிருந்தோம்.
crois-tu que je te donnerai chaque jour de l'argent?	தினமே பணங் கொடுப்பேன் என்றிருக்கிறையா ?

REM. — என்றிருக்கிறது signifie: penser, croire, être d'avis que...etc.; on peut dire également:... என்று நினைக்கிறேன், etc...

tu seras puni, car tu as commis une grande faute.	தெண்டிக்கப்படுவாய், ஏனென்றால் பெரிய குற்றஞ் செய்தாய்.

REM. — ஏனென்றால் se compose de ஏன் pourquoi, என்றால் si vous demandez: Si vous demandez pourquoi; Ce qui correspond au *nam*, *enim*, *etenim* des Latins, et au *car, en effet,* des Français. On dit de même : எப்படி யென்றால் — அதெப்படியென்றால் — (அது — எப்படி — என்றால்). Dans tous ces cas on peut employer எனில், au lieu de என்றால்: ஏனெனில் — எப்படியெனில்.

ne tarde pas, car il semble qu'il va pleuvoir.	தாமசம் பண்ணாதே, ஏனென்றால் மழை பெய்யும்போலே காணுது.

REM. — காணுது, 3e pers. neut. sing. du présent de காண்கிறது: il semble, il paraît. Le négatif காணோம் 1re pers. plur. ou honor. négatif s'emploie fréquemment pour le singulier.

je ne trouve pas mon couteau.	என் கத்தி காணோம்.
je ne le vois pas venir.	அவன் வரக்காணோம்.
lorsque j'allais là.	நான் அங்கே போகக்கொள்ள.
puisqu'il en est ainsi.	இதிப்படி இருக்கக்கொள்ள.

REM. — கொள்ள, infin. vrai de கொள்ளுகிறது, placé après l'infin. vrai d'un autre verbe, se traduit par : *lorsque, puisque, pendant que.*

comme je partais, j'ai vu le Père.	நான் போகச்சே சுவாமியாரைக் கண்டேன்.
puisqu'il en est ainsi.	இதிப்படி இருக்கச்சே...
puisque vous pratiquez la vertu.	நீங்கள் புண்ணியம் பண்ணச் செய்தே...
pendant que tu es ici	நீ இங்கே இருக்கச் செய்தே...

REM. — Puisque, parce que, pendant que, etc , se rendent aussi par சே que l'on ajoute à l'infinitif vrai, en redoublant ச (ச்சே). Avec செய்கிறது, on ajoute தே au gérondif; on met alors ; 1° l'infinitif du verbe qui donne le sens ; 2° ச்செய்தே.

N. B. ச்சே se prononce tché. Cette tournure est vulgaire, mais on peut s'en servir à l'occasion.

à cause de vous.	உம்மைப்பற்றி.
pour ce motif.	அந்த முகாந்தரத்தைப்பற்றி.

comme je suis malade.	நான் வியாதியாயிருக்கிறதைப் பற்றி.
en se servant de ce prétexte (de cela) il alla chez le roi.	அதை இட்டுக்கொண்டு இராசாவிடத்தில் போனான்.
à cause de cela.	அதைத் தொட்டு.
relativement à cette affaire.	அந்தக் காரியத்தைத் தொட்டு.
touchant la maladie.	வியாதியைத் தொட்டு

REM. — *பற்றி* (de *பற்றுகிறது*) — இட்டு (de இட்டுகிறது, தொட்டு (de தொடுகிறது) signifie : à cause de, pour, *propter*. Ils gouvernent l'accusatif.

à cause de cela.	அதின் நிமித்தம்.
à cause que l'évêque vient.	மேற்றிராணியார் வருகிறதின் நிமித்தம்.
à cause de lui.	அவன் நிமித்தம்.

REM. — *நிமித்தம்* signifie : à cause de, dans l'intérêt de, parce que... Il gouverne le génitif. On l'emploie aussi avec le nominatif dans le sens oblique, comme : *அவன் நிமித்தம்*. On peut ajouter ஆக — நிமித்தமாக.

on dit que tu dors pendant la messe.	நீ பூசை நேரத்திலே தூங்குகிறதைச் சொல்லுகிறார்கள்.
il faut croire que le Seigneur s'est fait homme.	சுவாமி மனுஷன் ஆனதை விசுவசிக்கவேணும்.
on dit que cela est ainsi.	இப்படி இருக்கிறதாகச் சொல்லுகிறார்கள்.
on dit que tu as frappé ton frère cadet.	நீ உன் தம்பியை அடித்ததாகச் சொல்லுகிறார்கள்
le bruit court que les pions viendront ici.	சேவகர் இங்கே வருவதாகக் கேழ்வி (nouvelle, bruit.)
dis-leur que le marchand de lait est arrivé.	பால்காரன் வந்திருக்கிறதாக அவர்களுக்குச் சொல்லு.
j'ai entendu dire que dix arbres sont tombés.	பத்துமரம் விழுந்ததாகக் கேழ்விப்பட்டேன்.
as-tu entendu dire que l'évêque partira demain?	மேற்றிராணியார் நாளைக்குப் போவதாகக் கேழ்விப்பட்டையா ?

oui.	கேழ்விப்பட்டேன்.
le domestique dit que le Père est à l'église.	வேலைக்காரன் சுவாமியார் கோவிலிலே இருக்கிறதாகச் சொல்லுகிறான்.
il paraît que le Père a dit qu'il viendrait ici dans dix jours.	சுவாமியார் பத்துநாள் பொறுத்து இங்கே வருவதாகச் சொன்னாராம்.
Avez-vous appris que mon grand-père est mort?	என் பாட்டன் செத்துப்போனதாகக் கேழ்விப்பட்டீர்களா?
je pensais que ton père m'appelait.	உன் தகப்பன் என்னைக் கூப்பிட்டதாக நினைத்தேன்.

REM.— ஆக ajouté au verbal, soit présent, soit passé, soit futur, est très usité. On évite ainsi le என்று qui est souvent fastidieux. Rendez-vous bien compte des exemples donnés ci-dessus. On peut aussi se servir de என்கிறதாக. Ainsi :

je lui ai dit que le Père étant malade on ne peut pas le voir.	சுவாமியார் வியாதியாயிருக்கிறதினாலே அவரைப் பார்க்கக் கூடாது என்கிறதாக அவனுக்குச் சொன்னேன்.
il faut partir tout de suite.	உடனே புறப்பட வேணும்.
va le lui dire immédiatement.	உடனே போய்ச் சொல்லு.
dès que je parle, le chien aboie.	நான் பேசுகிறவுடனே நாய் குலைக்குது.
dès qu'on le frappa, il pleura.	அவனை அடித்தவுடனே அழுதான்.
dès que tu partiras, je mangerai.	நீ போகுமுடனே சாப்பிடுவேன்.
dès qu'il pleuvra.	மழை பெய்யுமுடனே.
viens avec lui.	அவனுடனே வா.
Voici la parabole qu'il leur raconta.	அவர் அவர்களுடனே சொன்ன உவமையாவது.

REM. — 1° உடனே au commencement d'une phrase ou d'un membre de phrase signifie: aussitôt, tout de suite, sur le champ. — 2° Après les participes, passé, présent ou futur, il signifie; dès que, aussitôt que. — 3° Joint à un nom on un pronom personnel, il a le sens de l'ablatif ஓடு, ஓடே et il signifie: avec.

உடனே a quelquefois le sens du datif, comme on le voit par le dernier exemple.

consentir.	உடன்படுகிறது
je consentis à cela.	அதுக்கு உடன்பட்டேன்.
je ne consentirai jamais à une pareille chose.	அப்பேர்ப்பட்ட காரியத்துக்கு ஒருக்காலும் உடன்படமாட்டேன்.
un contrat.	உடன்படிக்கை.

REM. — En retranchant ஏ final, உடன் forme plusieurs mots composés;

dès qu'il aura fini ce travail je le paierai.	அவன் அந்தவேலே முடித்த மாத்திரத்தில் கூலி கொடுப்பேன்.

REM. — மாத்திரத்தில் s'emploie dans le même sans que உடனே.

dès que les juifs arrivèrent, les disciples abandonnèrent Jésus et s'enfuirent.	யூதர்கள் வரவே சீஷர்கள் சேசுநாதனை விட்டு ஓடிப்போனார்கள்.
dès que vous venez, le chien s'enfuit.	நீங்கள் வருகிறதே நாய் ஓடிப்போகுது.
dès que le ministre parla, tous se turent.	மந்திரி பேசினதே எல்லாரும் பேசாமலிருந்தார்கள்.
dès que nous dirons cette parole, ils auront peur.	நாம் அந்த வார்த்தை சொல்லுவதே அவர்கள் பயப்படுவார்கள்.

REM. — ஏ ajouté à l'infinitif vrai ou aux verbaux signifie: dès que, aussitôt que. Cette tournure est élégante et bien comprise. Cependant l'infinitif est plus employé que les verbaux. On s'en sert pour le présent, le passé et le futur.

dès qu'il le frappa.	இவன் அவனே அடிக்கவே.
aussitôt que le Seigneur paraîtra, tous viendront au Jugement.	சுவாமி காணவே, எல்லாருந் தீர்வைக்கு வருவார்கள்.

VERSION.

நீங்கள் பாவஞ் செய்யும்போது சுவாமிக்குத் தெரியாதென்று நினைக்காதேயுங்கள். — இந்தப் பையன் பழந் திருடுமளவில் ஒரு நாய் அவனைக் கடித்ததாம். — அவனுடைய தாய் செத்துப் போனதாகக் கேழ்விப்பட்டோம். — கோவென் றழுதான். (a) — பொக்கென விழுந்தான். (b) — இந்த வேலை செய்யக்கூடாதென்று சொல்லி ஓடிப்போய்விட்டான். — நீர் குருவாயிருக்கிறபடியினாலே உம்மை வணங்குகிறோம். — நான் கோவிலிலே பேசினபடியினாலே தெண்டிக்கப் பட்டேன். — பணங் கொடுக்கமாட்டேன் என்கிறேனே. — அந்தப் பொல்லாத மனுஷன் புண்ணியத்தைச் செய்யமாட்டேன் என்கிறான். — ஆடு புல்லு தின்னமாட்டேன் என்குது. — அருளப்பன் தன்னுடைய தாயாரை அடித்ததாகச் சொல்லுகிறார்கள். — சுவாமி நம்மை இரட்சிக்கிறதற்காக தம்மை ஒப்புக்கொடுத்து (c) மரணத்தை அடைந்தார். — உன் வியாதி சுவாமிக்கு ஒப்புக் கொடுத்தால் உனக்குப் புண்ணியம் உண்டாகும். — சர்வேசுரனாலே உண்டாக்கப்பட்ட மனிதர்கள் தங்கள் சித்தத்தின் படியே நடப்பார்களானால் மோக்ஷத்துக்குப் போகாமல் நரகத்திலேயே தள்ளப்படுவார்கள். — பொறுமையாய் இருக்க வேணும், ஏனென்றால் நடக்கிறதெல்லாஞ் சுவாமி சித்

a). — imit. — *b)*. — imit. — *c)*. — se livrer, s'offrir. —

தத்தினாலேயல்லோ நடக்கும். — அவன் மிக
வும் கஸ்திப்படுகிறான், ஏனென்றால் இருடர்
அவனுடைய பணமெல்லாந்திருடினார்கள்.—
இதிப்படியாகக்கொள்ளப் புண்ணியஞ் செய்
வதே காரியம். (*d*) காடி வரச்சே பூனை ஓடிப்
போச்சுது. — நாஞ் செய்கிறதெல்லாஞ் சுவாமி
யைப்பற்றிச் செய்யக்கடவோம். — அந்த
வார்த்தை தொட்டு இவனும் நானுஞ் சண்டை
போட்டோம். (*e*) — நான் உன்னோடே இருக்
க ஏன் பயப்படுகிறாய்? இதினிமித்தம் அவ
னைச் சிநேகிக்கிறேன். — மூன்று மணி அடித்
தவுடனே பூசை துவக்குவோம். — அந்த வா
ர்த்தை சொன்னவுடனே இறந்துபோனாராம்.
— நீ வரவே நான் போவேன். — அதுக்கு
உடன்படவே மாட்டேன். — ஒருத்தன் போ
வென இன்னொருத்தன் வாவென்றான். — உட
னே சாப்படு. — சாப்பட்டவுடனே படுத்துக்
கொள்ளலாம்.

d). — la chose par excellence. — *e)*. — se disputer.

THÈME

Quand tu commets un péché, le démon est content. — Hier pendant que j'entendais la messe, cinq voleurs ont volé tout mon argent. — Si tu refuses de servir Dieu, tu n'iras pas au ciel. — Si tu viens dimanche prochain (ஞாயிற்றுக்கிழமை) tu verras l'évêque. — Puisque tu es malade, il n'est pas nécessaire que tu ailles à l'église. — Il faut quatre voitures, car nous allons à la ville. — Aussitôt que l'arbre tombera, nous mangerons les fruits. — Dès que le chien mordit le chat, il fut tué par le pion. — Dès que le mariage sera fait, venez à la maison, car il faut que j'écrive les noms sur le registre (புஸ்தகம் — *dans* le registre). Achète un cheval: sinon, il te faudra aller à pied (கால் நடையாக — ou நடந்து, marchant). Amenez le futur et la future, car il faut que je leur donne des avis (புத்திசொல்லுகிறது). Il est allé à la messe (போய் இருக்கிறது). Il a été à la messe (போய் வந்திருக்கிறது). — Aussitôt que j'aurai dit la messe, je donnerai l'aumône aux pauvres. — Demain, si tu viens, je te baptiserai. — Il faut ondoyer cet enfant (குழந்தை. — ondoyer: திருச்சபை ஞானஸ்நானங் கொடுக்கிறது.) — A cause de ton père, il faut acheter une voiture: car, comme il est malade, il ne peut aller à pied. — A ce sujet (தொட்டு) que penses-tu? — Pourquoi ne parles-tu pas (பேசாமலிருக்கிறது)? — On m'avait dit (சொல்லியிருந்தார்கள்) que tu étais mort. — Je ne suis pas mort, mais j'ai été très malade. — A présent es-tu bien? (சௌக்கியமாயிருக்கிறது.) Par la grâce (தயவினாலே) de Dieu je suis bien.

XVIII. LEÇON

Comme, etc. — Nombres. — Verbes irréguliers, etc.

comme je dis.	நான் சொல்லுகிறாப்போலே.
comme j'ai fait.	நான் செய்தது போலே.
comme je frapperai.	நான் அடிப்பது போலே.
comme tu marches.	நீ நடக்கிறாப்போலே.
comme il marchait.	அவன் நடந்தாப்போலே.
comme je souffrirai.	நான் படுமாப்போலே.
faites comme je fais.	நான் செய்கிறாப் போலே செய்யுங்கள்.
il fera comme toi.	நீ செய்தாப்போலே செய்வான்
ne ferez-vous pas comme moi? (comme je ferai.)	நான் செய்யுமாப்போலே நீங்கள் செய்யமாட்டீர்களோ?

REM. — போலே, participe de போலுகிறது, ressembler, avec la particule ஏ, s'emploie, ainsi que போல், infinitif du même verbe, pour signifier: comme, de même que. Il se place après les participes présent, passé ou futur ; ainsi qu'après les verbaux et les substantifs. Il gouverne l'accusatif, et quelquefois le nominatif. Quand போலே ou போல் sont placés après les participes, l'அ bref des participes présent et passé se change en ஆ long. On ajoute ஆ au participe futur.

Partic. prés. செய்கிற + ஆ = செய்கிறாப்போலே.
Partic. passé. செய்த + ஆ = செய்தாப்போலே,
Partic. futur. செய்யும் + ஆ = செய்யுமாப்போலே.

Dans ces trois cas, le ப se redouble.
Avec les verbaux, on ne change rien.
Verbal présent : செய்கிறது போலே.
— passé : செய்தது போலே.
— futur : செய்வது போலே.

comme le soleil.	சூரியனைப்போலே.
comme un chien.	நாய்போலே.
on dirait qu'il va pleuvoir	மழை பெய்யும்போலே காணுது.
ils se conduisent comme des païens.	அஞ்ஞானிகளைப் போலே நடக்கிறார்கள்.
ne fais pas comme lui.	அவனைப்போலே செய்யாதே.
que votre volonté soit faite sur la terre comme au ciel !	உம்முடைய சித்தம் பரமண்டலத்திலே செய்யப்படுமாப்போலே பூமியிலேயுஞ் செய்யப்படுவதாக !
ainsi, de la même façon.	அப்படிபோலே ou போல்.
comme je dis.	நான் சொல்லுகிறபடி.
comme tu as écrit.	நீ எழுதினபடி.
nous l'envoyâmes pour annoncer cette nouvelle	அந்தச் செய்தி சொல்லும்படிக்கு அவனை அனுப்பினோம்.
viens comme lui.	அவன் வருகிறபடி நீயும் வா.
pour aller au ciel, il faut marcher dans la voie du ciel.	மோக்ஷத்துக்குப் போகும்படிக்கு மோக்ஷ வழியிலேயே நடக்கவேணும்.
afin de dormir, il s'est couché sur le dos.	தூங்கும் படிக்கு மல்லாக்காய்ப் படுத்துக்கொண்டான்.
pour ne pas venir à la messe, il a dit qu'il était malade.	பூசைக்கு வராதபடிக்குத் தான் வியாதியாய் இருக்கிறதாகச் சொன்னான்.
pour ne pas mourir, il	செத்துப் போகாதபடிக்கு மரு

faut prendre des remèdes.	ந்து சாப்படவேணும்.
pour qu'il fasse un faux témoignage on lui donnera environ dix roupies, dit-on.	அவன் பொய்ச்சாட்சி சொல்லும்படிக்குச் சுமார் பத்து ரூபாய் கொடுப்பார்களாம்
on apporta un tabouret pour qu'il s'assît.	அவன் உட்காரும்படிக்கு ஒரு மணை கொண்டுவந்தார்கள்.

REM. — படி ou படிக்கு placé après un participe présent ou passé signifie: comme. Après le participe futur, il signifie: afin que, pour, pour que.

je lui ai donné l'ordre de faire cet ouvrage.	இந்த வேலை செய்யும் பொருட்டு அவனுக்குக் கட்டளையிட்டேன்.
il faut prier pour que Dieu accorde de la pluie.	சுவாமி மழை கட்டளையிடும் பொருட்டு வேண்டிக்கொள்ள வேணும்.

REM. — பொருட்டு placé après le participe futur signifie: afin que, pour que. —

à force d'étudier, la difficulté sera vaincue.	கற்கக் கற்கக் கசடறும்.

கசடு difficulté— அறும் sera tranchée.

à force de parler, on arrive à apprendre n'importe quelle langue.	பேசப் பேச எந்தப் பாஷையும் வரும்.
peu-à-peu la vie de l'homme s'épuise.	போகப் போக மனுஷனுடைய உயிர் குறைந்து போகிறது.
à force de dire ce mensonge on croira que c'est la vérité.	இந்தப் பொய் சொல்லச் சொல்ல அது மெய் என்று நினைப்பார்கள்.
à force de manger, la force viendra.	சாப்படச் சாப்படப் பெலன் உண்டாகும்.
peu-à-peu tu deviendras habile	வர வரக் கெட்டிக்காரன் ஆவாய்.

REM. — L'infinitif vrai répété signifie: à force de.

Nous allons donner maintenant un tableau des nombres cardinaux et ordinaux. Comme notre intention n'est point de faire une grammaire, mais seulement de donner ce qui est nécessaire dans la pratique, nous renvoyons pour les détails à la Grammaire.

chiffres arabes.	tamouls.	nombres cardinaux.	nombres ordinaux.	Remarques.
1	௧	ஒன்று	முதல்	avec un nom ஓர் ou ஒரு ex.: ஒரு மரம்.
2	௨	இரண்டு	இரண்டாம்	en composition: இரு—ஈர். ex : இருவர்-ஈராயிரம்
3	௩	மூன்று	மூன்றாம்	en comp. மூ—மு— ex.: மூவர் - முப்பது.
4	௪	நாலு ou நான்கு	நாலாம்	en comp. நால். ex.: நால்வர்.
5	௫	அஞ்சு ou ஐந்து	அஞ்சாம் ou ஐந்தாம்	en comp. ஐ-ஐம். ex.: ஐபாயிரம்-ஐவர்
6	௬	ஆறு	ஆறாம்	en comp. அறு. ex.: அறுபது.
7	௭	ஏழு	ஏழாம்	en comp. எழு. ex.: எழுபது.
8	௮	எட்டு	எட்டாம்	en comp. எண். ex.: எண்பது.
9	௯	ஒன்பது	ஒன்பதாம்	
10	௰	பத்து	பத்தாம்	
11	௰௧	பதினொன்று	பதினோராம்	en comp. பதினொரு
12	௰௨	பன்னிரண்டு	பன்னிரண்டாம்	
13	௰௩	பதிமூன்று	பதின்மூன்றாம்	
14	௰௪	பதினாலு ou பதினான்கு	பதினாலாம்	
15	௰௫	பதினைந்து	பதினைந்தாம்	

chiffres arabes.	tamouls.	nombres caadinaux.	nombres ordinaux.	Remarques.
16.	௰௬	பதினாறு	பதினாறாம்	
17.	௰௭	பதினேழு	பதினேழாம்	
18.	௰௮	பதினெட்டு	பதினெட்டாம்	
19.	௰௯	பத்தொன்பது	பத்தொன்பதாம்	
20.	௨௰	இருபது	இருபதாம்	
21.	௨௧	இருபத்தொன்று	இருபத்தோராம்	avec un nom : இருபத்தொரு.
22.	௨௨	இருபத்திரண்டு	இருபத்திரண்டாம்.	
30.	௩௰	முப்பது	முப்பதாம்	
31.	௩௧	முப்பத்தொன்று	முப்பத்தோராம்	முப்பத்தொரு.
32.	௩௨	முப்பத்திரண்டு	முப்பத்திரண்டாம்.	
40.	௪௰	நாற்பது	நாற்பதாம்	ல் se change en ற்.
41.	௪௧	நாற்பத்தொன்று	நாற்பத்தோராம்	நாற்பத்தொரு
50.	௫௰	ஐம்பது	ஐம்பதாம்.	
51.	௫௧	ஐம்பத்தொன்று	ஐம்பத்தோராம்	ஐம்பத்தொரு.
60.	௬௰	அறுபது	அறுபதாம்.	
61.	௬௧	அறுபத்தொன்று	அறுபத்தோராம்	அறுபத்தொரு.
70.	௭௰	எழுபது	எழுபதாம்	
71.	௭௧	எழுபத்தொன்று	எழுபத்தோராம்	எழுபத்தொரு.
80.	௮௰	எண்பது	எண்பதாம்.	
81.	௮௧	எண்பத்தொன்று	எண்பத்தோராம்	எண்பத்தொரு.
90.	௯௰	தொண்ணூறு	தொண்ணூறாம்.	à l'oblique தொண்ணூற்று.
91.	௯௧	தொண்ணூற்றொன்று		
100.	௱	நூறு	நூறாம்	oblique நூற்று.
101.	௱௧	நூற்றொன்று.	நூற்றோராம்.	நூற்றொரு.

chiffres arabes.	tamouls.	nombres cardinaux.	nombres ordinaux.	Remarques
200.	உ௱.	இருநூறு . .	இருநூறாம்.	
300.	௩௱.	மூந்நூறு . .	மூந்நூறாம்.	
400.	௪௱.	நானூறு . . .	நானூறாம்.	
500.	௫௱.	அஞ்ஞூறு. .	அஞ்ஞூறாம்.	
600.	௬௱.	அறுநூறு. .	அறுநூறாம்.	
700.	௭௱.	எழுநூறு . .	எழுநூறாம்.	
800.	௮௱.	எண்ணூறு. .	எண்ணூறாம்.	
900.	௯௱.	தொளாயிரம்.		
901.	௯௱௧.	தொளாயிரத்தொன்று.		
1000.	௲ . .	ஆயிரம்.		
1001.	௲௧ .	ஆயிரத்தொன்று.		

Ce tableau suffira pour avoir une *idée* de la numération tamoule. On trouvera dans la grammaire tous les détails nécessaires. Ajoutons seulement que les nombres ordinaux se forment, en ajoutant ஆம் aux nombres cardinaux, excepté pour ஒன்று un, qui fait முதல் le premier. Ces nombres ordinaux ne peuvent s'employer qu'accompagnés d'un nom, excepté முதல், qui peut s'employer seul: c'est lui qui est le premier, அவன்தான் முதல். Pour changer ces nombres en adverbes, on change ஆம் en ஆவது. Pour முதல் on ajoute simplement ஆவது. முதலாவது, premièrement; இரண்டாவது, deuxièmement; மூன்றாவது, troisièmement, etc...

VERBES IRREGULIERS.

Infinitif.		*Passé.*	
இருக்கிறது	être, rester.	இருந்தேன்	pour த்தேன்
மோக்கிறது	flairer.	மோந்தேன்	pour த்தேன்
பல்க்கிறது	se fortifier	பல்த்தேன்	pour ந்தேன்
உரக்கிறது	id.	உரத்தேன்	id.
கனக்கிறது	être pesant	கனத்தேன்	id.

Infinitif.		*Passé.*	
மணக்கிறது	sentir bon.	மணத்தேன்	ou மணந்தேன்
காண்கிறது	voir	கண்டேன்	pour காண்டேன்
கொள்ளுகிறது	prendre	கொண்டேன்	pour ள்ளினேன்
கள்ளுகிறது	voler	கட்டேன்	id.
அருளுகிறது	daigner	அருளினேன்	pour ண்டேன்
விள்ளுகிறது	s'épanouir	விண்டேன்	ou விள்ளினேன்
போலுகிறது	ressembler	போன்றேன்	pour போலினேன்
சொல்லுகிறது	dire	சொன்னேன்	ou சொல்லினேன்
ஈனுகிறது	engendrer	ஈன்றேன்	pour ஈனினேன்
தகுகிறது	convenir	தகுந்தேன்	ou தக்கேன்
மிகுகிறது	abonder	மிகுந்தேன்	ou மிக்கேன்
புகுகிறது	entrer	புகுந்தேன்	ou புக்கேன்
தருகிறது	donner	தந்தேன்	impér. தா
வருகிறது	venir	வந்தேன்	impér. வா
பொருகிறது	combattre	பொருதேன்	pour ர்ந்தேன்
கோருகிறது	prier	கோரினேன்	id.
வாருகிறது	ramasser	வாரினேன்	pour வார்ந்தேன்
விழுகிறது	tomber	விழுந்தேன்	pour விழுதேன்
நோகிறது	souffrir, faire mal	நொந்தேன்	pour இனேன்
வேகிறது	brûler	வெந்தேன்	id.
சாகிறது	mourir	செத்தேன்	id.
போகிறது	aller	போனேன்	ou போகினேன் ou போயினேன்
ஆகிறது	devenir, se faire	ஆனேன்	ou ஆகினேன் ou ஆயினேன்
போதுகிறது	suffire	போந்தேன்	pour இனேன்
வைகிறது	insulter	வைதேன்	pour ந்தேன்
போடுகிறது	jeter, mettre	போட்டேன்	pour போடினேன்
நிற்கிறது	se tenir debout	நின்றேன்	radical நில்

Infinitif.		*Passé.*		
விற்கிறது	vendre	விற்றேன்	rad.	வில்
கற்கிறது	apprendre	கற்றேன்	rad.	கல்
மீட்கிறது	délivrer	மீட்டேன்	rad.	மீள்
கேட்கிறது	écouter, entendre.	கேட்டேன்	rad.	கேள்

LA SEMAINE.

நாயிறு ou ஞாயிறு	le soleil	நாயிற்று ou ஞாயிற்றுக்கிழமை, dimanche.
திங்கள்	la lune	திங்கள்க்கிழமை, lundi
செவ்வாய்	mars	செவ்வாய்க்கிழமை, mardi
புதன்	mercure	புதன்கிழமை, mercredi
வியாழம்	jupiter	வியாழக்கிழமை, jeudi
வெள்ளி	vénus	வெள்ளிக்கிழமை, vendredi
சனி	saturne	சனிக்கிழமை, samedi

la semaine dernière	போன கிழமை
la semaine prochaine	வருகிற கிழமை.

N. B. — Quand le mot semaine est seul, sans désignation du jour, on emploie aussi வாரம். Cette semaine: இந்த வாரம். La semaine dernière: போனவாரம். La semaine prochaine: வருகிறவாரம்.

LES MOIS.

1. சித்திரை	avril—mai.	7. ஐப்பசி	oct.—nov.
2. வைகாசி	mai—juin.	8. கார்த்திகை	nov.—déc.
3. ஆனி	juin—juillet.	9. மார்கழி	déc.—janv.
4. ஆடி	juillet—août.	10. தை	janv.—fév.
5. ஆவணி	août—sept.	11. மாசி	fév.—mars.
6. புரட்டாசி	sept.—oct.	12. பங்குனி	mars.—avril.

N. B. — Comme les mois européens sont connus à peu près partout, nous croyons inutile de donner en détail ce qui regarde la division indienne du temps. On trouvera d'allleurs toutes les explications dans la grammaire.

LA PARENTÉ.

PÈRE.	தகப்பன், பிதா, ஆஞான், ஆஞி.
Le frère aîné du père.	பெரியப்பன், பெரிய தகப்பன், பெரிய ஆஞான்.
Le frère cadet du père.	சிற்றப்பன், சிறிய தகப்பன், சின்ன ஆஞான்.
La sœur du père, ses enfants.	அத்தை (son mari: அம்மான்) மச்சினன், மைத்துனன், மச்சான், மச்சினிச்சி, மைத்துனி.
MÈRE.	தாய், ஆயி, அம்மா, அம்மாச்சி, ஆய்ச்சி.
La sœur aînée de la mère.	பெரியதாய், பெரியாயி.
La sœur cadette id.	சின்னதாயி, சின்னாய், சிறிய தாய், சின்ன ஆயி.
Le frère de la mère, sa femme, leurs enfants.	மாமன், அம்மான், தாய்மாமன், அத்தை, மாமி, மைத்துனன், மைத்துனி.
Beau-père.	மாமன், மாமனார்.
Belle-mère.	மாமி மாமியார்.
Sœur aînée de l'épouse.	கொழுந்தி.
Frère aîné de l'époux.	அத்தான்.
Frère du mari.	கொழுந்தன்.
Sœur du mari.	நாத்தனார்.
Beau-frère.	மருமகன்.

N. B. Deux individus ayant épousé les deux sœurs s'appellent entre eux: சகலன். Deux femmes qui ont eu ou ont le même mari s'appellent entre elles: சக்களத்தி.

Grand-père	(père du père) தாத்தா, தாத்தன், பாட்டன்.
id.	(père de la mère) அப்பச்சி, பாட்டன்.
Grand'mère.	(mère du père) பாட்டி, அப்பாயி.
id.	(mère de la mère) அம்மாயி, பாட்டி.
Petit-fils.	பேரன்.
Petite-fille.	பேத்தி.

Frère aîné.	அண்ணன், தமையன்.
Frère cadet.	தம்பி.
Sœur aînée.	அக்காள்-தமக்கை-ஆச்சி.
Sœur cadette.	தங்கைச்சி-தங்கை.
marâtre.	மாற்றான் தாய்.
Epoux, mari.	புருஷன், பத்தா, எசமான், காவலாளி.
Epouse, femme.	பெண்சாதி, பெண்டாட்டி, மனைவி, ஸ்திரீ, etc.
fils, fille.	மகன்-மகள்.
Frères et sœurs du même père et de la même mère.	கூடப்பிறந்தவர்கள், சகோதரர்கள்.
Frère (en général).	சகோதரன்.
Sœur (en général).	சகோதரி.
Nouveau marié ou le futur.	மாப்பிள்ளை.
Nouvelle mariée ou la future.	பெண், பெண்ணு (la fille.)

POINTS CARDINAUX.

Nord : வடக்கு (வடக்கே)—Est : கிழக்கு (கிழக்கே)
Sud : தெற்கு (தெற்கே)—Ouest : மேற்கு (மேற்கே).

On dit aussi : வடதிசை, le Nord ; — கீழ்த்திசை, l'Est ; — தென்திசை, le Sud ; — மேல்திசை, l'Ouest.

திசை (ou திக்கு) signifie côté, de sorte que வடதிசை signifie : le côté septentrional, etc...—கீழ்ப்பக்கம், le côté de l'Est...—பக்கம் signifie également côté, mais ce mot s'emploie pour toutes sortes de sens. Ainsi on dira ; கீழ் பக்கத்திலே இரு, tiens-toi du côté de l'Est, et non pas கீழ்த்திசையிலே.

Les Indiens se servent des points cardinaux pour indiquer la position d'un objet, la route à suivre, etc... Ainsi :

Va au nord.	வடக்கே போ.
mets cela à l'est.	கிழக்கே போடு.
tourne la charrette vers le sud.	தெற்கே திருப்பு.

dis-lui d'aller du côté de l'ouest. மேற்கே போகச்சொல்லு.

ORTHOGRAPHE.

Les mots terminés par அ — ஆ — ஊ — ஓ — உ précédé d'une syllabe brève prennent un வ euphonique pour s'unir aux voyelles suivantes.

அ	சொல்	— அரிது	சொல்லவரிது.
ஆ	மாதா	— அன்பு	மாதாவன்பு.
ஊ	பூ	— எங்கே	பூவெங்கே.
ஓ	போ	— என்றான்	போவென்றான்.
உ	புது	— எண்ணெய்	புதுவெண்ணெய்.

Après இ-ஈ-ஐ, les voyelles suivantes prennent un ய euphonique.

இ	சுவாமி	— இருக்கிறார்	சுவாமியிருக்கிறார்.
ஈ	தீ	— எரியுது	தீயெரியுது.
ஐ	மலை	— அழகு	மலையழகு.

Après எ et ஓ long on peut intercaler indifféremment வ ou ய.

எ	சே — அடி	= சேவடி	ou சேயடி.
ஓ	கோ — இல்	= கோவில்	ou கோயில்.

உ précédé d'une longue ou de plusieurs syllabes s'élide.

Longue	காது	— அறுத்தான்	காதறுத்தான்.
plus. syll.	விருந்து	— இட்டான்	விருந்திட்டான்.

டு-று, précédés de ண்-ன்-ட்-ற் s'élident à tous les cas.

டு	செண்டு	— எறிந்தான்	செண்டெறிந்தான்.
id	பட்டு	— ஆடை	பட்டாடை.
று	கன்று	— ஓடுது	கன்றோடுது.
id	காற்று	— இல்லை	காற்றில்லை.

REM. I.— டு-று, précédés d'une brève prennent ordinairement le வ euphonique.

டு { நடு — ஆறு நடுவாறு.
று { மறு — இல்லாதவன் மறுவில்லாதவன்.

REM. II. — டு-று, précédés d'une longue ou de plusieurs syllabes s'élident pour le nominatif et se redoublent aux autres cas.

டு précédé d'une:

longue, nom. காடு — எங்கே, காடெங்கே.
id cas காட்டுக்கு — போ காட்டுக்குப்போ.

டு précédé de plusieurs:

syll. nom. மலடு — இல்லை மலடில்லை.
id cas மலட்டு — இனாலே மலட்டினாலே.

று précédé d'une:

longue, nom. ஆறு — இருக்குதா ஆறிருக்குதா.
id cas ஆற்றை — கடந்தான் ஆற்றைக்கடந்தான்.

று précédé de plusieurs:

syll. nom. கிணறு — எங்கே கிணறெங்கே.
id cas கிணற்றிலே — கிணற்றிலே விழுந்தான்.

Les lettres muettes ண் ன் ள் ல் ய் ர் ழ் sont animées par les voyelles suivantes, quand elles sont précédées d'une longue ou de plusieurs syllabes:

ண்	précédé d'une longue			ஆண்	அணிப்பிள்ளை	ஆணணிப்பிள்ளை
ண்	—	plusieurs syll.		கவண்	எறி	கவணெறி.
ன்	—	. —	longue.	மான்	ஓடுது	மானோடுது.
ன்	—	plus.	syll.	மகன்	இருப்பான்	மகனிருப்பான்.
ள்	—	—	longue.	வாள்	எடு	வாளெடு.
ள்	—	plus.	syll.	மகள்	இருந்தாள்	மகளிருந்தாள்.
ல்	—	—	longue.	வால்	அறு	வாலறு.
ல்	—	plus.	syll.	பகல்	அசனம்	பகலசனம்.
ய்	—	—	longue.	நாய்	இருக்குது	நாயிருக்குது.
ர்	—	—	longue.	போர்	உண்டு	போருண்டு.
ர்	—	plus.	syll.	உயிர்	இல்லை	உயிரில்லை.
ழ்	—	—	longue.	வாழ்	உண்டு	வாழுண்டு.
ழ்	—	plus.	syll.	புகழ்	உண்டு	புகழுண்டு.

REM. — Ces consonnes, excepté ர் et ழ், s'animent par les voyelles suivantes, en se redoublant, quand elles sont précédées d'une seule brève.

ண் கண் — இழந்தான் கண்ணிழந்தான்.
ன் பொன் — ஆபரணம் பொன்னாபரணம்.
ள் முள் — ஒட்டியாணம் முள்ளொட்டியாணம்.
ல் பல் — அழகு பல்லழகு.
ய் மெய் — ஓ (inter). மெய்யோ.

REM. — Le ம் final s'anime toujours par les voyelles suivantes au nominatif et au vocatif:

சாபம் — உண்டோ சாபமுண்டோ?
ஆத்துமம் — ஏ (voc). ஆத்துமமே!

AUGMENT de க—ச—த—ப.

Les lettres க—ச—த—ப se redoublent: — 1° Après ஆ—இ—ஈ—ஊ—ஓ— et உ précédé d'une syll. brève.

க — ஆ மாதா — கோவில் மாதாக்கோவில்.
ச — இ மணி — சத்தம் மணிச்சத்தம்.
த — ஈ ஈ — தலை ஈத்தலை.
ப — ஊ பூ — படம் பூப்படம்.
த — ஓ நோ — தணிவு நோத்தணிவு.
உ préc. d'une brève. — குரு சட்டை குருச்சட்டை.

2°. Après l'oblique.

க மரம் — கிளை மரத்துக்கிளை.
க ஆடு — கொம்பு ஆட்டுக்கொம்பு.
ப மலடு — பசு மலட்டுப்பசு.
ப ஆறு — பாய்ச்சல் ஆற்றுப்பாய்ச்சல்
த கிணறு — தவளை கிணற்றுத்தவளை.

3° Après l'accusatif et le datif.

Accus. என்னைப்பாரும்.
Dat. அவனுக்குக் கொடு.

4° Après l'infinitif vrai.

வரக் கண்டேன்.
போகச் சொல்லு.
குதிரை கொள்ளத் தந்த பணம்.
பேசப் பழகுவான்.

5° Après le gérondif terminé par இ, த்து, ட்டு, ற்று et après ஆய் et போய்.

இ	பேசித் தந்தான்.
த்து	படித்துக் கொண்டேன்.
ட்டு	என்னை விட்டுப் போ.
ற்று	விற்றுப் பணம் கொடு.
ஆய்	குருவாய்ப் பேசினார்.
போய்	கோவிலிலே போய்ப் பூசை கண்டாள்.

6° Après les participes négatifs en ஆ:

செய்யாக் காரியம்.
ஓட்டாச் சேவகன்.
பேசாத் தப்பிதம்.
கேளாப் பாட்டு.

7° Après இந்த—அந்த—எந்த et இ—அ—எ qui les remplacent, et après மற்ற—மற்று—மற்றை—போல—கூட—அல்ல—பொது—புது, etc.

Les lettres க—ச—த—ப ne se redoublent pas:

1° Après le nominatif, le génitif, le vocatif, les 3 ablatifs, quelques adjectifs, les participes négatifs ஆத:

Nom,	சுவாமி பேசுகிறார்.
Gén.	சுவாமியுடைய சிலுவை.
Voc.	சேசுவே வாரும்.
1er abl.	வீட்டில் தூங்குகிறார்கள்.
2e —	உன்னாலே சண்டை வந்தது.
3e —	அவனோடே போ.
Adj.	நல்ல செய்தி.
Part. nég. ஆத.	செய்யாத பாவம்.

2° Après le gérondif négatif:

பேசாமல் போனான்.
வராதே போனாய்.

3° Après les désinences ஞ்சு, ந்து, ண்டு, ண்ணு, ன்று.

ஞ்சு அறிஞ்சு கொண்டான் (vulg.)
ந்து தெரிந்து சொன்னார்கள்.
ண்டு கண்டு தந்தாள்.
ண்ணு எண்ணு படித்தான் (vulg. pour என்று.
ன்று தின்று கொடுத்தான்.

4° Après இன்ன—அன்ன—என்ன.

இன்ன குருவி.
அன்ன சாதி.
என்ன தடி.
அன்ன பாத்திரம்.

CHANGEMENTS DE LETTRES.

1° ம் devant க se change en ங்

ம் — ச — — ஞ்
ம் — த — — ந்

ம் devant க தபம்—கடிது தபங்கடிது.
ம் devant ச தோட்டம்—சிறிது தோட்டஞ்சிறிது.
ம் devant த கோபம்—தணிந்தது கோபந்தணிந்தது.

REM. — Devant les autres lettres ம் ne change pas.

2° ல் final précédé d'une brève devant க—ச—ப se change en ற்.

ல் devant க பல் — கறை பற்கறை.
— — ச நல் — சுகம் நற்சுகம்.
— — ப கல் — பாறை கற்பாறை.

REM. I. — Quand ல் final est suivi de த, ce ல் et le த suivant se changent ற்ற.

கல் — தளை கற்றளை.

REM. II· — Si le ல் final est précédé d'une longue ou de plusieurs syllabes et suivi de த, le ல் et le த se changent également en ற்ற.

காவல் — தானே காவற்றானே.

3° ள் ffinal précédé d'une brève devant க—ச—ப se change en ட்.

முள்	—	காடு	முட்காடு.
முள்	—	சட்டை	முட்சட்டை.

Quand ள் final précédé d'une brève est suivi de த dans le mot suivant, le ள் et le த se changent en ட்ட.

முள் — தடி முட்டடி.

Mais si le ள் final est précédé d'une longue ou de plusieurs syllabes, le ள் et le த se changent indifféremment en double ட்ட ou en un seul ட.

நாள்	—	தோறும்	—	நாட்டோறும்.
			—	நாடோறும்.

4o Quand ல் final précédé d'une longue ou de plusieurs syllabes est suivi d'un mot commençant par un ந, le ல் final et le ந initial se changent en un seul ன.

Longue.	வால்	—	நீளம்	வானீளம்.
Plus. syll.	பகல்	—	நாழி	பகனாழி

Mais si le ல் final est précédé d'une seule brève, ce ல் et le ந initial du mot suivant se chant en ன்ன :

வல்	—	நெஞ்சு	வன்னெஞ்சு.
புல்	—	நிலம்	புன்னிலம்.

5° Quand ள் final précédé d'une longue ou de plusieurs syllabes est suivi d'un mot commençant par un ந, le ள் final et le ந initial se changent en un seul ண.

Longue. வாள் — நீளம் வாணீளம்.
Plus. syll. மகள் — நகை மகணகை.

Mais si le ள் final est précédé d'une seule brève, ce ள் et le ந initiale se changent en ண் ண:

கள் — நாற்றம் கண்ணாற்றம்.
முள் — நீட்டு முண்ணீட்டு.

6° ல் final devant ம se change en ன:

கல் — மலை — கன் மலை.
வால் — முனை — வான் முனை.

ள் final devant ம se change en ண:

முள் — முடி — முண் முடி.
திருநாள் — முடிவு — திருநாண் முடிவு.

7° ன் final devant க—ச—ப se change en ற்:

க மகன் — கை மகற் கை.
ச பொன் — சிலுவை பொற் சிலுவை.
ப முன் — பிறப்பு முற் பிறப்பு.

ண் final devant க—ச—ப se change en ட்.

மண் — குடம் மட் குடம்
கண் — சாடை கட் சாடை.
விண் — பட்சி விட் பட்சி.

REM. — Toutes ces règles de l'orthographe tamoule ne sont pas également observées. Il est utile néanmoins de les connaître pour pouvoir lire, ou plutôt déchiffrer, les ouvrages anciens. Dans les livres modernes, on est loin d'observer tous les changements de lettres. L'usage apprendra ce qu'il faut retenir de ces règles et ce que l'on peut sans grand dommage reléguer au musée des antiques.

RÈGLES DE CONSTRUCTION.

Quoiqu'on ait vu déjà dans cet ouvrage l'application de la plupart des règles de construction, nous allons réunir les règles dans une leçon spéciale. Ce sera comme un résumé de ce que nous avons dit jusqu'ici.

Le cheval de Paul.	சின்னப்பனுடைய குதிரை.
La beauté du cheval de Paul.	சின்னப்பனுடைய குதிரை அழகு.

REM. — Le génitif précède toujours le substantif dont il est le oomplément ou génitif, ils se placent l'un après l'autre.

Le dernier mot est toujours *sujet* ou *régime* d'un verbe.

la queue du cheval de Pierre.	இராயப்பனுடைய குதிரையின் வால்.
vois la beauté du cheval de Pierre.	இராயப்பனுடைய குதிரையின் அழகைப்பார்.
la maison du père.	தகப்பன் வீடு.
le livre de l'enfant.	பையன் புஸ்தகம்.

REM. — Ici le premier substantif, quoiqu'au nominatif, est réellement le complément du second et se traduit en conséquence par le génitif. Mais il faut remarquer que— 1° le pronom personnel,— 2° les mots terminés par ம—டு—று précédés d'une longue ou de plusieurs syllabes doivent toujours être mis au génitif

mon livre.	என் புஸ்தகம்.
son père (de soi.)	தன் தகப்பன்.
notre chien.	நம்முடைய நாய்.
la beauté de l'âme.	ஆத்துமத்தின் அழகு.
la queue du bœuf.	மாட்டின் வால்.

N. B. Si l'on disait: ஆத்துமம் அழகு, மாடு வால், etc., le sens serait: l'âme *est* la beauté; le bœuf *est* la queue, etc.

touchant le péché.	பாவத்தின்பேரில்.

REM. — Quand une préposition régit le génitif, on emploie toujours இன், et non pas உடைய—அது.

Mais s'il s'agit d'un pronom personnel, on emploie alors உடைய ou அது au lieu de இன்.

sur nous.	நம்முடைய பேரில்.
ou	நமது பேரில்.

REM. — அது s'emploie dans le sens de *appartenant* :

ce perroquet est à moi.	இந்தக்கிளி என்னது.
ou	...என்னுடையது.
le père me donnera une médaille.	சுவாமியார் எனக்கு ஒரு சுரூபங்கொடுப்பார்.
j'irai à l'église.	நான் கோவிலுக்குப்போவேன்.
Pierre est plus habile que Paul.	இராயப்பன் சின்னப்பனுக்கு அதிக கெட்டிக்காரன்.
Paul est moins riche que Jean.	அருளப்பனுக்குச் சின்னப்பன் கொஞ்சம் ஆஸ்திக்காரன்.
Jean est moins prudent qu'Etienne.	அருளப்பன் முடியப்பனுக்குக் கொஞ்சம் புத்திசாலி.
combien de *nâjis* de Pondichéry à Ariancoupam?	புதுச்சேரிக்கும் அரியாங்குப்பத்துக்கும் எத்தனை நாழிவழி?
combien de milles d'ici à Nellitope?	இதுக்கு நெல்லித்தோப்பு எத்தனை மயில்?

REM.— On voit, par ces exemples, que le datif s'emploie :

1° pour marquer l'action de donner ou procurer; 2° le mouvement d'un lieu à un autre; 3° le comparatif; 4° la distance.

pour nous.	எங்களுக்காக.
entre les femmes.	பெண்சாதிகளுக்குள்ளே.

REM.— Quelques prépositions comme ஆக, உள்ளே, etc., gouvernent le datif.

il est mon frère aîné.	அவன் எனக்குத் தமையன்.
vous êtes son confesseur.	நீர் அவனுக்கு ஆத்தும குரு.

REM.— Le datif s'emploie de préférence au génitif quand il s'agit de parenté ou de dignité.

j'ai un cheval. எனக்கு ஒரு குதிரை உண்டு.
tu as deux bœufs. உனக்கு இரண்டு மாடு இருக்குது.
il aura un jardin. அவனுக்குத் தோட்டம் இருக்கும்.

REM.— Le datif a le sens de avoir, il y a, il est; etc., quand on le joint à உண்டு ou இருக்கிறது.

quel est ton nom? உனக்குப் பேர் என்ன?
comment appelle-t-on ceci? இதுக்குப் பேர் என்ன?

REM. — On emploie généralement le datif au lieu du génitif pour demander le nom de quelqu'un ou de quelque chose. On pourrait cependant dire: உன் பேரென்ன? — இதின்பேரென்ன?

j'ai vu cet homme. அந்த மனுஷனைக் கண்டேன்.
il m'a frappé. என்னை அடித்தான்.
le chien l'a mordu. நாய் அவனைக் கடித்தது.
qui cherches-tu? யாரைத் தேடுகிறாய்?

REM.— Quand le complément direct d'un verbe est un nom de personne, un pronom personnel, démonstratif, interrogatif, il est nécessaire d'employer l'accusatif. Avec les noms neutres, on est libre d'employer l'accusatif ou le nominatif:

j'ai mangé du fruit. பழந் தின்றேன்.
il frappa le bœuf. மாடு அடித்தான்.

On pourrait dire பழத்தை — மாட்டை, mais dans le langage ordinaire, c'est le nominatif que l'on emploie.

il est allé à la maison. வீட்டைப் போனான்.
il est venu au jardin. தோட்டத்தை வந்தான்.

REM.— Ceci est une particularité des verbes போகி

றது aller, et வருகிறது venir, qui *peuvent* dans ces cas gouverner l'accusatif. On dit aussi: வீடு ou வீட்டுக்குப் போனான் — தோட்டம் ou தோட்டத்துக்கு வந்தான்.

chez le roi.	ராசாவிடத்தில் (இடத்தில்).
chez la sœur cadette.	தங்கையிடத்தில்.

REM.— இடத்தில், 1er abl. de இடம் lieu, place, signifie chez, dans, en. On l'emploie avec les substantifs masculins ou féminins seulement. Quand il s'agit de choses animées neutres, on ne peut pas employer இடத்தில்; il faut alors le datif.

le chien a des pattes.	நாய்க்குக் கால் உண்டு.
le bœuf a des cornes.	மாட்டுக்குக் கொம்பு இருக்குது

Tandis que, dans ces sortes de phrases, on emploie இடத்தில் avec உண்டு ou இருக்கிறது quand il s'agit des personnes.

j'ai des richesses.	என்னிடத்தில் ஆஸ்தி உண்டு.
il avait de l'argent.	அவனிடத்தில் பணம் இருந்தது
il prie dans l'église.	கோவிலிலே செபம் பண்ணுகிறான்
il y a dans le troupeau quatre agneaux blancs.	மந்தையிலே நாலு வெள்ளை ஆட்டுக்குட்டி இருக்குது.

REM.— 1° இல் signifie *maison*. On l'emploie pour exprimer *en, dans*, lorsqu'il s'agit de noms neutres. On ajoute souvent ஏ (இலே).

2° இல் sert aussi pour le comparatif ; on ajoute alors உம்:

Marie est plus pieuse qu'Anne.	அன்னம்மாளிலும் மரியம்மாள் அதிக பத்தியுள்ளவள்.
celui-ci est plus habile que celui-là.	அவனிலும் இவன் அதிக கெட்டிக்காரன்.
le chat est moins fidèle que le chien.	நாயிலும் பூனை கொஞ்சம் பிரமாணிக்கமுள்ளது.

3° இல் (sans உம்) sert encore pour le superlatif:

Xavier est le plus diligent de ces enfants. — இந்தப் பிள்ளைகளில் சவேரியப்பன் அதிக சுறுசுறுப்புள்ளவன்.

(Litt. parmi ces enfants, etc... est plus déligent.)

4° Quand une préposition régit l'ablatif, en emploie இடத்தில் pour les personnes, et இல் pour les choses:

le Seigneur Jésus est né de la Vierge Marie. — சேசுநாதர் அர்ச். கன்னிமரியம்மாளிடத்தில் நின்று பிறந்தார்.

il est sorti de la chambre. — அறையிலே இருந்து புறப்பட்டான்.

REM.— On dit aussi: அறையிருந்து.

Avec நின்று il faut toujours le 1er ablatif.

il sortira de là. — அதினின்று புறப்படுவான்.

REM.— Ici அதினின்று est une contraction pour அதில் நின்று.

il le frappera du rotin — அவனைப் பிரம்பினாலே அடிப்பான்.

le monde a été créé par Dieu — உலகஞ் சர்வேசுரனாலே சிஷ்டிக்கப்பட்டது.

j'ai vu de mes yeux. — கண்ணினாலே பார்த்தேன்.

j'ai entendu de mes oreilles. — காதினாலே கேட்டேன்.

j'ai dit de ma bouche. — வாயினாலே சொன்னேன்.

REM.— Le 2e ablatif en ஆல் ou ஆலே indique la cause, l'istrument, le moyen.

pars avec lui. — அவனோடு போ.

reste avec moi. — என்னோடே இரு.

avec nous. — நம்முடன்.

REM.— Le 3° ablatif ஓடு — ஓடே — உடன் marque la société, la compagnie.

Etienne et Jean. — முடியப்பனும் அருளப்பனும்.

à moi et à toi.	எனக்கும் உனக்கும்.
il frappa celui-ci et celui-là.	இவனையும் அவனையும் அடித்தான்.
dans la maison et dans le jardin.	வீட்டிலேயுந் தோட்டத்திலேயும்.
par lui et par vous.	அவனாலேயும் உம்மாலேயும்.
avec le frère et la sœur.	சகோதிரனோடேயுஞ் சகோதிரியோடேயும்.
le cheval qui est à moi et à lui.	என்னுடையவும் அவனுடையவுங் குதிரை.

REM.— La conjonction *et* se rend en tamoul par உம் que l'on ajoute à chaque terme de l'énumération. Telle est la règle générale. Mais pour éviter une trop grande répétition de உம், on se contente souvent de mettre tous les mots au nominatif, excepté le dernier qui se met seul au cas demandé par le verbe:

il faut acheter une table, une chaise et un lit.	மேசை, நாற்காலி, கட்டிலை வாங்கவேணும்.
il fit courir l'éléphant, le cheval, l'âne et le bœuf.	யானை, குதிரை, கழுதை, மாட்டை ஓட்டினான்.

REM.— D'autres fois, on met tous les mots, même le dernier, au nominatif, et on ajoute le pronom démonstratif que l'on met seul au cas voulu :

j'aime le père, la mère, le frère cadet, la sœur aînée, la sœur cadette, l'oncle paternel et l'oncle maternel.	தகப்பன், தாய், தம்பி, அக்காள், தங்கைச்சி, சிற்றப்பன், மாமன், இவர்களை நேசிக்கிறேன்.
mets dans la caisse le vin de messe, la clochette, le missel, l'aube, les burettes et l'ornement.	பூசை ரசம், மணி, புஸ்தகம், அங்கி, ஆயத்தம், அதுகளைப் பெட்டியிலேவை.

REM.— On voit que dans ce cas il y a, en quelque sorte, deux phrases. C'est comme si l'on disait. Voilà le vin de messe la clochette, etc... eh bien, mets toutes ces choses dans la caisse.

Dieu est partout.	சர்வேசுரன் எங்கும் இருக்கிறார்.
le Seigneur est bon.	சுவாமி நல்லவராயிருக்கிறார்.

REM.— Quand il s'agit de l'existence, on emploie இருக்கிறது. S'il s'agit de l'essence ou d'une dualité on se sert de ஆயிருக்கிறது, composé de ஆய் étant, et இருக்கிறது. Il est important de bien se rendre compte de cette différence.

il y a un éléphant dans le bois (existence).	காட்டிலே ஓர் யானை இருக்குது.
l'éléphant est grand (qualité).	யானை பெரிசாயிருக்குது.
il y aura de bons fruits (existence).	நல்ல பழம் இருக்கும்.
le fruit sera bon (qualité).	பழம் நல்லதாயிருக்கும்.
il est prêtre (essence ou qualité).	குருவாயிருக்கிறார்.

REM.— On retranche souvent le verbe ஆயிருக்கிறது, ainsi :

Dieu (est) bon.	சர்வேசுரன் நல்லவர்.
ceci (est) bon.	இது நல்லது.
le bonheur (consiste à) être ainsi.	இப்படி இருக்கிறது பாக்கியம்.
c'est toi qui es un voleur.	நீயே திருடன்.

Il faut observer que ce retranchement ne peut se faire qu'avec le présent. S'il s'agit d'un autre temps, il faut employer le verbe.

ceci est un chat.	இது பூனையாம்.
ce jeune homme est devenu sage.	இந்த வாலன் நல்லவன் ஆனான்
il deviendra méchant.	பொல்லாதவன் ஆவான்.

REM.— Le verbe ஆகிறது indique la condition, la manière d'être. Nous avons vu précédemment que ஆம் après un substantif, un adjectif, un verbe, signifie souvent: *on dit que, il paraît que...*

On dit que c'est son fils.	அவனுடைய மகனாம்.
On dit que cela est bon.	அது நல்லதாம்.
On dit qu'il pleuvra.	மழை பெய்யுமாம்.
On dit qu'il est venu.	அவன் வந்தானாம்.
un enfant sage.	நல்ல பிள்ளை.
un homme méchant.	கெட்ட மனுஷன்.
un grand arbre.	பெரிய மரம்.

REM.— L'adjectif se place toujours avant le substantif, et celui-ci seul se décline. Il n'y a d'exception que pour எல்லாம் et ses synonymes, qui se placent indifféremment avant ou après le substantif, Quand எல்லாம் est avant le substantif, on ajoute உம் à ce dernier, ce qui n'a pas lieu quand il est placé après. Il en est de même de சகலம். Il faut remarquer, en outre, que les mots எல்லாம் et சகலம் perdent le ம் final pour le masculin et le féminin pluriel; on ajoute alors ர். Ordinairement on ajoute உம் à ces mots: எல்லார் + உம் = எல்லாரும்; சகலர் + உம் = சகலரும்.

tous les hommes.	எல்லா மனுஷரும்.
ou.	மனுஷர் எல்லாம்.
tous les bonheurs.	சகல பாக்கியமும்.
ou.	பாக்கியஞ் சகலமும்.
tous sont venus.	எல்லார் ou mieux எல்லாரும் வந்தார்கள்.
tous ont parlé.	சகலர் ou mieux சகலரும் பேசினார்கள்.
tous les arbres sont desséchés.	மரமெல்லாம் பட்டுப் போச்சுது
mets tous les objets dans la voiture.	சாமானெல்லாம் வண்டியிலே போடு.
la fête de tous les saints.	சகல அர்ச்சியசிஷ்டர்களுடைய திருநாள்.
j'aime Dieu plus que toutes choses.	எல்லாத்தையும் பார்க்கச் சர்வேசுரனைச் சினேகிக்கிறேன்

REM. — On voit que எல்லாம் se décline quand il est employé comme substantif signifiant *le tout*, l'universalité...

REM. — Pour le neutre, on emploie எல்லாம் ou எல்லாமும் — எல்லாத்தினும் — எல்லாத்துக்கும் — எல்லாத்தையும் — எல்லாத்திலும் — எல்லாத்தோடேம் — எல்லாத்தாலும்.

Pour le masculin et le féminin : எல்லாரும் — எல்லாருடையவும் — எல்லாருக்கும் — எல்லாரையும் — எல்லாரோடேயும் — எல்லாரினுலேயும் — எல்லாரிலேயும் — எல்லாராலேயும்.

tous les enfants s'enfuirent.	பிள்ளைகளெல்லாரும் ஓடிப்போனார்கள்.
tout le village fut incendié.	ஊரெல்லாம் வெந்து போச்சுது.
tous les pécheurs seront punis.	பாவிகளெல்லாருக்கும் ஆக்கினை வரும்.
tout a une cause.	எல்லாத்துக்கும் ஓர் காரணம் உண்டு.
tous les hommes mourront	மனிதர் அனைவருஞ் சாவார்கள்.

REM.— அனைவரும் est une forme poétique ayant le même sens que எல்லாரும் et சகலரும். On le rencontre plus rarement que ces deux derniers.

On trouve aussi எல்லோரும் et அனைவோரும், tout (masc. et fém.)

toutes les fois que je viens	நான் வருகிற போதெல்லாம்.
toutes les fois que je n'ai pas d'argent.	எனக்குப் பணம் இல்லாதபோதெல்லாம்.
toutes les fois qu'il est venu.	அவன் வந்த போதெல்லாம்.
toutes les lois que le chien mordra.	நாய் கடிக்கும் போதெல்லாம்.
toutes les fois qu'il pleuvra.	மழை பெய்யும்போதெல்லாம்.
toutes les fois que l'homme pèche.	மனுஷன் பாவம் செய்யும் போதெல்லாம்.
toutes les fois que je te battrai, salue-moi.	நான் உன்னை அடிக்கும் போதெல்லாஞ் சலாஞ் சொல்லு.

REM.— போது, syncope de பொழுது ou போழ்து, signifie *temps*, *occasion*, *fois*. போதெல்லாம் (போது + எல்

லாம்) se traduit par *toutes les fois que*. Le verbe donnant le sens se met toujours avant போதெல்லாம், avec les participes positifs ou négatifs.

le Seigneur est bon.	சுவாமி நல்லவர்.
la divine Mère est miséricordieuse.	தேவமாதா தயவுள்ளவள்.
cet enfant est méchant.	இந்தப் பையன் கெட்டவன்.
les domestiques sont prudents	வேலைக்காரர் விவேகிகள்.
le rat palmiste est bon.	அணில் பிள்ளை நல்லது.
les chats sont méchants.	பூனைகள் கெட்டதுகள்.

REM.— Quand les adjectifs sont complément du verbe இருக்கிறது on les change en appellatifs ou en substantifs.

ornement vert.	பச்சை ஆயத்தம்.
l'ornement est vert.	ஆயத்தம் பச்சை.
un long bâton.	நீட்டு தடி.
le bâton est long.	தடி நீட்டு.
maison de briques	கல் வீடு.
la maison est de briques.	வீடு கல்.

REM.— Les substantifs qui indiquent la couleur, la mesure ou la qualité sont considérés comme adjectifs quand ils sont placés devant un autre substantif. Placés après, ils sont compléments du verbe *être* qui est sous-entendu.

Dieu est bon, puissant et juste.	சர்வேசுரன் நல்லவரும் வல்லவரும் நீதியுள்ளவருமாயிருக்கிறார்.
ou bien :	சர்வேசுரன் நல்லவருமாய் வல்லவருமாய் நீதி யுள்ளவருமாயிருக்கிறார்.

REM.— Lorsqu'il y a plusieurs compléments du verbe *être*, on ajoute உம் à chaque complément, ou bien உம் et ஆய், et on termine par le verbe.

On pourrait dire également :	நல்லவருமாயும், வல்லவருமாயும், etc...

Dieu (qui est) bon, puissant et juste.	நல்லவரும் வல்லவரும் நீதியுள்ளவருமான சர்வேசுரன்.

REM.— Lorsqu'il y a plus. adj. qualifiant le substantif, sans être régis par le verbe *être*, on ajoute உம் à tous les adjectifs et உம் + ஆன au dernier.

Au lieu de உமான on pourrait terminer par உமாயிருக்கிற — இருந்த, etc... சர்வேசுரன்.

j'ai vu votre mère à l'église.	நான் உம்முடைய தாயாரைக் கோவிலிலே பார்த்தேன்.
ou :	கோவிலிலே உம்முடைய தாயாரைப் பார்த்தேன்.
ou :	உம்முடைய தாயாரைக் கோவிலிலே நான் பார்த்தேன்.

REM.— **Dans** la phrase tamoule, on place : 1° le *sujet* ; 2° le *régime direct* ; 3° le *régime indirect* (ou bien le régime indirect avant le régime direct) ; 4° le *verbe*.

On peut cependant mettre le sujet immédiatement avant le verbe, comme dans le dernier exemple.

qu'est-ce que cela ? est-ce une église ?	அதென்ன ? கோவிலா ?
est-ce que vous me battrez ?	என்னை அடிப்பீர்களோ ?

REM.— Le signe de l'interrogation est ஆ ou ஓ ajoutés aux substantifs, pronoms, verbes, etc. Ordinairement ஓ indique la crainte, le doute, la permission ou la dispense. Mais ஆ est beaucoup plus employé que ஓ dans le langage ordinaire.

appelle-le.	அவனை அழை.
lui ?	அவனையா (ou அவனையோ) ?
donne l'argent à Paul.	சின்னப்பனுக்கு பணங் கொடு.
à Paul ?	சின்னப்பனுக்கா ?
il est dans la maison.	வீட்டிலே யிருக்கிறான்.
vraiment ?	இருக்கிறானா ?
dans la maison ?	வீட்டிலேயா ?

ils l'ont frappé du sabre.	அவனைக் கத்தியினாலே அடித்தார்கள்.
du sabre?	கத்தியினாலேயா?
qui est là?	யார் அங்கே (ou ஆர்..)?
qui est celui-là?	யார் அவன்?
qui es-tu?	யார் நீ?
à qui est cela?	யார் அது?

REM.— யார் ou ஆர் signifie proprement *qui* avec interrogation. Ces deux mots sont invariables pour le genre et le nombre.

lequel?	எவன்?
laquelle?	எவள்?
lequel (honorif.)	எவர்?
lesquels?	எவர்கள்?
lequel? quoi?	எது?
lesquels? lesquelles? (neutre).	எதுகள்?

REM.— Avec les mots interrogatifs *per se*, on n'emploie pas ஆ ni ஓ.

qui parle?	யார் பேசுகிறான்?
qui (fém.) se dispute?	யார் சண்டை போடுகிறாள்?
qui sont ceux qui dorment?	யார் தூங்குகிறார்கள்?

REM.— Dans ces sortes d'interrogations ou emploie souvent le verbal: யார் பேசுகிறது — யார் சண்டை போடுகிறது — யார் தூங்குகிறது. Cela a toujours lieu quand le mot interrogatif est renvoyé à la fin de la phrase.

qui ment?	பொய் சொல்லுகிறதார்?
quand es-tu venu?	நீ வந்ததெப்போ?
pourquoi ne fais-tu pas ainsi?	நீ இப்படிச் செய்யாமல் இருக்கிறதென்ன?
qui a parlé?	யார் பேசினது?
je ne sais.	யாரோ!
quand monteras-tu?	எப்போது ஏறுவாய்?
je ne sais.	எப்போவோ!
combien d'arbres?	எத்தனை மரம்?

je ne sais.	எத்தனையோ!
est-ce un lion?	சிங்கமா?
je ne sais.	சிங்கமோ!
qu'est-ce que cela?	அதென்ன?
je ne sais.	அதென்னமோ!

REM. I.— ஓ ajouté aux mots interrogatifs indique l'ignorance. On sous-entend தெரியாது *n'est pas connu.*

Ainsi: வருவாரா viendra t-il? Si l'on ignore s'il viendra ou non, on répond: வருவாரோ (s.-e. தெரியாது c-à-d. viendra-t-il? (Je ne sais). Dans cet exemple le mot n'est pas interrogatif *per se* comme யார் — என்ன-எவன், etc., mais comme il répond à une interrogation, cette réponse elle-même exprime non pas la négation, mais seulement le doute, à cause de ஓ ajouté au verbe.

REM. II.— Avec என்ன, on intercale un ம euphonique: என்னமோ. என்ன étant interrogatif *per se*, என்னமோ contient une double interrogation qui exprime le doute.

Quand on ne répond à pas une question, il faut exprimer தெரியாது. Ainsi: Je ne sais si mon père viendra. என் தகப்பன் வருவாரோ தெரியாது.

demande qui c'est	யார் என்று கேள்.
savez-vous quand la voiture arrivera?	வண்டி எப்போ வரும் என்று உங்களுக்குத் தெரியுமா?
il dira à quelle heure vous viendrez.	எத்தனை மணிக்கு வருவீர்களென்று சொல்லுவான்.

REM.— Lorsque après les mots interrogatifs, il y a un autre membre de phrase, on met என்று entre les deux.

vois s'il y est ou non.	அவன் இருக்கிறானோ இல்லையா என்று பார்.
demande s'il y aura la messe ou non.	பூசை இருக்குமோ இல்லையோ என்று கேள்.

REM. — Pour le *si* dubitatif on ajoute ஆ ou ஓ à la phrase affirmative et à la phrase négative. Mais le plus souvent, au lieu de répéter le verbe, on emploie இல்லையோ ou இல்லையா. ex.:

parleras-tu ou non?	பேசுவாளா இல்லையா?
iras-tu ou non?	போவாயோ இல்லையோ?
donnerez-vous cela ou non?	அதைக் கொடுப்பீர்களோ இல்லையோ?
il est si habile qu'il parle quatre langues correctement.	அவன் எவ்வளவு கெட்டிக்காரன் என்றால் நாலு பாஷை நன்றாய்ப் பேசுகிறான்.
il est si pieux qu'il ne craint pas de donner sa vie pour la religion.	அவன் எம்மாத்திரம் பத்தியுள்ளவன் என்றால் வேதத்துக்காக உயிர் கொடுக்க அஞ்சான்.
il a tant de richesses qu'il donne tous les jours la nourriture à cent personnes.	அவனுக்கு எவ்வளவு ஆஸ்தி இருக்குது என்றால் நித்தம் நூறுபேருக்குச் சாப்பாடு கொடுக்கிறான்.

REM.— Voilà la manière de rendre le *si* ... *que* français. On met: — 1° le snjet; 2° எத்தனை-எவ்வளவு-எம்மாத்திரம்; 3° le régime; 4° என்று; 5° le second membre de phrase. Les phrases de ce genre se traduisent littéralement, ainsi: si vous demandez (என்றால்)— combien (எவ்வளவு-எத்தனை-எம்மாத்திரம்) — habile il est —: il parle etc...

je suis allé la maison, j'ai mangé et je suis venu.	வீட்டுக்குப் போனேன் சாப்பட்டேன் வந்தேன்.
ou mieux:	வீட்டுக்குப்போய்ச் சாப்பட்டு வந்தேன்.

REM. — Lorsqu'il y a plusieurs verbes pour un seul sujet, on peut séparer les phrases et employer les temps primitifs. Mais il est plus élégant, et plus ordinaire d'ailleurs, de mettre au gérondif tous les verbes, excepté le dernier qui se conjugue avec le temps primitif:

va à la maison, prends quatre roupies et apporte-les.	வீட்டுக்குப்போய் நாலு ரூபாய் எடுத்துக்கொண்டு வா.
va le lui dire.	அவனுக்குப் போய்ச் சொல்லு.
nous connaîtrons, aimerons, servirons Dieu,	சர்வேசுரனை அறிந்து சிநேகித்

obtiendrons le ciel et jouirons de tous les bonheurs.	துச் சேவித்து மோக்ஷத்தை யடைந்து சகல பாக்கியங்களையும் அநுபவித்துக்கொண்டிருப்போம்.
il acheta des marchandises, les mit sur une charrette, attela deux bœufs et partit.	சாமான்களை வாங்கி வண்டியிலே எற்றி அதிலே இரண்டு மாடுகளைக் கட்டிப் புறப்பட்டான்.
il alla auprès du roi, salua et se tint immobile.	ராசாகிட்டப்போய்ச் சலாஞ்செய்து சும்மா நின்றான்.
j'ai chanté, le maître m'a entendu, et le Père m'a battu.	நான் பாட வாத்தியார் கேழ்க்கச் சுவாமியார் என்னை அடித்தார்.
je jouai de l'orgue, les enfants chantèrent, et tout le monde fut satisfait.	நான் கிண்ணாரம் வாசிக்க, பிள்ளைகள் பாட, எல்லாருஞ் சந்தோஷப்பட்டார்கள்.
à ces mots, il expira.	அந்த வார்த்தை சொல்லவே இறந்து போனான்.
il me frappa au moment même où je lui faisais du bien.	நான் அவனுக்கு நன்மை செய்யவே என்னை அடித்தான்.

REM. I. — Quand il y a plusieurs verbes et plusieurs sujets différents, au lieu de séparer les phrases, il est beaucoup plus élégant de mettre tous les verbes à l'infinitif, excepté le dernier que l'on met au temps primitif voulu et qui seul se conjugue.

REM. II. — On ajoute souvent எ (avec le வ euphonique) à l'infinitif. La phrase est alors emphatique.

REM. III. On emploie aussi l'infinitif, quand même il n'y ait qu'un seul sujet et un seul verbe; mais il faut toujours qu'il y ait au moins deux actions différentes.

comme le Père venait et que les gens s'en allaient, on entendit le roulement du tonnerre.	சுவாமி வர ஜனங்கள் போக இடிமுழக்கங்கள் கேழ்க்கப்பட்டது.

N. B. — Il y a ici trois action: celle du Père, celle des *gens* et celle du *tonnerre*.

dès que le soleil se lève,	சூரியன் உதயம் ஆகவே இந்

cet enfant va au travail.	தப் பையன் வேலைக்குப் போகிறான்.

N. B. Deux actions : celle du soleil qui se lève, et de l'enfant qui va au travail.

Il importe de se familiariser avec cette tournure qui donne une grande facilité et qui est très élégante.

je parle.	பேசுகிறான்.
tu lis.	வாசிக்கிறாய்.
il écrit.	எழுதுகிறான்.
elle marche.	நடக்கிறாள்.
il (cela) vient.	வருது.
nous voyons (hon. et plu.)	பார்க்கிறோம்.
vous allez (hon.)	போகிறீர்.
il appelle (hon.)	அழைக்கிறார்.
vous frappez (plur.)	அடிக்கிறீர்கள்.
ils ou elles viennent (plu.)	வருகிறார்கள்.
ceux-ci (neutre) mordent.	கடிக்குது ou கடிக்குதுகள்.
j'ai cherché.	தேடினேன்.
je chanterai.	பாடுவேன்.
j'ai parlé (litt. je suis ayant parlé.	பேசியிருக்கிறேன்.
j'avais parlé (j'étais ayant parlé.	பேசியிருந்தேன்.
j'aurai parlé (je serai ayant parlé.)	பேசியிருப்பேன்.
j'ai apporté (litt. ayant je vins.)	கொண்டுவந்தேன்.
j'ai emporté (litt. ayant j'allai)	கொண்டுபோனேன்.
j'apprenais la leçon.	பாடம் படித்துக்கொண்டு வந்தேன்.
que faisait N. S. Jésus-Christ pendant quarante jours?	சேசுநாத சுவாமி நாற்பது நாளும் என்ன செய்துகொண்டிருந்தார்.
à Paris ,je disais la messe à six heures.	பரீஸ் பட்டணத்திலே ஆறு மணிக்குப் பூசை பண்ணுவோம்

REM. — On emploie le futur au lieu du passé pour exprimer l'habitude de faire une action.

l'homme *qui* vient.	வருகிற மனுஷன்.
le Père *qui* a parlé.	பேசின சுவாமியார்.
le parroquet *qui* parlera.	பேசும் கிளி.
l'homme *qui* me frappera.	என்னை அடிக்கும் மனுஷன்.
l'enfant *que* j'ai vu.	நான் கண்ட பையன்.
Dieu *que* nous adorons.	நாம் வணங்குகிற சர்வேசுரன்.
le fils *que* vous avez aimé.	நீர் நேசித்த பிள்ளை.
le prêtre *qui* a dit la messe	பூசை செய்த குரு.

REM. — Quand les participes sont placés avant le substantif, ils se traduisent par *qui*, si la phrase commence par le régime; et par *que*, si elle commence par le nominatif ou sujet (vérifiez).

Dieu qui nous a créés.	நம்மைச் சிஷ்டித்தாரோ அந்தச் சுவாமி.
le traître qui nous a trompés est allé au village.	நம்மை மோசஞ்செய்தானோ அந்தத் துரோகி ஊருக்குப் போய்விட்டான்.
le Dieu que nous servons nous donnera le ciel.	சர்வேசுரனைச் சேவிக்கிறோம் அவர் நமக்கு மோக்ஷத்தைக் கொடுப்பார்.

REM.— Ceci est une manière détournée de rendre le *qui* ou le *que* français. Ces sortes de phrases ne sont autre chose que des inversions. On fait deux phrases en tamoul, tandis qu'il n'y en a qu'une seule en français. Cette tournure est très usuelle. Au lieu de dire, comme en français: "le monsieur *qui* est venu hier t'a t-il donné une roupie?" நேற்று வந்த துரை, etc., on dira plus communément: "hier un monsieur est venu...t'a t-il donné une roupie? நேற்று துரை வந்தாரோ... ஒரு ரூபாய் கொடுத்தாரா?

REM.— Dans ces phrases, on ajoute ordinairement au verbe le ஓ emphatique.

je donnerai une roupie à quiconque m'apportera un serpent.	யார் பாம்பு எனக்குக் கொண்டு வருவார்களோ அவர்களுக்கு ஒரு ரூபாய் கொடுப்பேன்.
je punirai celui qui parlera.	யார் பேசுவானோ அவனைத் தண்டிப்பேன்.

ceux qui commettent le péché iront en enfer.	பாவத்தைச் செய்கிறவர்கள் எவர்களோ அவர்களே நரகத்துக்குப் போவார்கள்.

REMARQUEZ l'inversion de ces phrases.

Il y a encore une autre manière très usitée et vulgaire de rendre le *qui* ou le *que* français. Après l'infinitif vrai on ajoute le négatif இல்லை. La phrase parait négative, mais avec le *ton* convenable elle est parfaitement affirmative et personne ne s'y trompe.

c'est le monsieur qui est venu hier qui m'a donné ce livre.	நேற்று துரை வரவில்லை? அவர்தான் இந்தப் புஸ்தகம் எனக்குக் கொடுத்தார்.
le cheval *que* j'ai acheté est mort.	நான் குதிரை வாங்கவில்லை ? ... செத்துப்போச்சு.
le Père *qui* prêcha dans cette église l'année dernière est mort.	போன வருஷம் இந்தக் கோவிலிலே சுவாமியார் பிரசங்கம் பண்ணவில்லை ? ... செத்துப் போனார்.
on a pendu Ponnousâmy *qui* tua son père le mois passé.	போனமாசம் பொன்னுசாமி தன் தகப்பனைக் கொலை செய்யவில்லை? தூக்கிட்போட்டார்கள்?

REM. — Il faut observer que la première partie de ces phrases est une vraie interrogation simulée. Dans le premier exemple v. g. on s'adresse à quelqu'un qui était présent, quand le monsieur dont on parle est venu, et on lui demande si un monsieur *n'est pas venu*. Il est censé répondre : " *si, il est venu* "; on continue alors la phrase, ou plutôt, on en fait une nouvelle affirmative. Le plus souvent, après le premier membre de phrase, la personne à qui on s'adresse fait un mouvement de tête, levant le menton de gauche à droite et faisant, en même temps, entendre un léger son (hu) qui signifie dans l'Inde :— *oui oui, oui !*

Evidemment on pourrait rendre ces sortes de phrases parfaitement grammaticales en ajoutant à இல்லை le ஆ ou l' ஓ interrogatifs : நேற்று துரை வரவில்லையா (s. e. வந்

தா) — அவர்தானா, etc. Mais dans la conversation familière on se contente de donner à இல்லை le *ton* de l'interrogation.

Il est clair que l'on ne pourrait pas *ecrire* ces phrases. Il faut qu'il y ait une autre personne qui connaisse ce dont on parle et qui *puisse* affirmer l'action que l'on semble nier.

quatre mois après mon arrivée ici, je parle un peu tamoul.	நான் இங்கே வந்த நாலாம்மாதந் தமிழ்ப்பாஷை கொஞ்சம் பேசுகிறேன்.
j'ai fait cela à l'âge de 23 ans.	நான் பிறந்த இருபத்து மூன்றாம் வயசிலே அதைச் செய்தேன்.
il y a quatre mois que je suis venu.	நான் வந்து நாலுமாசம் ஆச்சுது
il y a dix mois que j'ai commencé à étudier le tamoul.	நான் தமிழ்ப்பாஷை படிக்கத்துவக்கினது பத்துமாசம் ஆச்சு.

REM. I. — On emploie le participe passé pour les nombres ordinaux. La traduction littérale des deux premiers exemples serait : la quatrième année que je suis né, etc.

REM. II. — Pour les nombres cardinaux, on emploie le gérondif ou le verbal passé.

Seigneur, je n'aime que vous.	சுவாமீ உம்மை மாத்திரம் நேசிக்கிறேன்.
Seigneur, je ne crois que vous.	சுவாமீ உம்மை விசுவசிக்கிறேன் அல்லாமல் வேறல்ல.
je ne rends grâces qu'à vous.	உமக்குத் தோத்திரம் பண்ணுகிறேன் அல்லாமல் மற்றப்படியல்ல.

REM. — On peut rendre *ne ... que* français : 1° en ajoutant மாத்திரம் (seulement) au régime direct ou indirect ; 2° en ajoutant அல்லாமல் aux temps primitifs ou après les verbaux. Dans ce cas, on termine la phrase par வேறல்ல (வேறு — அல்ல) ou par மற்றப்படி அல்ல, autrement non.

depuis l'église jusqu'ici.	கோவில் துவக்கி இங்கே மட்டும்.
depuis cet arbre jusqu'à cette maison.	இந்த மரந் துவக்கி அந்தவீடு வரைக்கும்.
je suis allé jusqu'à Salem	சேலம் வரையில் போனேன்.
il faut lire depuis ici jusque là.	இங்கே துடங்கி அங்கேமட்டும் வாசிக்கவேணும்.
reste ici tant qu'il lira.	அவன் வாசிக்கிறமட்டும் இங்கே இரு.
j'ai examiné jusqu'au bout ce qu'il a écrit: il n'y a pas de faute.	அவன் எழுதினவரையில் பார்த்தேன், தப்பிதம் இல்லை.
attends jusqu'à ce que je vienne.	நான் வருமட்டுங் காத்திரு.
jusqu'à ce qu'il parle.	அவன் பேசுமட்டும்.
jusqu'à ce qu'elle prie.	அவள் வேண்டிக்கொள்ளுமட்டும்.
jusqu'à ce que le chien morde.	நாய் கடிக்குமட்டும்.
jusqu'à ce que nous mourions.	நாம் சாகுமட்டும்.
jusqu'à ce que vous tombiez.	நீங்கள் விழுமட்டும்.
jusqu'à ce qu'ils rient.	அவர்கள் சிரிக்குமட்டும்.
jusqu'à la mort.	மரண பரியந்தம்.
jusqu'à ce que tu partes.	நீ போகும் அளவும்.
jusqu'à ce que je vienne.	நான் வருமளவும்.
tant qu'ils vivront.	அவர்கள் சீவன் உள்ளளவும்.
autant que possible.	கூடுமானமட்டும்.
autant qu'il me-te-lui-nous-vous-leur sera possible.	எனக்கு-உனக்கு-அவனுக்கு-நமக்கு-உங்களுக்கு-அவர்களுக்கு ஆனமட்டும்.
ou:	... ஆன மாத்திரம்.
ou:	... இயன்ற மட்டும்
ou:	... இயன்ற மாத்திரம்.
autant que ceci.	இவ்வளவு — இம்மாத்திரம்.
autant que cela.	அவ்வளவு — அம்மாத்திரம்.
combien?	எவ்வளவு? எம்மாத்திரம்.
jusqu'à ce jour.	இந்நாள் வரைக்கும்.
ou:	இற்றை வரைக்கும்.
tant soit peu.	கொஞ்சம் ஆகிலும்.

ou : எவ்வளவாகிலும்.

REM. *A*. — துவக்கி est le gérondif de துவக்குகிறது : துடங்கி, le gérondif de துடங்குகிறது. On emploie ces deux gérondifs pour exprimer *depuis*.

REM. *B*. — மட்டும் ou மட்டுக்கும் — வரைக்கும் — ou வரையில்—பரியந்தம் se traduisent par *jusque*. Ces trois mots signifient proprement *mesure*.

REM. *C*. — அளவு signifie aussi *mesure*. இவ்வளவு — அவ்வளவு—எவ்வளவு sont composés de இந்த—அந்த—எந்த—அளவு.

REM. *D*. மாத்திரம் a aussi le sens de *mesure*. Employé seul il se traduit par *seulement*. Avec இம்—அம்—எம், il a le sens de : autant que ceci, autant que cela, combien ?

REM. *E*.—பரியந்தம் est un mot relevé qui ne se rencontre guère qu'avec des mots sanscrits.

Les exemples ci-dessus donneront une idée du choix à faire dans l'emploi de ces mots.

REM. — Le mot தனை signifie encore *mesure* comme மட்டு—மாத்திரம்—அளவு, mais il ne s'emploie guère que joint à இந்த — அந்த — எந்த. Ainsi :

autant que ceci.	இத்தனை.
autant que cela.	அத்தனை.
combien?	எத்தனை?

De cette manière, ce mot est d'un usage très fréquent.

Nous allons maintenant donner un certain nombre de phrases pratiques. Nous mettrons en regard une traduction *libre* donnant l'idée de la phrase plutôt que le sens littéral.

இந்த வேலை அகத்தியமாய்ச் செய்ய வேணும்.	il faut nécessairement faire cet ouvrage.
மாம்பழம் அகப்பட்டால் நாலு வாங்கு.	si tu trouves des mangues, achètes-en quatre.

காற்று அகோரமாய் அடிக்குது.	le vent souffle avec violence
வீடெல்லாம் ரொம்ப அசுத்தமாயிருக்குது.	toute la maison est fort sale
அவனை எக்கச்சக்கமாய்த் திட்டினேன்.	je l'ai injurié d'une manière inconvenante.
எல்லாம் அலங்கோலமாய் இருக்குது,	tout est en désordre.
தாறுமாறுக்காரர்.	des gens qui vivent en désordre.
சூரியன் அஸ்தமித்தவுடனே மணியடிக்கவேணும்.	il faut sonner la cloche dès le coucher du soleil.
சூரியன் உதயமானவுடனே புறப்படுவோம்.	dès que le soleil se lèvera, nous partirons.
வீட்டுக்கு அஸ்திவாரம் இல்லாவிட்டால் நிற்குமா என்ன?	si la maison n'a pas de fondations, pourra-t-elle tenir debout, dis?
ஏண்டா அப்படிச்செய்தாய்?	misérable, pourquoi as-tu agi ainsi?
அந்தக் கல்லு அடுக்கடுக்காகப் போடு.	mets ces pierres en tas.
அடுப்பிலே நெருப்பு இருக்குதா?	y a-t-il du feu dans le fourneau?
அடுப்பிலே போடு.	mets *sur* le feu.
இதை அடுப்பிலே காயவை.	fais chauffer ceci *sur* le feu.
கொள்ளு இறக்கிப்போடு.	enleve le collou (du feu).
அண்ணாந்து பார்.	regarde en haut.
மிகவும் அதிசயப்பட்டேன்.	je fus très étonné.
எந்த அந்தஸ்திலே இருந்தாலும் ஒரு நாள் சாகவேணும்.	dans quelque position que l'on soit, il faudra mourir un jour.
அந்தி சந்தி செபம்.	la prière du soir et du matin
காலமே.	le matin.
அதிகாலமே.	de bon matin.
சாயங்காலம் — சாயரட்சை.	le soir.
பன்னிரண்டு மணிக்கு.	à midi.
பன்னிரண்டு மணிக்கு மேலே.	après midi.
அபராதம் போடுவோம் பார்.	je t'imposerai une amende, prends garde.
உன் அபிப்பிராயமென்ன?	quelle est ton opinion?

அவனுக்கு அப்பியாசமில்லை.	il ṅ'a pas l'habitude.
வழக்கப்படி.	selon l'habitude.
மாமூல்படி.	selon l'usage.
அப்பாலே போ.	va au large.
சற்றே பொறு.	attends un peu.
சற்றே அமரிக்கையாயிருக்கிறேன்.	je suis plus calme.
நாளைக்கு அமாவாசி.	c'est demain la nouvelle lune.
சாவியை ராவவேணும்.	il faut limer la clef.
எனக்கு அரம் இல்லை.	je n'ai pas de lime
அவசரமான வேலை.	travail urgent.
அங்கே அவசியமாய்ப் போகவேணும்.	il faut absolument aller là.
அவஸ்தையாயிருக்கிறானாம்.	on dit qu'il est à l'agonie.
அவனவன் தன்தன் மனதின்படி நடக்கிறார்கள்.	chacun fait à sa guise.
அறி முகம்.	un visage connu.
ரூபாய்க்கு எத்தனை அன்னாசு பழம்?	combien d'ananas pour une roupie?
திருச்சபை ஆசாரத்தின் படியே.	selon le rit de la sainte Eglise.
ஆடு மாடு போலே நடக்கிறீர்கள்.	vous vous conduisez comme des brutes.
சுவரிலே ஓர் ஆணி அடி.	plante un clou dans le mur.
சுவாமி எல்லாத்துக்கும் ஆதி காரணமாயிருக்கிறார்.	le Seigneur est la première cause de tout.
ஆதித்தாய் தகப்பன்	la première mère et le premier père.
அங்கே ஆள் அனுப்பு.	envoie un messager là-bas.
தண்ணீர் எல்லாம் ஆவியாய்ப் போம்	toute l'eau se résoudra en vapeur.
தண்ணீர் ஆழமாயிருக்குதா?	l'eau est-elle profonde?
ஆநந்த பாக்கியம் அடைவீர்கள்.	vous obtiendrez un bonheur éternel.
அளவில்லாத பாக்கியம்	un bonheur sans borne.
அந்தத் துரைசானியுடைய ஆயாள்.	la bonne de cette dame.
உன் ஆயுதங் கொண்டுவா.	apporte tes outils.

மெய்யான சுவாமிக்கு ஆராதனை செய்யாமல் இருக்கிறதென்ன?	peut-on bien ne pas adorer le vrai Dieu?
வேறே ஆலோசனை என்ன?	à quoi bon réfléchir davantage?
பெரிய போக்கிரி ஆவான்.	il deviendra un grand fripon.
ஆற்றிலே தண்ணீர் வருது	il y a de l'eau dans le fleuve
ஆற்றங்கரையில் தங்குவோம்.	nons nous arrêterons sur le bord du fleuve.
கஸ்தி, வியாதி, துன்பம், இக்கட்டு இதுகளெல்லாஞ் சுவாமி சித்தத்தினாலல்லோ வருது.	c'est par la volonté de Dieu, n'est ce pas, que le chagrin, les maladies, les misères, les malheurs arrivent.
எனக்கு இஷ்டம் இல்லை.	cela ne me va pas
இடைவிடாமல் வேலை செய்யவேணும்.	il faut travailler sans-cesse
சுவாமி கட்டளையிட்டார்.	le seigneur a ordonné.
இதோ பார்.	tiens, regarde.
இந்தா!	tiens! — holà! — hé!
உங்களுக்கு இரக்கமில்லையா?	êtes-vous sans pitié?
இரட்டைப்பிள்ளை.	enfants jumeaux.
இரட்டை மாட்டு வண்டி.	charrette à deux bœufs.
ஒற்றை மாட்டு வண்டி.	— à un bœuf.
இரண்டொரு பழம்.	un ou deux fruits.
இரண்டிலே ஒன்று.	l'un des deux.
இரவும் பகலும் அழுது கொண்டே யிருக்கிறான்.	jour et nuit, il ne fait que pleurer
ராசியாய்ப் போகவேணும்.	il faut faire la paix.
இராட்டினம் அகப்படுமா?	trouvera-t-on une roue (pour filer ou pour puiser de l'eau?
ஏது! காணோம்.	mais je ne le vois pas du tout.
இருட்டிப்போச்சு.	il fait nuit.
இரட்சகர் உங்கள் இருதயத்திலே வருவார்.	le Sauveur viendra dans votre cœur.
இருப்புக் கம்பி.	une barre (ou fil) de fer.
இருப்பு oblique de இரும்பு	
(இ) ரேக்கு வாங்கு.	achète du clinquant.

ரொக்கமாய்ப் பணந் தரவேணும்.	il faut payer comptant.
(இ)லஞ்சம் வாங்கினான்.	il a reçu de l'argent (il s'est laissé suborner.)
என்ன லச்சை!	quelle honte! ou quelle scie!
குதிரைக்கு இலாடங் கட்டவேணும்.	il faut ferrer le cheval.
குதிரை இலகான் எங்கே?	où est la bride du cheval?
(இ)லேசாயிருக்கும்.	ce sera facile.
ரொம்ப இளைப்பாயிருக்கிறேன்	je suis très fatigué.
சற்றே இளைப்பாறு.	repose-toi un peu.
இறங்கி வா.	descends.
இறா கறி செய்.	fais un cari de chevrettes!
இறைச்சி சாப்படு.	mange de la viande.
இனி அப்படிச் செய்யாதே.	désormais, ne fais plus ainsi.
இன்னான் வந்தான் என்று சொல்லு.	dis qu'un tel est venu.
இன்னவின்ன குற்றஞ் செய்தேன் என்று சொல்லி அழுதான்.	après avoir dit qu'il avait fait telle faute, il pleura.
இன்றைய தினந் தேவ நற்கருணை ஆசீர்வாதம் இருக்கும்.	aujourd'hui il y aura Bénédiction du Saint-Sacrement.
அன்றைய தினம் பூசை செய்வோம்.	ce jour-là, je dirai la messe.
இன்று தான் துவக்கவேணும்.	il faut commencer aujourd'hui même.
இன்றைக்குக் காசு கொடுக்க மாட்டேன்.	je ne donnerai pas d'argent aujourd'hui.
ஈசல் இருந்தால் மழைபெய்யுமாம்.	quand il y a des fourmis ailées, on dit qu'il pleuvra.
ரொம்ப ஈரமாயிருக்குது.	c'est très humide.
ஈரல் வியாதி.	maladie de foie.
உக்கிராணத்திலே போய் இரண்டு படி அரிசி எடுத்து வா.	va prendre dans le *godown* deux mesures de riz.
மேற்றிராணியார் உத்தரவு கொடுக்க மாட்டார்.	L'évêque ne donnera pas la permission (ou la dispense.)

அவனைப் பத்தடி அடிக்கும்படிக்கு உத்தரவு செய்தார்	il ordonna de lui donner dix coups.
நன்றாய் உச்சரிக்கவேணும்.	il faut bien prononcer.
உஷ்ணமாயிருக்குது.	il fait chaud.
இது சூடாயிருக்குது.	ceci est chaud.
வெயில் அகோரமாய் அடிக்கும்.	il fera une grande chaleur.
உடம்புக்குச் சவுக்கியமில்லை	je suis indisposé.
உடன்படிக்கை செய்தோம்.	nous avons fait une convention.
உட்காருங்கள்.	asseyez-vous.
உத்தமமனஸ்தாபம்.	la contrition parfaite.
உத்தம மனஸ்தாப மந்திரம்.	l'acte de contrition.
சுவாமி உத்தரவு என்ன?	quelle est la réponse du Père?
அதென்னமோ!	je ne sais.
அவனுக்கு உத்தியோகமில்லை.	il est sans emploi.
எனக்கு அதிகாரமில்லை.	je n'ai pas le pouvoir.
ரொம்ப உபகாரம்.	je vous remercie bien.
பெரிய உபகாரஞ் செய்தார்.	il m'a rendu grand service.
அதே நல்ல உபாயம்!	voilà un bon moyen!
ஞானோபதேசம்.	catéchisme.

REM.— Composé: de ஞான spirituel — உபதேசம் instruction. Plusieurs mots sanscrits offrent en composition des changements opposés aux règles ordinaires de la langue tamoule. Dans l'exemple ci-dessus அ final de ஞான devient ஒ en s'unissent à உ de உபதேசம்.

சராசரம்.	choses animées et inanimées, douées de mouvement et immobiles.

REM.— Composé de சர et அசரம். அ final de சர et அ initial de அசரம். deviennet ஆ.

தேவாலயம்.	temple de la Divinité.

REM.— Composé de தேவ et ஆலயம்: அ final de தேவ et ஆ initial de ஆலயம் se fondent en un seul ஆ.

சர்வேசுரன்.	le souverain Seigneur.

REM.— Composé de சர்வ et ஈசுரன். அ final de சர்வ et ஈ initial de ஈசுரன் se change en un seul ஏ.

உபாயமாய்ச் சொல்லு.	dis-lui cela avec précaution. adroitement.
உபாயமாய்ப் பார்த்துக்கொள், குற்றுயிராயிருக்கிறான்.	examine avec prudence, il est à la dernière extrémité.
பழம் உரித்துச் சாப்படு.	pèle ce fruit et mange-le.
(உ)ருசியில்லை.	il n'a pas de goût.
ருசியாயிருக்கும்.	il aura bon goût.
உருண்டையாயிருக்குது.	cela est rond.
எத்தனை உருப்படி?	combien d'articles, de pièces? (au blanchisseur.)
உலாத்தப்போனான்.	il est allé se promener.
உலாத்தப்போயிருக்கிறான்.	il est à la promenade.
குதிரை உலாத்தவேணும்.	il faut promener le cheval.
உள்ளதைச் சொல்லு.	dis les choses comme elles sont.
உள்ளபடி சொன்னேன்.	j'ai dit la vérité.
உள்ளபடி.	ainsi donc.. (après une démonstration.)
பன்னிரண்டு உருமாலை.	douze mouchoirs.
தலைக்காணி உறை.	taie d'oreiller.
உற்றார் பெற்றார்.	les parents et les proches.
உறவின் முறையார்.	les parents, la parenté.
அவர்களுக்குள்ளே உறவு இருக்குதா?	y a-t-il parenté entre eux?
இல்லை, அந்நியம்.	non, ils sont étrangers l'un à l'autre.
இந்தப் புண்ணுக்கு ஊசி தகரை போட்டால் சீக்கிரமாய் ஆறிப்போம்.	en mettant sur cet ulcère la plante *cassia tora*, il guérira vite
இது ஊசிப்போச்சு.	cela est gâté, pourri.
இந்த ஊசிக்குத் தொளை இல்லையே.	cette aiguille n'est pas percée
குண்டூசி.	une épingle.
நாளைக்கு ஊதுவார்கள்.	demain on jouera (des instruments de musique.)
ஊறுக்காய்.	des achards.
ஊற்று காணோமே!	je ne vois pas la source.

மழை பெய்தால் தண்ணீர் சுரக்கும்.	s'il pleut, l'eau jaillira.
அரிசி குறைந்து போச்சு.	le riz a *augmenté*.

N. B. Littérallement : a *diminué*. Les Indiens disent qu'une chose a diminué parce qu'on on donne *moins*.

எச்சரிக்கையாயிரு.	prends garde, attention !
பத்திரம்!	doucement, attention !
இதை எடுத்துப்போடு.	enlève, emporte ceci.
எட்டிப்போ.	éloigne toi-au large !
எட்டாது.	on ne peut y atteindre.
எண்ணிப்பேசவேணும்.	il faut réfléchir avant de parler.
அதை எப்படியுஞ் செய்.	fais celá n'importe comment
தோட்டத்திலே எரு போடு.	mets du fumier dans le jardin.
ஏறக்குறைய நூறு பேர்.	environ cent personnes.
சுமார் நாலுமணிக்கு.	vers quatre heures.
மரத்திலே ஏறு.	monte sur l'arbre.
இறங்கிவா.	descends.
ஏற்றம்.	une picote.
இனாம் கொடுப்பேன்.	je te donnnerai un pourboire.
சந்தோஷம் இல்லையா?	n'y a-t-il pas de pourboire ?
இதை ஏலத்திலே போடு.	mets ceci à l'encan.
ஒண்டியாயிருக்கிறேன்.	je suis tout seul.
அவன் ஒண்டிக்காரன்.	il est célibataire.
அதுக்கு ஒத்துக்கொள்ளுகிறையா?	consens-tu à cela ?
கையெழுத்துப் போடு.	appose ta signature.
அதைச் சுவாமிக்கு ஒப்புக்கொடு.	offre cela au Seigneur.
ஒருசந்தி நாள்.	jour de jeûne.
ஒருசந்தி பிடிக்கிறது.	jeûner.
ஒருசந்தியாயிருக்கிறது.	être à jeûn — jeûner.
ஒருவேளை வருவான்.	peut-être qu'il viendra.
சில விசை போவான்.	peut-être partira-t-il.
ஒரே மனிதன்.	un seul homme.
ஒரே ஒரு ரூபாய்.	rien qu'une roupie.
எல்லாம் ஒழுங்காய்ப் போடு.	mets tout en ordre.

ஓக்காளம் இருக்குது.	j'ai mal au cœur.
வாந்தி எடுத்தேன்.	j'ai vomi.
வண்டி ஓட்டத்தெரியுமா?	sais-tu conduire la voiture?
பானையிலே ஓட்டை இருக்குது, இனி உதவாது.	ce vase de terre est fêlé; il ne pourra plus servir désormais.
ரொம்பக் கஷ்டப்பட்டேன்.	j'ai eu beaucoup de peine.
கஷாயங் கசப்பாயிருக்குது.	la tisane est amère.
கசாப்புக் கடை.	la boucherie.
கசாப்புக்காரன்.	le boucher.
ஐயோ! கஞ்சி இல்லை!	hélas! je n'ai rien à manger
கடுகு வாங்கு.	achète de la moutarde.
கடினமாய் அடித்தார்கள்.	on l'abattu cruellement.
கட்டாயஞ் செய்யமாட்டேன்.	je ne veux pas employer la violence.
கட்டாயமாப் போகவேணும்.	il faut absolument partir.
இந்தப் பெண்ணைக் கட்டிக் கொடுப்பார்கள்.	ils marieront cette fille.
குதிரை செம்மையாய்க் கட்டு.	attache bien le cheval.
கண் இல்லையா என்ன!	n'y vois-tu donc pas!
கண்டுபிடிக்கிறையா?	comprends-tu?
கண்டுபிடிக்கிறேன்.	je comprends.
ஒன்றுங் காணோம்.	je ne vois rien.
ஒன்றும் இல்லை.	il n'y a rien.
ஒன்றுஞ் சொல்லாதே.	ne dis rien.
ஒன்றுங் கொடுக்கமாட்டேன்.	je ne te donnerai rien.
ஒருத்தரும் இல்லை.	il n'y a personne.
கதவு சாத்திப்போடு.	ferme la porte.
பூட்டிட்டையா.	as-tu fermé avec le cadenas?
பூட்டிட்டேன்.	oui.
கப்பி வாங்கு.	achète une poulie.
கயிறு அறுந்து போச்சு. (vulg. கவுறு.)	la corde est cassée.
கரணம் போட்டான்.	il a fait la cabriole.
கருவாடு சாப்பிடாதே.	ne mange pas de poisson desséché.
கர்ப்பஸ்திரி.	une femme enceinte.
ஸ்திரிபோடுகிறது.	repasser (le linge).

உனக்குக் கவனமே இல்லை.	tu es un étourdi.
இந்த வஸ்திரத்தைக் கழற்றிப்போடு.	quitte ce vêtement.
களிம்பு பிடிக்கும்.	le vert-de-gris s'y mettra.
வீட்டிலே கறையான் ரொம்ப.	dans cette maison il y a beaucoup de cariahs.
இது கனமாயிருக்குது.	ceci est lourd.
மொத்தமாயிருக்குது.	c'est épais.
மெலிசாயிருக்குது.	c'est fin, mince, doux.
மெதுவாயிருக்குது.	c'est doux (au toucher).
நாய் மெலிந்து போச்சு.	le chien a maigri.
கனு கண்டேன்.	j'ai eu un rêve.
கனுவிலே பார்த்தேன்.	j'ai vu en songe.
அதைக் காண்பி, பார்ப்போம்.	voyons, montre ça.
இங்கே காத்திரு.	attends ici.
சுவாமி உன்னைக் காப்பாற்றுவார்.	le Seigneur veillera sur toi.
இது காரமாயிருக்குது.	ceci est fort, piquant.
காரமில்லை.	il n'y a pas de piquant.
காய் கனி கிழங்குகளைச் சாப்பிடுவார்.	il ne mangera que de fruits et des légumes.
காய்ச்சல் எப்போ கண்டது?	quand la fièvre a-t-elle commencé?
காயலாயிருக்கிறான்.	il a la fièvre, il est malade.
காய்ச்சல் விட்டுப்போச்சு.	la fièvre a cessé.
அதே காரியம்.	voilà bien l'affaire.
காவலாயிரு போகாதே.	fais sentinelle, ne t'éloigne pas.
பெருங்காற்று அடிக்குது.	il fait grand vent.
கின்னாரம் வாசிக்கத் தெரியுமா?	savez-vous jouer de l'orgue?
இது என்ன கிரயம்? ou என்னவிலை?	quel est le prix de ceci?
ரொம்பக் கிரயஞ் சொல்லுகிறாய்.	tu demandes bien cher.
குங்கிலியம் உருக்கி அதிலே வாரு.	fais fondre de la résine et verse-la là dedans.
பல்லு குச்சி தா.	donne un cure-dent.
கத்தியாலே குத்தினான்.	il l'a frappé d'un coup de couteau.

எங்கே பார்த்தாலும் குப்பை இருக்குது.	il n'y a partout que saleté.
கும்பலாக வந்தார்கள்.	ils vinrent en troupe.
சுவாமியைக் கும்பிடு.	salue le père.
குரங்குக்குந் தன் குட்டி பொன் குட்டி.	le singe même trouve son petit charmant.
குலுக்கென்று நகைத்தார்கள்.	ils rirent de tout leur cœur.
இது குழம்பாயிருக்குது.	ceci est épais.
தாமசஞ் செய்யாதே.	ne fais pas de retard.
தாமசம் பண்ணிவந்தாய்.	tu es venu en retard.
குளிராயிருக்குது.	il fait froid.
மலையிலே குளிர் ரொம்ப.	il ſait très froid sur la montagne.
தண்ணீர் குளித்தியாயிருக்குது.	l'eau est froide (ou fraîche).
அதைக்குறித்து ஒன்றுஞ் சொல்லாதே.	ne dis rien de cette affaire.
கத்திக்குக் கூர்மை இல்லை.	le couteau n'est pas pointu.
இந்தக்கத்தி சாணை பிடிக்கவேணும்.	il faut repasser, aiguiser, ce couteau (ou ce rasoir).
கூழாமட்டி! (vulgaire.)	poltron! bon à rien!
காரியஞ் சித்திக்கும்.	l'affaire réussira.
சித்தியாகும்.	id id
கை கூடும்.	id id
கைப்பிடி இல்லையே!	il n'y a pas de manche (à un instrument, couteau, bêche, etc..)
கொஞ்சத்துக்குள்ளே வருவேன்.	je viendrai bientôt, sous peu.
உங்களுக்குள்ளே கொள்வினை கொடுப்பினை உண்டா?	vous mariez-vous entre vous ?
அவரைக் கொண்டாடினார்கள்.	ils le louèrent, l'exaltèrent.
தண்ணீர் கொதிக்குது.	l'eau bout.
கொன்னிக்கொன்னிப் பேசுகிறான்.	il parle en bredouillant.
திக்கித் திக்கிப் பேசுகிறாய்.	tu manges les mots.
மூங்கில் கோணலாய் இருக்குது.	le bambou est tordu.
இது. — —	ceci est de travers.

பாவ சங்கீர்த்தனம் செய்கிறது.	se confesser.
— பண்ணுகிறது.	id.
— கொடுக்கிறது.	entendre les confessions.
உங்களுக்குள்ளே எப்போதுஞ் சண்டை சச்சரவு இருப்பானேன்?	pourquoi êtes-vous sans cesse à vous quereller?
அப்பேர்ப்பட்ட நடக்கை கிறீஸ்துவர்களுக்கு ஒண்ணாது ou தகாது.	une telle conduite est indigne de chrétiens.
அக்கியான சடங்கு பண்ணாதே.	ne fais pas des cérémonies païennes
சட்டி பானை எல்லாம் உடைத்துப் போட்டாள்.	elle a brisé tous les vases.
இதைச் செய்ய எனக்குச் சத்தி இல்லை.	je n'ai pas la force de faire ceci.
அதைச் செய்ய அவனுக்குத் திராணி இல்லை.	il n'est pas capable de faire cela
அப்பேர்ப்பட்ட சந்தடி பண்ணாதேயுங்கள்.	ne faites pas tant de tapage.
கூச்சல் ரொம்ப, வேலை கொஞ்சம்.	beaucoup de bruit, peu d'ouvrage.
அதைக் குறித்துச் சமுசியமாயிருக்கிறேன்.	j'ai des doutes à ce sujet.
அதுக்குச சந்தேகமில்லை.	il n'y a pas de doute à celà.
நாளைக்குச் சப்பரம் வருமா?	demain portera-t-on les brancards (de procession)?
வரும்.	oui.
திருவிழா நடக்குமா?	la fête aura-t-elle lieu?
நடக்கும்.	oui.
நடக்காதாம்.	on dit qu'elle n'aura pas lieu.
கொடி ஏற்றம் எப்போ?	quand hissera-t-on le drapeau?
நல்ல சமயம் இது.	voici une bonne occasion.
சமாதானமாயிருங்கள்.	soyez en paix.
இராசியாய்ப் போகவேணும்.	il faut vous réconcilier.
என் சமுசாரம் வரவில்லை.	ma femme n'est pas venue.
உனக்குச் சம்பந்தமில்லை.	cela ne te regarde pas.

எனக்கென்ன?	que m'importe?
உனக்கென்ன?	que t'importe?
பறவாயில்லை.	peu importe.
உமக்குச் சம்மதியானால்.	si vous permettez.
சரி!	c'est bien!
அது சரியல்ல.	cela n'est pas bien.
சரிதானா?	est-ce bien ainsi?
சரிதான்.	c'est bien.
மெத்த நல்லது.	c'est très bien.
பேஷ் (bèche).	parfait!
இது பேஷாயிருக்குது.	ceci est parfait.
அதைச் சரியாய்ப் போடு.	place cela comme il faut.
குதிரைக்கு ஜீனி போடு.	mets la selle au cheval.
இந்தத் துணி வெளுக்க வேணும்.	il faut blanchir cette toile (laver).
இதைச் சலவைப்பண்ணு.	lave ceci (blanchisseur).
வண்ணானுக்குப் போடு.	donne au blanchisseur.
சலதோஷம்.	un rhume.
சவரம் பண்ண மாட்டேன்.	je ne me raserai pas.
என்ன சலாக்கியம்!	quelle ostentation!
சற்றே பொறு.	attends un peu.
சாக்கிரதையாய் நட.	sois diligent, actif.
சாக்குப் போக்குச் சொல்லாதே.	ne me conte pas des sornettes, ne t'excuse pas.
சாட்சி உண்டா?	y a-t-il des témoins?
அத்தாட்சி இல்லை.	il n'y a pas de preuve.
நான் அறிவேன்.	je suis témoin de cela.
சாஷ்டாங்கமாக விழுந்தான்.	il se prosterna.
சாதாரணமாய்.	en général.
வழக்கமாய்.	ordinairement, d'ordinaire.
உனக்குச் சாமார்த்தியம் மெத்த.	tu es fort adroit.
சாயந்தரம்.	le soir.
இன்று சாயந்தரம்.	ce soir.
அன்று சாயந்தரம் ou சாயரட்சை.	ce soir-là.
சாயம் போடுகிறது.	teindre.
கயிறு சிக்கிப்போச்சு.	la corde est embrouillée.
எது மாளாது.	oh! cela n'en finira pas. — Pas moyen de faire cela. Allons donc!

பொரிசு.	protection — certificat.
சில்லறை இல்லை.	je n'ai pas de menu monnaie.
சிக்காயிருக்கிறார். (sik. ang.)	il est malade.
சீட்டு எழுதுவேன்.	j'écrirai un billet.
சுருக்காய்-சீக்கிரம்-ஜல்தி.	vite, promptement.
அவனுக்குச் சுவாசம் இல்லை.	il ne peut plus respirer.
சுவை பார்க்கிறது.	goûter un met.
சுறுசுறுப்போடே சுவாமிக்கு ஊழியம் பண்ணு.	sers le seigneur avec zèle—diligence.
பலகை குறைக்க வேணும்.	il faut raccourcir la planche.
தண்ணீர் குறைந்துபோச்சு.	l'eau a baissé — diminué.
என்ன செய்தி?	quelle nouvelle ?
விசேஷம் இல்லை.	rien de particulier — rien.
சேதம் இல்லை, போ.	allons, il n'y a pas de mal. — il n'y a pas danger de mort.
சொச்சங் கொண்டுவா.	apporte le reste (de l'argent)
ஜன்னல் திற.	ouvre la fenêtre.
ஞாபகம் இல்லை.	je ne me souviens pas.
இது தங்கமும் அல்ல, வெள்ளியும் அல்ல, பித்தளைதான்.	ceci n'est ni de l'or ni de l'argent, c'est du cuivre.
ஈயம் ஆச்சே!	c'est du plomb!
தடை பண்ணாதே.	ne mets pas d'obstacle.
தபால்காரன்.	le facteur.
தர்க்கம் பண்ணலாகாது.	il ne faut pas discuter.
தலைக்காணி காணோமே.	je ne trouve pas l'oreiller.
வண்டி மெத்தை.	coussin de la voiture.
மெத்தையிலே இருக்கும்.	il doit être à l'étage.
தலைக்கீழாக விழுந்தான்.	il tomba la tête la première
குப்புற விழுந்தான்	il tomba la face contre terre
மல்லாக்காய்ப் படுத்துக்கொள்.	couche-toi sur le dos.
அதுக்குத் திஷ்டாந்தம் ஆவது.	en voici une preuve.
அதை ஓர் உவமையினாலே கண்டு பிடிக்கலாம்.	un exemple, comparaison (ou parabole) fera comprendre cela.
அது எங்கும் காணவில்லை.	on ne trouve cela nulle part
தீரா வழக்குக்குத் தெய்வமே	dans un procès inextricable,

சாட்சி.	la divinité est le seul témoin.
தீர்வைச் சாவடி.	la douane.
தீர்க்கதரிசி சொன்னதுப்படி.	comme dit le prophète.
நாய்க்குத் தீனிபோடு.	donne à manger au chien.
துஷ்ட மிருகங்களைப் போலே.	comme les bêtes sauvages.
அவனுக்குத் துணிகரம் ரொம்ப.	il a une fameuse audace.
துபாக்கி வார் பண்ணியாச்சா?	le fusil est-il chargé?
தொளை-துவாரஞ் செய்.	fais un trou — une ouverture.
அதைத் தரையிலேபோடு.	mets cela à terre.
எனக்குத் தூக்கம் இல்லை.	je n'ai pas sommeil.
தூபகலசம்.	l'encensoir.
மூக்குத்தூள்-பொடி.	du tabac à priser.
தேகமெல்லாஞ் சூடாயிருக்குது.	tout le corps est brûlant.
வரத்தேவையில்லை.	il n'est pas nécessaire de venir.
கடைக்குப் போகத் தேவையில்லையா!	ne faut il donc pas aller au marché?
அவசரம் இல்லை.	ce n'est pas nécessaire.
தையற்காரன் வந்திருக்கிறான்.	le tailleur est arrivé.
என்ன தைரியம்!	quel courage!
பழுது பார்க்க வேணும்.	il faut raccommoder, rapiécer (du linge, des bas, une maison, etc...)
(இ) லகுவாயிருக்கிறான்.	il est un peu mieux (un malade).
நாயைத் தொடாதே.	ne touche pas le chien.
அதைத்தொட்டு வந்தேன்.	c'est pour cela que je suis venu.
நகம் வாங்கவேணும்.	il faut faire les ongles.
தேள் நசுக்கிப் போட்டேன்.	j'ai écrasé un scorpion.
உனக்கே நஷ்டம்.	c'est toi qui y perds.
எனக்கு லாபம்.	moi j'y gagne.
நலமாயிருக்கும்.	ce sera un bien.
வஸ்திரம் நனைந்து போச்சு.	l'habit est mouillé.

நாளது மாசம் — வருஷம்.	le mois courant — l'année courante.
மரத்திலே நான்றுகொண்டான்.	il se pendit à un arbre.
நிசமா?	est ce vrai? vraiment!
நிசந்தான்.	oui, c'est vrai,
இது நிச்சயம்.	ceci est très vrai — certain.
நித்தஞ் செபம் பண்ணுகிறேன்.	je prie chaque jour.
நித்திய சீவியம் அடைவாய்.	tu obtiendras la vie éternelle.
நீ செய்தது நியாயமல்ல	ce que tu as fait n'est pas juste — raisonnable.
நில்லு.	arrête-toi.
வண்டி நிறுத்து.	arrête la charrette.
குடம் நிறைந்து போச்சு.	le vase est rempli
பாவம் நீங்கிப் போம்.	le péché disparaîtra.
கை நீட்டு.	tends la main.
நாக்கு நீட்டு.	sors la langue.
இது நெருக்கமாயிருக்குது.	ceci est étroit — serré.
நேற்றியாயிருக்குது.	c'est joli.
பசுந்தாயிருக்குது.	c'est beau — magnifique.
பஞ்சகாலம்.	temps de famine.
கருப்பு காலம்.	id id
பட்டா காண்பிப்பேன்.	je montrerai mon titre (à un terrain).
பட்டினியாயிருக்கிறேன்.	je suis à jeûn.
எல்லாம் பதறாமல் செய்ய வேணும்.	il faut faire toutes choses sans se presser.
பரிச்சேதம் வரமாட்டார்.	il ne viendra certainement pas.
அவனைப் பரிகாசம் பண்ணினார்கள்.	ils se moquèrent de lui.
பரீட்சை ou சோதனை செய்வார்கள்.	ils feront passer l'examen.
இந்த பருப்பு வேவாது.	tu ne me feras pas croire cela.

Litt. ces pois ne cuiront pas (express. plaisante)

எல்லாத்தையும் பறி கொடுத்தார்கள்.	ils furent volés, dépouillés de tout.

பனை மரம்	un palmier.
பனை நுங்கு.	la pulpe des noyaux du palmier.
மட்டை.	branches du cocotier ou du palmier.
நார்.	les fibres id id
ஓலை.	les feuilles id id
தென்ன மரம்.	cocotier.
தென்னந் தோப்பு.	bosquet planté de cocotiers.
தென்னம் பிள்ளை.	jeune cocotier.
தென்னங் கீற்று.	branche tressée du cocotier.
தென்ன மட்டை.	branche du cocotier avec ses feuilles développées.
தென்னங் கள்ளு.	jus du coco.
தென்னோலை.	feuille du cocotier.
மிகவும் பாடுபெட்டேன்.	j'ai beaucoup souffert.
உனக்குப் பாதி அவனுக்குப் பாதி.	la moitié pour toi, l'autre moitié pour lui.
சிலுவைப்பாதை செய்.	fais le chemin de la croix.
இது பாரமாயிருக்கும்.	ce sera lourd.
பிற்பாடு வரலாம்.	vous pourrez venir ensuite.
முழுப் பூசணிக்காய் சோற்றோடே மறைக்கிறுப் போலே.	comme si on cachait une courge entière dans le riz (i. e. une ruse cousue avec du fil blanc.)
பூர்வ காலத்திலே.	dans l'ancien temps.
பெண்டாட்டி. vulg. pour பெண்சாதி.	l'épouse, la femme.
காவலாளி ou புருஷன்.	l'époux, le mari.
பேதிக்குச் சாப்பட்டான்.	il a pris une purgation.
சற்றே பொறுத்துவா.	viens dans un instant.
கால்மணி நேரம் பொறுத்து	dans un quart d'heure.
மங்கள வார்த்தை திருநாள்.	l'Annonciation.
நாட்டு மட்டம்.	petit cheval du pays.
மவுனமாயிரு.	garde le silence.
மவுன காலம்	le temps du silence.
மற்றும் நாள்.	avant-hier.
மனது பொருந்திச் செய்தேன்.	je l'ai fait volontairement, exprès.
வேணுமென்று...	id...
மனசறிய...	id...

மனம் அறிந்து...	je l'ai fait volontairem. exprès.
பச்சை சிரிக்கிறான்.	il rit *jaune* (litt. il rit *vert*).
இனாம் — சந்தோஷம்.	présent — pourboire.
கயிறு மாட்டிப்போச்சு.	la corde est emmêlée, accrochée, embrouillée.
மின்மினிப் பூச்சி.	un ver luisant, mouche luisante.
முடவன் கொம்புத்தேனுக்கு ஆசைப்பட்டால் கிட்டுமா?	suffit-il du désir d'un cul-de-jette pour que la branche chargée de miel se rapproche ?
தலை முழுகப் போகிறேன்.	je vais me baigner.
முறை இட்டார்கள்.	ils se plaignirent.
மாட்டுக்கு மூக்கணாங் கயிறு இல்லை.	le bœuf n'a pas de corde pour le nez.
மூட்டுப்பூச்சி நசுக்கிப் போடு	écrase la punaise.
வெறுஞ் சோறு.	du riz seul (sans assaisonnement).
வெறுந் தண்ணீர்.	de l'eau seulement.
வெறும் ரொட்டி.	du pin sec.
அவன் மேல் எனக்கு இஷ்டம் இல்லை.	je suis fâché avec lui.
அதைச் செய்ய எனக்கு இஷ்டம் இல்லை.	je n'ai pas envie de faire cela.
வாயிலும் வயிற்றிலும் அடித்துக் கொண்டு இரு கண்ணிலுஞ் சலந் தாரை தாரையாக ஒழுகும்படி கோவென்றலறி அழுதாள்.	se frappant la bouche et le ventre, versant des torrents de larmes, elle sanglota en poussant des cris.
செவ்வே வீட்டுக்கு வந்தேன்	je suis venu droit à la maison.
மாதம் ஒரு நாள்.	un jour chaque mois.
காயா பழமா?	as-tu de bonnes ou de mauvaises nouvelles? (expression familière).
உன்னைக் கூப்பிடக் கை தட்டுவேன்.	je battrai des mains pour t'appeler.
இது விற்கிறதா?	ceci est-il à vendre ?
அசுத்தங்களைப் பொறுக்கித் தின்கிற கோழியைப் போலே.	comme la poule qui ramasse et mange des saletés.

நாளைக்குத்தான் பவுரணமி அல்லவா? (ou பௌரணை)	c'est bien demain la pleine l'une, n'est ce pas?
இதைக் காப்பாற்றி வை.	conserve cela soigneusement.
நான் உன் கையிலே பணம் வாங்கினதே இல்லை.	je n'ai certainement pas reçu d'argent de toi.
பேதி கண்டு இறந்துபோய்விட்டான்.	il fut pris du choléra et mourut.
தாழங் குடை.	un parapluie de feuilles de pandanus.
தோலை விட்டுச் சுளையை விழுங்க வருகிறான்.	il vient avaler la pulpe quand la peau et enlevée (i. e. il jouit du profit sans partager la peine).
சாதம் கறி குழம்பு முதலானவைகளெல்லாஞ் சுடச் சுடவை.	sers le riz, la viande, la sauce et tout le reste bien chaud.
பதறாத காரியஞ் சிதறாது முடியும்.	une chose faite sans précipitation ne peut manquer de réussir.
முன்பின் யோசனைசெய்யாமல் நான் சொன்னதுபடியே செய்.	fais comme je t'ai dit, sans tant de considération.
தலைநோவுங் காய்ச்சலுந் தனக்கு வந்தால் தெரியும்.	quand on a mal de tête ou la fièvre, on le sait bien (i. e. l'expérience est le meilleur des maîtres.
கைப் புண்ணுக்குக் கண்ணாடி வேண்டியதென்ன?	â quoi bon des lunettes pour voir une plaie a la main? (i. e. ceci est parfaitement évident).
பொல்லாங்கு உனக்குச் சித்திக்கும்.	il t'arrivera malheur.
இப்படி அவனுக்கு உண்டாய் எத்தனை நாள் ஆச்சு.	depuis quand est-il dans cet état?
இதனால் உனக்குச் சம்பந்தம் என்ன?	qu'as-tu à voir là dedans?
என்மேல் பழிப்போட்டான்.	il rejeta la faute sur moi.
அவன் வந்த மறுநாள்.	le lendemain de son arrivée
கெட்டோமே என்று மனஸ்தாபப் பட்டுத் தலைமேல்	tout contrit, il mit les mains sur sa tête et s'en

கையை வைத்து அழுது கொண்டுபோய்விட்டான்	alla en pleurant et en criant : je suis perdu.
மூடத்தனஞ் செய்தாய்.	tu as fait une sottise.
மிஞ்சிக் கேழ்க்கிருனே.	il demande trop !
அதட்டி மிரட்டி யுருட்டிக் கேட்டான்.	menaçant, réprimant, se fâchant, il demanda.
வருவானென்றிருக்கிறேன்.	je crois qu'il viendra.
அது மெய்யென்றிருந்தேன்	je pensais que cela était vrai.
காரியமிருக்கிற வகையறிவேன்.	je sais ce qu'il en est.
கடல் பொங்குது.	la mer est agitée.
கிண்டிகிண்டிக் கேட்கிறது.	tirer les vers du nez.
கிண்டிப்பார்க்கிறது.	chercher à savoir.
இது கழிவாய்ப் போச்சு.	ceci est gâté — au rebut.
நெறுநெறெனப் பல்லைக் கடித்துக் கோவென்றலறிப் பாடு படுவார்கள்.	ils souffriront, grinçant des dents et poussant des cris.
பட்டணத்துக்குப் போகும்படி நேரிட்டது.	il m'arriva d'aller à la ville — j'eus à aller...
அதைச் செய்யக் கருதி.	m'étant mis en tête de faire cela.
செலவுரட்டியாயிருக்கும்.	la dépense sera double.
வழி அடைந்து போச்சு.	la voie est obstruée.
வழியை அடைத்துப் போடாதே.	n'obstrue pas le chemin.
அதுக்கு அடைமானமில்லை	il n'y a pas de remède à cela.
வண்டி தடுமாறி போகுது.	la voiture vacille.
அவனைத் தண்ணீரில் அமிழ்த்த விட்டுவிட்டான்.	il le plongea dans l'eau pour le noyer.
அரைவாசி கொடு	donne-sen la moitié.
அசுத்தமெல்லாம் வாரி எறிந்து போடு.	ramasse et jette au loin toutes ces saletés.
அவனுக்கு நான் அடக்கமாவென்ன ?	suis-je donc son subordonné, voyons ?
வீடு அடியோடே விழுந்தது	la maison s'est écroulée de fond en comble.
கட்டை அடிக்கிறது.	charrier des bûches.
கோழி அடை கத்துது.	cette poule crie la couveuse.
முட்டை அடை வைக்கிறது.	mettre des œufs à couver.

அடைக் கோழி	poule couveuse.
வீச ரூபாய்.	un anna.
அவனவன்செய்த பாவத்துக்கு அவனவனே கணக்குச் சொல்லுவான்.	chacun rendra personnellement compte de ses péchés.
காலத்துக்குத்தக்கதாய் நடக்கவேணும்.	il faut agir selon les circonstances.
பால் பிரிந்து போச்சு.	le lait est tourné.
அதைச் சுவரிலே சாய்த்துப் போடு.	mets cela penché contre le mur.
மடியிலே கனமிருந்தால்தான் பயம்.	c'est quand on porte un trésor sur soi que l'on a peur.
பூச்சாண்டி வந்திருக்கிறான், போகக் கூடாது.	croque-mitaine est là, il ne faut pas sortir (aux petits enfants).
இவ்வளவு அவ்வளவு அல்ல.	cela n'en finissait plus.
எறும்பு ஊரக் கல் தேயும்.	à force de marcher, la fourmi use la pierre.
இறைத்தகிணறு ஊறும் இறையாதகிணறு ஊறாது.	plus on puise de l'eau dans un puits, plus il en vient. (i. e. la générosité enrichit).
பின்கட்டு கட்டிக் கொண்டு திரிகிறான்.	il se promène les mains derrière le dos (il est sans gêne.)
முசலை எழுப்பி நாய் பேலப் போச்சு.	le chien, après avoir fait lever le lièvre s'est mis à crotter (i. e. il est inconstant).
ஆழமாய் வெட்டு.	creuse profondément.
இடங்கண்டு விடாதே.	ne manque pas l'occasion.
சோடு தளதளவென்றிருக்குது ou: குடகுடவென்றிருக்கிறது.	les souliers sont trop larges.

நெருக்கமாயிருக்குது.	ils sont étroits.
சும்மா பட்டாங்கு அடிக்கிருய்.	tu me contes des sornettes.
ஒவ்வொரு காசு கொடு.	donne à chacun une cache.
இரண்டு ரண்டு காசு.	deux caches par tête.
மும்மூணு காசு.	trois caches par tête.
நவ்வாலு காசு.	quatre caches id.
அஞ்சஞ்சு காசு.	cinq caches id.
அவ்வாறு காசு.	six caches id.
ஏழேழு காசு.	sept caches id.

எட்டெட்டுக் காசு.	huit caches	id.
ஒன்பதொன்பது காசு.	neuf caches	—
பத்துப்பத்து காசு.	dix caches	—
எக்கச்சக்கமாய்த் திட்டினேன்.	j'ai insulté grossièrement.	
மெதுவாய்ப் பேசு.	parle doucement, lentement.	
உரக்கப் பேசு.	parle haut, fort.	
நான் சொன்னது மெய்யா பொய்யா, சொல் பார்ப்போம்.	Voyons, ce que j'ai dit est-il vrai, oui ou non ?	
மேட்டி.	Serviteur, valet de chambre.	
தண்ணீர் மொள்ள வேணும்.	Il faut puiser de l'eau.	
மோசஞ் செய்யாதே.	ne trompe pas.	
மோசம் போனேன்.	j'ai été trompé.	
இது காரியத்திலே மோசம் போக வேண்டாம்.	dans cette affaire il ne faut pas se faire illusion.	
மோசக்காரன்.	un trompeur.	
முதல் — ரண்டாம் வகுப்பு.	la 1re — la 2e division.	
ஏணி சாய்ந்திருக்குது.	l'échelle est penchée.	
ஏணி சாய்க்காதே.	ne penche pas l'échelle.	
சண்டை போட்டார்கள்.	ils se battirent, se disputèrent.	
மைதானத்திலே காத்திரு.	attends dans la plaine.	
மையத்திலே வை.	mets cela au milieu.	
கற்றறிமோழை இவன்.	c'est un pédant.	
லோபத்தனம்.	avarice.	
வக்கில் இல்லை.	il n'y a pas d'avocat.	
எங்கே குடியிருக்கிறாய் ?	où demeures-tu ?	
வசூல் பண்ணப்போ.	va faire la quête, recueillir l'argent.	
புத்தி இல்லாத வஸ்து.	un être sans raison.	
மூன்று காசு வட்டங் கொடுத்தார்கள்.	on a donné trois caches pour le change.	
பத்து ரூபாய் வட்டி.	dix roupies d'intérêt.	
நாலு வயது பிள்ளை.	nn enfant de quatre ans.	
எத்தனை பிராயம் ?	quel âge ?	
ஆறு பிராயம்.	six ans.	
வரவர.	petit à petit — peu-à-peu.	

வரி கொடுத்தேன்.	j'ai payé le tribut — ma quote-part.
வர்த்தமானமெல்லாஞ் சொல்லு.	raconte toute l'affaire.
வலங்கை முகத்தார்.	les parias.
வலங்கமத்தான்.	un paria.
பறைச்சி ou பறைப்பெண்.	une pariate.
வாதி பிரதிவாதி.	le plaignant et l'accusé.
ஜாமீன் கொடுக்கிறது.	donner une caution.
ஜாமீனாயிருக்கிறேன்.	je suis caution--garant.
அதைக்குறித்து விசனப்படுகிறேன்.	cela m'inquète—m'afflige
விசிறி வாங்கு.	achète un éventail.
விசுறு.	évente—fais du vent avec l'éventail.
விசேஷம் இல்லை.	rien de nouveau.
விடியற்காலம்.	l'aube, le point du jour.
அதெல்லாம் விவரமாய்ச் சொல்லு.	raconte tout cela en détail, au long.
உன்னை விலங்கிலே போடுவார்கள்.	on te mettra aux fers—en prison.
கால் வீங்கி இருக்குது.	le pied est enflé.
வீக்கம் இல்லை.	il n'y a pas d'enflure.
வீண் வார்த்தை சொல்லாதே.	ne dis pas des paroles inutiles.
என் பிரயாசமெல்லாம் வீணாய்ப்போச்சு.	tous mes efforts ont été inutiles.
வெந்நீர் ஊற்று.	verse de l'eau chaude.
பச்சைத் தண்ணீர்.	de l'eau froide—fraîche.
சுருக்கத்திலே வெளிப்படுத்துவோம்.	je vais vous expliquer brièvement.
வெற்றிலைப் பாக்கு.	le bétel et la noix d'arec.
சுத்த பைத்தியம்.	une vraie folie.
அவன் சுத்த போக்கிரி.	un vrai chenapan.
அதே நல்ல வேடிக்கை.	voilà un fameux spectacle!
வேர்க்குரு.	des *bourbouilles*.
வேர்வை.	transpiration—sueur.
வேலம்பிசின்.	gomme arabique.
வேலிகட்ட வேணும்.	il faut mettre une haie.
வேவுகாரன்.	un espion.
கார்காலம்.	temps du labourage; 1re

	saison ou பருவம், ஆவணி (mi-août) à புரட்டாசி (septembre).
கூதிர்காலம்.	temps du froid; 2e saison, ஐப்பசி (mi-octobre) à கார்த்திகை (mi-novembre.)
முன்பனிக்காலம்.	saison des premières rosées; 3e saison, மார்கழி (mi-décembre) et தை (mi-janvier).
பின்பனிக்காலம்.	saison des dernières rosées; 4e saison மாசி (mi-février et பங்குனி (mi-mars).
இளவேனிற்காலம்.	saison des chaleurs tempérées; 5e saison) சித்திரை (mi-avril) et வைகாசி (mi-mai).
முதிர்வேனிற்காலம்.	saison des fortes chaleurs, 6e saison; ஆனி (mi-juin) et ஆடி (mi-juillet).
நாய் சூரியனைப்பார்த்துக் குலைத்தால் சூரியனுக்கு நஷ்டமா நாய்க்கு நஷ்டமா?	si un chien aboie au soleil, est-ce le soleil ou le chien qui y perd?
கரும்பு தின்னக் கூலி கேட்கலாமா?	peut-on demander un salaire pour manger des cannes à sucre?
ஒன்றும் அறியேனென்று ஏமாத்தி விட்டேன்.	je l'ai mis dedans en disant que je ne savais rien.
அடிமேல் அடித்தால் அம்மியும் நகரும்.	à force de frapper, la pierre à broyer même se brise.
சூடுண்ட பூனை அடுப்பங்கரை சேராது.	le chat échaudé ne va plus auprès du foyer.
கக்கடக்கச் சிரிக்கிறது.	rire aux éclats.
குலுக்கென்று சிரிக்கிறது.	id. id.
எங்கேயாகிலுங் கறுப்பு நாய் வெள்ளை நாய் ஆகுமா?	un chien noir devient-il jamais blanc!
தாள்ப்பாள் இடு	mets le verrou.
அற்பனுக்குப் பக்ஷியம் வந்	un pauvre diable enrichi

தால் அர்த்தராத்திரியிலே குடை பிடிப்பான்.	prendra un parasol en pleine nuit.
நடுநடுங்கிக் குய்யோ முறையோ வென்று பெருங் கூச்சல் இட்டழுதான்.	tout tremblant, il se mit à hurler, tout en pleurant : oh ! la la !
தலைநோவுங் காய்ச்சலுந் தனக்கு வந்தால் தெரியும்.	l'expérience est le meilleur des maîtres.
பிறத்தியார்க்கு வெட்டின குழி தனக்கே.	on tombe dans la fosse qu'on a creusée pour les autres.
அது வயிற்றுக்குள் போகாமல் பல் இடுக்கிலேதானே புகுந்துகொள்ளும்.	c'est un grain de mil dans la gorge d'un loup.
உனக்கு முட்டாள்பட்டங் கட்டினார்கள் அல்லவா ?	on t'a donné un brevet de stupidité, hein?
உனக்குச் சீவனம் என்ன ?	comment vis-tu ?
பாலோடு கலந்த நீர் பால் ஆகும்.	dis-moi qui tu hantes, je te dirai qui tu es.
என்ன காணும் ?	qu'est-ce que c'est ?
அப்படியல்லங் காணும்.	il n'en est pas ainsi, ce semble.
உரலில் அகப்பட்டவை உலக்கைக்குத் தப்புமா ?	ce qui est dans le mortier peut-il échapper au pilon ?
சாதிக்குப் பெரிய இழிவு உண்டாகுமே!	ce 'sera un grand déshonneur pour la caste.
இக்கரைக்கு அக்கரை பச்சை, அக்கரைக்கு இக்கரை பச்சை.	de ce côté-ci (du fleuve) l'autre côté semble vert; de l'autre côté, ce côté-ci semble vert. (i. e. on désire ce qu'on n'a pas.)
காலத்துக்குத் தக்கதாய் நடக்கவேணும்.	il faut agir selon les circonstances.
எறும்பு ஊரக் கல் தேயும்.	i. e. patience passe science.
இறைத்த கிணறு ஊறும், இறையாத கிணறு ஊறாது.	i. e. plus on donne, plus on reçoit.
ஆல்போல் தழைத்து, அறுகு போல் வேர் ஓடி, மூங்கில் போல் சுற்றம் முசியாமல் வாழ்ந்திருப்பீர்!	puissiez-vous vous étendre comme le banian, prendre racine comme le chiendent, et avoir une nombreuse famille

	comme le bambou ! (souhait de noces).
சாலி நெல்லுங் கன்னுமியுள்ளது.	le meilleur riz a aussi son enveloppe de paille (personne n'est sans défaut).
இந்த ஆட்டிலே ஈரல் இல்லை	ce mouton n'a pas de foie (i. e. je n'ai pas le sou).
காசென்றால் பிணமும் வாய் திறக்கும்.	le seul mot argent fait ouvrir la bouche aux cadavres même.
குத்திலே அடித்தார்கள், வாயிலே பல்லு போச்சாம்.	on l'a frappé sur le derrière et ses dents sont tombées (i. e. c'est une exagération, une craque).
ஆந்தைத் சிறிது கீச்சு பெரிது.	le hibou est petit, mais son cri est perçant (i. e. faire de l'embarras, l'important.)
க்ரணந் தப்பினால் மரணம்.	si vous manquez le saut, vous êtes perdu. i. e. jouer le tout pour le tout).
ஆடுகிற மாட்டை ஆடிக் கறக்கவேணும் பாடுகிற மாட்டைப் பாடிக் கறக்கவேணும்.	il faut traire en dansant la vache qui danse, et en chantant, celle qui chante (i. e. il faut se plier aux circonstances).
வாய் பூசுகிறது	graisser la *patte* (la bouche.)
வரவரமாமி கழுதையானது போல்.	de même que la belle-mère devient avec le temps semblable à une ânesse. i. e. on se gâte peu à peu)

En terminant cette méthode de tamoul *vulgaire*, nous croyons devoir faire connaître quelques changements que l'usage a introduits dans la prononciation de certains mots. Quelques-un de ces changements ont déjà été indiqués dans le cours de l'ouvrage.

REM. I.—Avec les verbes en *உகிறது*, on fait, dans le langage ordinaire, élision de உகி à toutes les personnes de l'indicatif présent.

Ex.: சொல்லுகிறது. — indic. prés. சொல்லுகிறேன், etc.

En élidant உகி, la prononciation vulgaire devient: சொல் ... றேன் — சொல் ... ருய் — சொல் ... ருன் — சொல் ... ரும் — சொல் ... றீர்கள் — சொல் ... ருர்கள்.

படுத்துகிறது. — indic. prés. படுத்துகிறேன், etc.

On élide உகி et la prononciation devient: படுத் ... றேன் — படுத் ... ருய், etc.

Cette élision n'a pas lieu pour les verbes dans lesquels கிறது ou க்கிறது sont précédés immédiatement de இ — ஈ — எ — ஏ — ய் ou ஐ. Ainsi, il n'y a pas d'élision dans தணிகிறது — பிடிக்கிறது — வேகிறது — மேய்கிறது — மேய்க்கிறது — வைகிறது — வைக்கிறது, etc.

Cette élision de உகி ne doit pas se faire quand on parle ou que l'on lit en public, comme en chaire: mais dans l'usage ordinaire elle n'a rien de choquant. Un Indien ne dira jamais, par exemple: ஏன் இப்படி பேசுகிருய்? mais on entendra invariablement: ஏன் இப்படி பேச் ... றை? de même, au lieu de வருகிறேன், il dira: வர் ... றேன்;

கொள்...	றேன்	pour	கொள்ளுகிறேன்;
கூப்பிட்...	றேன்	pour	கூப்பிடுகிறேன்;
சாப்பட்...	றேன்	pour	சாப்படுகிறேன்;
கும்பிட்...	றேன்	pour	கும்பிடுகிறேன்;
போட்...	றேன்	pour	போடுகிறேன்;
நாட்...	றேன்	pour	நாட்டுகிறேன்;

Pour le verbe போகிறது, quoique la finale கிறது soit précédée de ஓ, et non de உ, la syncope போகிறது est admise; le présent de l'indicatif devient: போறேன் — போருய் — போருன் — போரேும் — போறீர்கள் — போருர்கள்.

REM II. — Dans le langage vulgaire, les Indiens, quand ils parlent à un inférieur, ajoutent à l'impératif le mot அடா, sorte d'interjection signifiant: eh! oh! dis donc! — Seulement ce mot devient tantôt டா, tantôt ரு. Il faut bien se garder de parler ainsi soi-même, mais il est bon de connaitre cette tournure. En voici quelques exemples.

போடா — போ அடா — fiche le camp!
வாடா — வா அடா — viens donc!
ஏண்டா — ஏன் அடா — pourquoi, coquin?

Dans le dernier exemple, ன் est changé en ண் à cause du ட suivant.

சொல்றா — சொல் அடா — dits donc!
பேச்றா — பேசு அடா — parle donc!
ஏறா — ஏறு அடா — monte donc!
கும்பிட்றா — கும்பிடு அடா — salue donc!
சாப்பிட்றா — சாப்பிடு அடா — mange, allons!
நில்றா — நில் அடா — debout!
ஒற் — றா (ot-rha) — ஒற்று அடா — gare de devant!
ஒட்றா — ஓட்டு அடா — fais courrir (v. g. les bœufs).

REM. III.—Dans un certain nombre de mots, la lettre உ se prononce ஒ. Ex.: குடம், pot, prononcez: ko*D*am.

குளம், étang, — ko*L*am.
குடை, parasol, — ko*D*ei.
குலை, grappe, — kolei.
துரை, un monsieur, — dorè.
குளிர், froid, se prononce coulour.
குழல், tuyau, — coujâ.
விடுகிறது, laisser — vou*D*ougradou.

Il est bon d'observer ces nuances et d'en prendre note. Dites à un palefrenier: குதிரைக்குச் சீணி போடக்கடவாயாக! Il vous comprendra peut-être, mais il haussera les épaules de pitié. S'il hésite, votre catéchiste lui dira: *Djîni pô D ... râ*. Le palefrenier pensera: Voilà du tamoul enfin, parlez-moi de ça! mon maître doit être Chinois!

Sans doute, on doit éviter de se servir d'expressions basses ou triviales, mais il ne faudrait pas non plus, parler toujours comme on le fait en chaire. Par exemple, l'emploi de l'honorifique en parlant de soi-même est parfaitement justifié à l'église et toutes les fois que l'on parle officiellement comme prêtre. On dira: பூசை செய்வோம் — பாவசங்கீர்த்தனங் கொடுப்போம், etc. Mais dans l'usage ordinaire de la vie, nous pensons qu'il vaut mieux éviter ces expressions solennelles. Pourquoi dire சாப்பிடுகிறோம் — படுத்துவோம் — போறோம் — வந்தோம், etc., quand tout le monde dit: சாப்பிடுகிறேன் ou même *சாப்பட்... றேன் — படித்துவேன் — போனேன் — வந்தேன்*, etc ?

REM. IV. — Le *la palatal* demande la plus grande attention, surtout à la fin des mots. Beaucoup d'Européens prennent l'habitude de prononcer *él* au lieu de *eulll*, v. g. ils diront : pour சொல்லுகிறார்கள், *sollougrârguél* ; இருக்கிறார்கள், *iroukrârguél* ; வருகிறார்கள், *varougrârguél*. Ce ள் final ne peut s'apprendre que de la bouche d'un indigène. Pour le prononcer correctement, il faut dire : *eulll* en laissant la langue attachée au palais *aussi longtemps que dure le son*. On prononcera donc : sollougrârgueulll - iroukrârgueull - varougrârgueulll, etc. Nous reprséentons le ள் par trois *l* pour bien marquer ce quelque chose de gras qui caractérise cette lettre. Dans les mots anglais *hill*, *bill*, *still*, etc., les deux *ll* ont à peu près le son du ள் tamoul. Il faut, à tout prix, éviter le hideux *guél* que nous venons de signaler : cette malheureuse prononciation et la négligence à distinguer les syllabes longues des syllabes brèves sont peut être les deux plus grands écueils à éviter dans l'étude du Tamoul.

Nous conseillons aux jeunes Missionnaires, avant de se servir du Corrigé, de faire eux-mêmes les Versions et les Thèmes contenus dans la Méthode. Le Corrigé ne doit être consulté qu'après ce travail personnel. Si l'on se contentait de le lire, on aurait bientôt oublié les règles apprises. A notre avis, il faut absolument *écrire* soi-même tous les Exercices.

Il serait très utile de considérer ensuite le Corrigé comme une suite de la Méthode, les Versions devenant Thèmes, et les Thèmes Versions. Si l'on veut bien suivre ce conseil, nous sommes persuadé que ce travail donnera une grande facilité à s'exprimer en Tamoul.

Pour parvenir à *penser* dans une langue étrangère, il est indispensable de posséder un stock de *phrases faites*, correspondant aux différents sujets que l'on peut avoir à traiter. Si l'on n'a que des mots séparés, l'effort continuel de l'esprit pour les réunir d'après les règles de la syntaxe sera un tourment de tous les instants ; sans compter que, pendant des années, on sera exposé à ne faire que des phrases françaises caparaçonnées de mots tamouls.

METHODE

DE

TAMOUL VULGAIRE

PAR

M. J. BAULEZ

MISS. APOST.

VELLORE

II. ÉDITION

corrigée

1904

—

Imprimerie de la Mission

PONDICHERY

CORRIGE DES EXERCICES.

VERSION. *PAGE*. 30.

Où est l'ornement ? — Quel ornement ? — L'ornement blanc. — Qui est celui-là ? — Où est celui-là ? Toi, viens. — Toi, va-t'en. — Je m'en vais. — Où vas-tu ? — Je vais à la maison. — Dis au futur de venir. — Apporte de l'eau. — Il n'y a pas d'eau ici. — Appelle le catéchiste. — Le catéchiste n'est pas dans l'église. — Il faut apporter le missel. — A qui est ce livre ? — Reste dans l'église. — Où est-il allé ? — Quand es-tu venu ? — Reste auprès de moi (ou chez moi.) Il me faut un cheval. — Que te faut-il. ? — Il ne faut pas aller à l'église (i. e. (cela n'est pas possible.) — Mon frère cadet n'a pas de riz cuit. — Dis à ces enfants de s'en aller. — Il ne faut pas de poisson. — Il faut l'ornement noir. — Apporte des bananes (Sing. pour le plur.) — Mal de dents. — Cheveux (ou les cheveux.) — Il ne faut pas dire de mensonge. — C'est un péché de mentir. — Qui a une voiture (ou charrette ? — Qu'est-ce qui vient ? — Le cheval du père vient. — Va-t'en. — Bénédiction.

THÈME. *P*. 31.

உங்களுக்கு (உ) ரொட்டி உண்டா ? (ou இருக்குதா.) — எனக்கு ரொட்டி வேணும். — உப்பு கொண்டுவா. — மிளகு கொண்டுவா. — சோறு கொண்டுவா. — தண்ணீர் கொண்டுவா. — எனக்குத் தண்ணீர் இல்லை. — சர்க்கரை எங்கே ? — கரண்டி. — முள்ளு. — இரசம். — மிளகு. — புஸ்தகம் எங்கே? — பூசைப் புஸ்தகம் கொண்டுவா. — என்ன ஆயத்தம் வேணும். — வெள்ளை ஆயத்தம். — சிவப்பு ஆயத்தம். — ஊதா ஆயத்தம். — கறுப்பு ஆயத்தம். — பச்சை ஆயத்தம். — இந்த வண்டி எங்கே போகுது ? — எந்த வண்டி ? — சுவாமி

யார் வண்டி. — இது யாரது? — அது யாரது? — இந்தப் புஸ்தகம் யாரது? — இந்தப் பாத்திரம் யாரது? — ஆர் அங்கே? — என் தம்பி? — என் அண்ணன்? — உன் பாட்டன் எங்கே போகிறான்? — உன் தகப்பன் எங்கே போகிறான்? — என் உபதேசி வரச்சொல்லு. — கோவிலிலே இருக்கிறான்? — இப்போ அங்கே போகிறேன். — அப்போ வருகிறாய். — எப்போ போகிறாய். —

VERSION. *P*. 36.

Apporte les livres des Pères. — Il faut que les fils (et filles) de mon père aillent à l'église. — A qui est cette voiture? — Elle est à mon frère cadet. — Il faut servir la Mère de Dieu. — Le fils de cet homme-là est allé à la montagne. — Il ne faut pas dire de mensonge (பொய் bref) à ton grand-père. — Il ne faut pas frapper son frère cadet (*son* = de celui ci.) — Amène-le. — Il faut mener ce bœuf à la montagne. — Le renard a mordu mon bœuf. — Sur la montagne (il y a) beaucoup de renards. — Dans cette église-là (il y a) peu de fleurs. — Apporte ses oreilles. — Où sont les chevaux? — Il ne faut pas frapper mes chiens. — Il faut du pain aux poissons, (ou: pour les poissons.) — Il faut donner des fruits aux garçons. — Les catéchistes doivent servir Dieu. — Les pères et mères. — O mères! — O pères! — O prêtres!

THEME. *P*. 37.

உபதேசியுடைய உரொட்டி (உ muet.) — சுவாமியார்களுடைய குதிரைகள். — பிள்ளையுடைய பல். — பிள்ளைகள். — தாயுடைய பிள்ளைகள். — வாழைப்பழங்களைக் கொண்டுவா. — மீன்கள் எங்கே? — மீன்கள் தண்ணீரிலே இருக்குது (ou இருக்குதுகள், ou இருக்கின்றன.) குருக்கள் எங்கே? — இந்த மரத்தின் பழங்கள். — இந்தப் பழங்களை உனக்கு யார் கொடுத்தான்? —

என் மலைகளுக்குப் போக வேணும்? — யார் ஊரைப் போய்ச் சேருவான்? — தம்பி! என் தகப்பனுடைய வீட்டிலே உரொட்டி உண்டு (ou இருக்குது.) — சேவுகா இங்கே வா. — அங்கே போ. — இராயப்பா கோவிலுக்குப் போக வேணும். — காட்டிலே இரு. — என் மரத்தின் பழங்கள். — அதுக்கு என்ன ரொல்லுகிறாய்? — எப்போ குதிரைகளை அடிக்க வேணும்? எனக்கு மகள் இல்லை. — இந்த வீடுகளிலே பணம் இல்லை. — அண்ணை எப்போ வீட்டுக்கு வருவாய்? எனக்கு வீடு இல்லை. — மணிகள். — மணிகளுக்கு. — சோற்றிலே மிளகு இல்லை. — இந்த மனிதர்களுடைய வண்டிகள். — நமது தகப்பன். — அவர்களுடைய தாய். — இந்த அறையிலே பூனைகள் இருக்குது (ou உண்டு.) — இந்த மனிதனுடைய பிள்ளையோடே போக வேணும். — என் தகப்பன் இடத்திலே ஒரு குதிரை உண்டு. — வண்டி இல்லை. — என் இந்தப் பாவங்களைச் செய்தாய்? — அந்த நரிகள் எங்கே போகுது? — இந்த மீன்களைப் பூனைக்குப் போடு. — மருந்து எங்கே? — வண்டிகள் நம்மோடு வருது (ou வருதுகள்.) பிள்ளைகளுக்கு மெய் (ou உண்மை) சொல்ல வேணும். — உன் பாட்டனுடைய பிள்ளைகளுக்கு என் பொய் சொல்லுகிறாய்? — பாவமே! — பாவங்களே!

VERSION. *P.* 45.

Je suis homme. — Tu es homme. — Celui-là est mon frère cadet. — A qui est cette table? C'est ma table à moi. — Où est ta mère? — A la maison. — Dis-leur d'aller à l'église. — Que leur faut-il? — Qu'est ceci? — Qu'est cela? — Qui sont-ils? — Quel ornement ſaut-il? — A ce Père il faut l'ornement blanc. — Il faut dire cela vous-mêmes. — Nous autres, il ne faut pas que nous allions là-bas. — Nous (tous) devons servir le Seigneur. Il n'y a pas de poisson dans cette eau-ci. A present j'ai de l'argent. — Ce chien-là a mordu cet éléphant-ci. — Apporte cette feuille de palmier. — Que cherches-tu ?— Tu cherches l'argent de mon Père. — A cette occasion-ci. — Pion, que te faut-il? — Père, (சுவாமி) il me faut beaucoup d'argent. — Est-ce ton frère cadet qui a donné ce fruit ? — Je n'ai pas de frère cadet. — A quelle église vas-tu? — Il faut aller à l'église de la Mère (i. e. où la Sainte Vierge est honnorée: l'église catholique.) — Où est l'église *catholique*? (litt. de la Mère). Il y a une église catholique dans ce village. — Quelle est cette langue? C'est ma propre langue (langage.) — Comment appelle-t-on cela?

THEME *P.* 46.

நான். — நீ. — அவன். — அவர்கள். — இது. — அது. — யார் ? — இங்கே. — அங்கே. — எங்கே? — இவன். — அவன். — எவன் ? — எவள் ? — என்ன ?— (ou எது.) — இந்த மனிதன் (ou மனுஷன்.) — அந்த மனுஷி. — எந்த மனுஷன் ? — இந்தக் குதிரை. — அந்த வண்டி. — என் வீடு. — உன் அண்ணன். — அவனுடைய புஸ்தகம். — சுவாமியாருடைய பூசைப் புஸ்தகம். — என் பாட்டனுக்குப் பல் இல்லை. — உன் பேர் என்ன. — இராயப்பன். — சின்னப்பன். — இராயப்பா, வீட்டுக்குப் போக வேணும். — சின்னப்பா, அங்கே போக வேண்டாம். — உன் தலைமேல் மயிர் இல்லை. — இது தங்கம் (ou பொன்.) — இது பொய். — அது கோவில். — அதென்ன ? (அது என்ன.) — அது வண்டி. — இது இந்த மனுஷனுடைய வண்டி. — சுவாமியாருடைய உபதேசியைக் கூப்பிடு. — இந்தக் குருக்கள் ஆர் ? — நீங்கள் ஆர் ? — நம்முடைய (ou நமது) தகப்பன். — இப்போ உனக்கு என்ன வேணும் ? — பாவத்துக்குப் பயப்படு. — இந்த ஒட்டகம் யாரது? — இந்த ஒட்டகம் வெள்ளை. — இந்த நாய் கறுப்பு. — இந்த மனுஷனுடைய தம்பியைக் கூட்டிக் கொண்டுவா. — இந்த மனுஷி

னைப்பெண்சாதி. — இந்த யானைகள் யாரது? — இவன் தான். — அவன் தான். — அவள் தான். — அதுக்கு என்ன சொல்லுகிறது? — அது பூனை தான். — அது நாய்தான். — ஏன் வீட்டுக்கு வந்தாய்? — உன் அண்ணன் வீட்டிலே தண்ணீர் இருக்குது (ou உண்டு.) — இந்த வீட்டிலே உரொட்டி இருக்குது. — அதைக் கொண்டுவா. — அவர்களுக்கு என்ன வேணும்? — அந்த மனிதருக்கு என்ன வேணும்? — ஏணி கொண்டுவா. — எந்த ஏணி? — அந்த ஏணி தான். — நீர் தாமே (honorifique de தான்) சர்வேசுரன்

VERSION. *P.* 54.

L'homme. — Quel homme? — Cet homme-là. — Cet homme-ci? (interr.) — Oui. — Où va cet homme-ci? — Il dit qu'il n'est pas catéchiste (lui-même.) — Apporte le chien de ton père. — Mon père dit que cela n'est pas son chien (i. e. que ce chien-là n'est pas à lui.) — Le Seigneur a ordonné que les hommes le servent. — Chacun doit accomplir ses devoirs. — J'agirai selon votre commandement. — Je ferai selon que vous ordonnerez. — Le chien marche. — Le chat marche-t-il? — Il marche (cela.) — Ceci est-il du pain? — Non. Ont-ils de l'argent? — Non. — N'y a-t-il pas de médaille (ou statue) dans ta maison? — Non. — Y a-t-il un chapelet dans ta maison? (chez toi.) — Est-ce dans ta maison? — Vas-tu à l'église? — Est-ce à l'église que tu vas? — Ce n'est pas du tout ainsi. — Ceci n'est nullement un cheval.

THEME. *P.* 54.

இந்த (உ) ரொட்டி. — உரொட்டி எங்கே? எந்த ரொட்டி? — நீயா? — உனக்கு என்ன வேணும்? சுருபம். — எங்கே போகிறாய்? கோவிலுக்குப் போகிறாயா? (pron. போகிறியா.) — வீட்டுக்குப் போகிறாயா? — யார் தோட்டத்துக்குப் போகிறான்? — ஏன் அங்கே போகிறாய்? — இராயப்ப னுடைய புஸ்தகம் எங்கே? —

சின்னப்பனுடைய தகப்பன் எங்கே? — தகப்பன் தானே வருவான். — சுவாமியார் தம்முடைய உபதேசியைச் சினேகிக்கிறார். — உபதேசி தன் தகப்பனைச் சினேகிக்கிறானா? — இந்த மனுஷனுடைய பாட்டன் தான் உபதேசி என்று சொல்லுகிறான். — ஏன் இம்மனுஷனுடைய அண்ணன் தான் உபதேசி என்று சொல்லுகிறான்? — சுவாமியார் தமது பச்சை ஆயத்தம் கொண்டு வரச்சொல்லுகிறார். — இந்தத் தாய் தன் பிள்ளைகளைக் காப்பாற்றுகிறாளா? — அவனவன் தன் தன் சித்தத்தின் படியே செய்கிறானா? — இந்த மனுஷன் உன் தகப்பனா? — அந்த மனுஷன் என் தகப்பன் அல்ல. — உங்களுக்குச் சுரூபம் இருக்குதா? — இல்லை. — அது மாடா. — அல்ல. — இது மான் அல்ல. — இந்த மான் கடிக்குதா? — அந்தந்த மனுஷன். — அந்தந்தச் சிங்கம். — அவனவன் தன் தன் சித்தத்தின் படியே நடக்கிறான். — அந்தந்தச் சிங்கம் தன் தன் குணத்தின் படி நடக்குது. — இவன் வருகிறானா? — அவன் போகிறானா? — இது எலி அல்லவே. — இந்தக் கோவிலிலே எலி இல்லை. — இந்தக் கோவிலிலேயா எலி உண்டு? — எலிகளா இந்தக் கோவிலிலே உண்டு? — தங்கள் சித்தத்தின் படி வருகிறான். — இந்தப் பிள்ளை என்ன சொல்லுகிறான்? — அவனவன் தன் தன் கடமைகளை அநுசரிக்கவேணும் என்று சொல்லுகிறான். — நெருப்பு கொண்டுவா (vulg. கொண்டா.) — இந்தப் பையன் உன் தம்பியா? — அல்ல. — மாப்பிள்ளையா? — அல்ல. — பெண்ணு எங்கே? — கோவிலிலே இருக்கிறாளா? — இல்லை. — என்ன வருது? — குதிரையா? — ஆம். — குதிரை தான். — சுவாமியாருடைய பாத்திரம் எங்கே? — சுவாமியாருக்குப் பாத்திரம் இல்லை. — சுவாமியாருக்குப் பாத்திரம் இல்லையோ? — இல்லை. — இது எனது. — அது உனது. — இந்த நாய் உபதேசியது. — போக வேணும்.

VERSION. *P.* 61.

Apporte de bons fruits. (Sing. pour le plur.) — Combien de fruits faut-il? — Cet homme-là est un brave homme. — Il y avait plusieurs personnes à l'église. — Les hommes d'esprit (i. e. sages, intelligents) doivent servir le Seigneur — Il faut donner une médaille aux enfants sages. — Ton père a-t-il du plomb noir? — Il en a (litt. il y en a, i. e. chez lui, ou auprès de lui, கிட்ட.) — On a tué un grand serpent dans mon jardin. — Tous allèrent là-bas. — Dans leur maison il y a un gros chien. — C'est un homme cruel. — Il n'est pas besoin de la peau de bœuf. — Chat sauvage (des bois) — Eau de rivière. — Corne de taureau. — Maison de terre. — Forteresse de pierre. — Couteau de fer. — Bonne nouvelle. — Roi colère (impatient.) — Roi riche. — Il faut donner des avis aux chers frères. — Tous les chiens sauvages (des bois) — Tous les chats sauvages. — Tous les animaux. — Tous doivent aller là-bas. — Tous les hommes doivent mourir. — Tous les hommes ne doivent-ils pas mourir? — Ils doivent mourir certainement. — Qui est cet individu-là? — Je ne sais qui c'est. — Comment feras-tu? — Je n'en sais rien. — Où est mon missel? — je ne sais (எங்கேயோ!) — Qu'est-ce que cela? — Je ne sais ce que c'est. — Quoi? — Je ne sais quoi. — Que donnera-t-il? — Je ne sais ce qu'il donnera.

THEME. *P.* 62.

இந்த மரத்திலே நல்ல பழம் இருக்குது. — சில பிள்ளைகள். — பெரிய பாம்பு. — பல பேர். — இவன் கொடிய மனுஷன். — இந்தப் பெரிய தோட்டம் யாரது? — இராசாவின் பெருமை. — பெரிய ராசா. — இக்கற்பனையின் அருமை. — இது அரிய கற்பனை. — ஆற்றுத் தண்ணீர். — காட்டு பண். — மாட்டுத் தோல். — ஆஸ்தியுள்ள ராசா. — எல்லா மாடுகளும். — எருதுகள் எல்லாம். — சகல மிருகங்களின் தோல். — எல்லா மிருகங்களுக்குந் தண்ணீர் வேணும். — எல்லாரும்

கோவிலிலே இருக்கிறார்களா? — எல்லாத்தையும் சொல்ல வேணும். — எல்லாருக்குஞ் சந்தோஷம் கொடுக்க வேணுமா? — பிள்ளைகள் எல்லாரையும் ஆர் அடித்தான்? — இந்தக்காட்டில் எருதுகள் உண்டா? — தகப்பன் வருவானா? — வருவானோ! — அதெப்படி? — (அது எப்படி.) — எப்படியோ! — இந்த மனுஷனுடைய பூனையைப் பார்த்தேன். — எந்த மனுஷன்? எந்த மனுஷனோ. — இராசா வருவாரா இல்லையா? — வருவாரோ இல்லையோ தெரியாது. — வருவாயா இல்லையா? — வருவேனோ இல்லையோ தெரியாது. — எத்தனைபேர்? — எத்தனையோ! — யார் அவன்? — யாரோ! சும்மா வருவானா? — சும்மா இருப்பானா? — சும்மா பேசாதே.— இந்த நாயைச் சும்மா அடிக்கக் கூடாது.

VERSION. *P*. 67.

Où est le chien? — Je l'ai battu. — Pourquoi l'as-tu battu? — Mon père a donné des fruits à celui-là. — La mère de cet homme est venue. — Nous autres nous avons fait ainsi. — Vous autres, comment avez-vous fait? — Eux ont fait comme cela. — Le père était à l'église. — Sont frère cadet a parlé. — Ton père s'en promené. — Qui a fait cela? — C'est moi-même qui ai fait cela. — Ils ont eu confiance en Dieu. — C'est toi-même qui as volé l'argent. — Moi? — Oui, toi-même. — As-tu fait cuire le riz? — Oui. — Pourquoi as-tu chanté comme cela? — Il faut attacher ce chien. — Je l'ai attaché. — As-tu écrit à ton père? — Oui. — A qui as-tu parlé? — J'ai parlé au catéchiste. — " Va-t'en " dit-il. — " Viens " dirent-ils. — J'ai mangé du pain. — Qu'avez-vous vu là-bas? — Nous avons vu la grande église. — Il faut entendre la messe. — As-tu entendu la messe? — Oui. — Eux tous ont-ils entendu la messe? — Oui. — Tous chantèrent. — Qu'ont-ils volé? — ou: qu'a-t-on volé.) — Ils onts (ou: on a) tout volé. — Où as-tu couché? — J'ai couché dans ma maison. — Dieu a tout créé. — Lis ce livre. — Je l'ai lu.— Ecris à ta mère. — Je lui ai écrit. — Viens ici. — Je suis venu. — Va la-bas. J'y suis allé. — Dis tout. — Frappe ce chien. — Donne cela. — Fais ainsi. — Apprends le livre. — Vois cet arbre. — Je l'ai vu. — Il dira. — Fais. — J'ai dit. -- J'ai vu (regardé.) — J'ai fait.

THEME. *P*. 68.

இந்தப் பிள்ளை தன் தகப்பனை அடித்தான். — ஏன் இந்த மனுஷனை அடித்தாய்? — அதை என் பாட்டனுக்குக் கொடுத்தேன். — எல்லாருங் கோவிலுக்கு வந்தார்கள். — எப்படிச் செய்தார்கள்? — எங்கே போகிறீர்கள்? — உபதேசி என்ன நினைத்தான்? — உன் தகப்பன் எங்கே இருந்தான்? — எங்கே போனாய்? — ஏன் அப்படிப் பேசினாய்? — இந்தப் பெண்பிள்ளை (ou ஸ்திரீ ou மனுஷி) சோறு ஆக்கினாள். — இக்காரியங்களை எல்லாம் பாடுபட்டான். — பெரிய பிள்ளை சந்தோஷத்தினால் குதித்தான் (ou துள்ளினான்.) — இராயப்பன் கோவிலிலே சின்னப்பனைப் பார்த்தான் (ou கண்டான்.) — அதைச் சாப்பிட்டேன். — கோவிலிலே திருடினார்கள். — அதைச் செய்தோம். — அவனை நம்பினார்கள். — உங்களுக்கு எழுதினோம். — பேசினாய் (ou பேசினை.) — பாடினாள். — அதை அறிந்தேன். — பூசை கண்டேன். — வாசித்தோம். — என்ன வாசித்தீர்கள்? — ஏன் அதை வாசிக்கிறீர்கள்? — சர்வேசுரன் எல்லா மனிதர்களையும் படைத்தார் (ou உண்டாக்கினார்.) — தகப்பனும் அவனுடைய மகனும் நடந்தார்கள். — வாசி. — பேசு. — வா. — அங்கே போ. — சர்வேசுரனுக்கு ஊழியம் பண்ணு. — இப்படிச் செய். — பிள்ளை சோறு ஆக்குகிறான் (ou ஆக்கிறான்.) — இதைப்பார். — அதைப் பாடு. — வண்டி கட்டு. — வீட்டிலே உலாவினான். — அவனாலே பாடுபட்டார்கள்.

VERSION. *P*. 73

L'enfant (jeune garçon — gamin) a appris sa leçon. —

Qui fera ce travail? — Parlez-vous au Père? — (litt. avec le Père.) — Ceci est-il à vendre? — Son grand-père a vendu son bœuf. — Je te battrai, prends garde. — J'agirai (litt. je marcherai) selon le volonté de Dieu. — Ils frapperont (*ou* on frappera) les enfants pour qu'ils aillent à l'église (litt. pour que les enfant aillent à l'église on les frappera.) — Quand écrirez vous cette lettre? — Marcheras-tu (ou agiras-tu) toujours ainsi? — N'importe comment nous ferons ce travail (ou : je ferai, *honorifique.*) Comment viendras-tu? Je viendrai dans une voiture donc! *தான்.*) — Aujourd'hui il faut balayer l'église. — A quelle heure viendront-ils? — Viendrez-vous à dix heures? — Oui. — Comme il y a ici un calice et un missel, demain je dirai (ferai) la messe. — J'agirai selon les ordres de mon père et de ma mère. — Il faut agir selon ses ordres. — Aujourd hui je n'ai pas d'argent. — Viens après demain. — Demain matin je te bénirai.

THEME. *P.* 74

தகப்பனும் மகனும். — தாயும் மகளும், பாட்டனும் பாட்டியும். — நீயும் நானும். — சுவாமியாரும் உபதேசியாரும் உன்னைப் பார்ப்பார்கள். — இராசாக்கள் ஆளுவார்கள். — பிள்ளைகள் பாடுபடுவார்கள். — வேலைக்காரர் சோறு ஆக்குவார்கள். — இச்செய்தி அறிவார்கள். — உரொட்டி சாப்படுவீர்களோ? — நாளைக்குக் கோவிலிலே பாடுவேன். — என்னை நப்புவாய். — இந்தப் பணத்தைத் திருடுவான். — நாளையின் அன்றைக்குப் பெரிய காகிதம் எழுதுவோம். — எத்தனை (combien) மணிக்கு வர வேணும்? — பத்து மணிக்கு வர வேணும். — எப்படிச் செய்வாய்? — எப்படியும் வருவேன். — என்றென்றைக்கும் சர்வேசுரனோடே இருப்பீர்கள். — அதைப் பார். — வாசிக்கிறது. — வாசித்தேன். — வாசிப்பேன். — பிறக்கிறது. — பிறந்தேன். — பிறப்பேன். — சாகிறது (ou செத்துப்போகிறது. — செத்தான் (ou செத்துப்போனான்.) — சாவான் (ou செத்துப்போவான்.) — இல்லை,

என்றேனே. — இல்லை, என்றார்கள். — இராசா: போ. என்றார். — சுவாமீ, ஆசீர்வாதங் கொடுப்பீர்களா? (pluriel d'honneur.)— நீ சர்வேசுரனுக்கு ஊழியம் பண்ணுகிறதினால் உனக்கு ஆசீர்வாதங் கொடுப்போம். (honorifique.)

VERSION. *P.* 78.

Le perroquet apprendra tout. — Ce perroquet parlera-t-il? — Oui. — Le renard parla. — Le chien et le chat parlèrent. — Le cheval viendra ici. — Où est allé votre chien? — Je ne sais où. — Le travail du charpentier est-il fini? — Oui. — Tous ces poissons sont pourris — Dix arbres sont desséchés. — Celui-ci aussi se dessèchera. — Tout est fini. (ஆய்ப்போச்சு) — Le cerf et le renard sont morts. — Quand sont-ils morts? — Ils sont morts ce matin. — "Qui es-tu?" dit le tigre. — "Je me fie à ton amitié," dit le corbeau. — Où est ma table? — Elle est dans l'église. — Cette caisse sera dans ta maison. — Tous les bœufs devinrent (ou: sont devenus) boiteux. — Qu'est ce que cela? — est-ce un chat? — Ce n'est pas un chat, c'est un tigre. — Leur petit enfant est-il mort? — Oui. — Est-ce toi qui es son père? — Non. — Il pleura violemment. — Le lait tournera-t-il? (se gàtera-t-il.) — Oui.

THEME *P.* 79.

இந்தத் தண்ணீர் கெட்டுப் போச்சு. — இந்த ரசம் கெட்டுப்போச்சா? — வண்டி வரும். — குதிரை எப்போ வரும்? — எல்லாம் ஆய்ப் போச்சா? — ஆய்ப்போச்சு. எந்தப் புலி நமது நாயைக் கடித்தது? — நாய் செத்துப் போச்சா? — நரியும் முசலும் நாயும் பூனையும் மாடும் மானும் குதிரையும் காக்காயும் சிங்கமும் புலியும் எருதும் செத்துப் போச்சு. — அறிந்த குதிரை. — அறிந்தான் (masculin.) — பானை உடைந்ததா? — கழுதை செத்

துப் போம். (ou போகும்.) — கழுதை நொண்டி ஆகும். — சிங்கம் அப்படிச் செய்யும். — சுவாமியார் வண்டி நாளைக் காலமே வரும். — மாடு பாடுபட்டது. — குதிரை பாடுபடும். — குரங்கு பேசினது. — என்ன சொன்னது? (ou சொல்லிற்று, prononcé vulgairement: sollitchi.) “நான் ராசா” என்றது. — சின்ன நாய் (ou நாய்க்குட்டி) பெரிய பூனையைக் கடித்தது. — என் பாட்டனுடைய மாடு செத்துப்போர்ச்சுது. — உபதேசியாருடைய மரம் பட்டுப்போம்.

VERSION. *P.* 84.

Prends-le (saisis-le.) — Marche avec moi. — Mange cela. (*சாப்படு* se prononçe *presque* SàppouDou.) Attachez ce bœuf. — Voyez mon portrait (ou: image, gravure.) — Dis: â (i.-e. ouvre la bouche). Fais courir les bœufs. — Mets la selle au cheval. — Achète quatre chaises. — Donne la cuiller. — Salue le Père. — Arrose le jardin. — Regarde partout. — Va à la messe. — Frappez ce méchant gamin. — Lis ceci. — Apprenez votre leçon. — Parlez ainsi. — Va à ta maison. — Reste dans sa maison. — Un. — Deux. — Trois. — Quatre. — Cinq. — Six. — Sept. — Huit. — Neuf. — Dix. — Le matin il faut manger du pain. — Il faut pleurer à cause du péché. — Faut-il venir? — Oui, certainement (*தான்*.) — Dis à ce méchant homme de partir. — Je lui ai demandé de chanter (lui-même.) — Conviendra-t-il d'aller-là? — Allez battre ce chien. — Le Père viendra-t-il ou non? dis. — (Dis si le Père viendra, oui ou non.) — Aujourd'hui il ne peut venir. — Pourquoi ne peut-il pas venir? — C'est lui qui m'a dit de dire ainsi.

THÈME. *P.* 84.

இராயப்பா, இங்கேவா. — எங்கே போகிறாய்? — (vulgo: போறை, de போறது, syncope de போறது.)— கோவிலுக்குப் போகிறேன். (ou போறேன். — என் அ

ப்படி நடக்கிறாய்? — இப்படி நட. — அங்கே பாருங்கள். இந்தக் கிளிப்பிள்ளை பேசுமா? — நாளைக்குப் பேசும். — என்ன சொல்லும்? — அக்காள், அக்காள் என்னும். (dans அக்காள், le ள் final est muet; pron. அக்கா.) — மாடு செத்துப் போச்சா? — இல்லை, நடக்குது. — நடந்தது. — நாளையினன்றைக்கு நடக்கும். — இந்தத் தண்ணீர் குடி. — இந்த ரசம் குடிப்பேன். — நாயே, இந்தப் பையனைக் கடி. — ஏன் இந்தக் குதிரை அடிக்கிறீர்கள்? — இந்த மாடு யாரது? — எனது. — பூசைப் புஸ்தகம் தா. (ou கொடு.) — அவனுக்கு ஒரு ரூபாய் கொடு. — இரண்டு புஸ்தகம் வாங்கு. — அதை மூன்று விசை சொல்லு. — நாலு மனிதர் கோவிலுக்கு வரப் பார்த்தேன். (ou கண்டேன்.) — அஞ்சு பேர் இருக்கிறோம். — எனக்கு ஆறு காசு கொடுக்க உன்னாலே கூடுமா? — அந்த ஏழு பாம்பு பார். — எட்டு ஆடு வாங்கு. — என் தகப்பன் தோட்டத்திலே ஒன்பது கிணறு உண்டு. — பத்து மாடு இங்கே மேயுது. — எப்போ அங்கே சேருவோம்? — நாலு மணிக்குச் சேர்ந்தோம். — சர்வேசுரன் மனிதர்களையும் மரங்களையும் மிருகங்களையும் படைத்தார். — இங்குமங்கும். — கோவிலுக்கும் வீட்டுக்கும் போக வேணும். — இந்தப் பெட்டியிலே பணம் இருக்குதா? — இல்லை. — இதென்ன? — பூசைப் பாத்திரமா? — அல்ல. — நான் அதைச் சொல்லக் கூடாது. — ஊருக்குப் போக வேண்டாம். (ou தேவையில்லை.) — இந்த மரம் பட்டுப் போகும் (ou போம்.) — பட்டுப்போச்சுது. — இந்தத் தண்ணீர் குடிக்கக் கூடாது. — நாய்களை அடிக்கக் கூடாது. — இப்படிப் பேசக் கூடாது. — அவனவன் பூசை காண வேணும். — எப்படியும் இந்த வேலை செய். — எங்கும் மனிதர் இருக்கிறார்கள். (mieux: உண்டு.) — வண்டி கட்டு. — எப்போ

வண்டிகட்டுவாய்? — இந்தப்பழங்களை யாருக்குக் கொடுப்பாய்? — உன் தம்பிக்கா அதைக் கொடுப்பாய்? — அது இப்படிக் காணுது. — அது உனக்கு எப்படிக்காணுது? — அந்த மனுஷனை அறிவேன். (ou இந்த மனுஷன் எனக்குத் தெரியும், je connaîtrais ou je connais, futur pour présent.) — இந்த மனுஷனை அறிவாயா? — சோறு ஆக்கு. — சர்வேசுரனுக்கு ஊழியம் பண்ணு. — உனக்கு ஆசீர்வாதம் கொடுப்பார். (ou உன்னை ஆசீர்வதிப்பார்.)

VERSION. *P.* 91.

Tout cela étant ainsi, que ferai-je? (que puis-je faire?) — Ayant un cheval, pourquoi achètes-tu une voiture? — Dès que je dis cette parole, ils s'avancèrent pour me frapper. — Va avec eux. — Outre cet argent, qu'as-tu? — Parle lentement. — Marche lentement. — Comme ils sont venus d'eux-mêmes (de leur propre volonté.) — Que peuvent-ils dire? — Dis toi-même comme je dis. — Ne peux-tu pas faire comme il a fait lui-même? — Pourquoi refuses-tu l'argent qui arrive de lui-même? — Appelle le gamin qui fait paître mes brebis. — L'enfant qui pleure obtiendra du lait. — Quelle est la leçon que tu as apprise? — Combien y a-t-il de commandements imposés par Dieu? — Dix. — Est ce bien celui-ci qui t'a battu? — Oui, c'est bien lui. — A qui appartient le chien qui aboie? — C'est mon chien, Père. — Il faut servir Dieu qui a créé les hommes. — Apportez la table qui est dans ma chambre. — Il faut obéir à ton père. — L'enfant qui est venu ce matin, est-ce ton frère cadet? — Oui. — Pendant que nous sommes sur la terre nous devons servir Dieu. — Voilà exactement ce qu'il faut faire. — Pratiquer la vertu, voilà l'affaire importante. — Celui qui se conduit ainsi obtiendra le bonheur: — Ma mère étant morte, je ne puis aller a l'église. — Un chien mort mordra-t-il? — Ce tigre étant mort, tous les animaux sont contents. — Qui est-ce qui a fait cela? — C'est lui. — Est-ce bien ta sœur aînée qui a fait cuire le riz? — Qui nous a créés? — Le Seigneur. — Que devons-nous faire? — Nous devons prier.

THEME. *P*. 92.

நடக்கிற மனுஷன். — நீ நடுகிற மரம். — வந்த பையன். — பெய்த மழை. — நான் உனக்குக் கொடுக்கிற படம். — நான் உனக்குக் கொடுத்த பணம். — நீ கண்ட பூசை. — நாம் வாங்கின (ou கொண்ட) மாடு. — நீங்கள் கட்டின வீடு. — உன் தம்பியைக் கடித்த பாம்பு. — பேசின கிளிப்பிள்ளை. — வரும் காலத்தில் புண்ணியம் செய்வேன். — போன நாள் உன் அண்ணனைக் கண்டேன். — கடிக்கும் நாய். — விழும் மரங்கள். — பேசுகிறவன் உன் பாட்டன் தானா? — இந்தக் காகிதத்தை எழுதினவன் உன் தகப்பனோ தம்பியோ? — இராயப்பனுடைய நாய் சின்னப்பனைக் கடித்ததினாலே, இவன் கோவிலுக்குப் போகக்கூடாது. — வேண்டிக்கொள்ளுகிறதினால் பாக்கியம் அடைவாய்.

VERSION. *P*. 97.

Onze.— Je mangerai à onze heures. — Il faut sonner à midi. — Dans ce village il y a treize chrétiens. — J'ai acheté cette table pour quatorze roupies. — Il s'arrêta quinze jours dans cette ville, puis il alla dans un autre village. — Ce mois-ci j'ai donné baptême à seize personnes. — Commbien d'années y a-t-il qu'il s'est marié? — Il ya dix-sept ans. — Il y a (il doit y avoir) plus de dix-huit ans. — Dans ce village y a-t-il bien dix-neuf familles? — Hier il est mort vingt personnes. — Va mettre la selle au cheval. — Va appeler le Père. — Je suis venu à pied. — Viens vite, mon enfant. — Je suis allé chez ma mère, ai passé dix jours pleins auprès d'elle, puis je suis revenu.

THEME. *P.* 98.

நாய் அடித்து, சுருட்டு குடித்து, தண்ணீர் குடித்து, உன் சிநேகிதனைக் கூப்பிட்டுத் திரும்பி வா. — பள்ளிக்கூடத்துக்குப் போய், பாடம்படித்து, வாத்தியாரைக் கும்பிட்டு, வீட்டுக்குத் திருப்பிப் போய்ச் சாப்பட்டுப் படுத்துக் கொண்டான். — எங்கே இருந்து வந்தாய்? — சோறு சாப்பட்டு, மலை அண்டை (ou கிட்ட) போய், அதைப் பார்த்து, இரண்டு மணி நேரம் தங்கித் திரும்பி வந்தார்கள். — அருளப்பனை வரச்சொல்லி, குதிரைக்குச் சீனி போட்டு ஓட்டி, காலமே செபம் பண்ணி வேலைக்குப் போனான். — வண்டி எங்கும் சுற்றிப் பார்த்துத் திரும்பி வா. — எங்கும் சுற்றிப் பார்த்தேன், புஸ்தகம் அகப்படவில்லை. — வேலை செய்து சாப்படுகிறான். — அரிசி வாங்கி விற்றுப்போடு. — சோறு ஆக்கி, அந்தச் சனங்களுக்குக் கொடுத்து, அவர்களைப் போகச் சொல்லு. — மலையை எடுத்துப் பேசாமல் இருந்தான். — அவன் வந்து, அழுது, என்னைக் கும்பிட்டு, தன்னிடத்தில் வரச் சொல்லி உடனே போய்விட்டான். — நாம் இந்த வேலை செய்தவுடனே சுவாமியார் நாலு ரூபாய் நமக்குக் கொடுப்பார். — தச்சன் மரம் கொண்டு வந்து, இரண்டு மேசை செய்து, அவைகளை விற்றுப் போட்டான். — தரையிலே படுத்துக் கொண்டு, வியாதியாயிருந்து செத்துப் போனான். — தங்களிடத்தில் சோறு இல்லை என்று ஆணையிட்டு, தாங்களே சாப்பட்டு, மரத்தின்மேல் ஏறி, சேவகரைக் கண்டு பயப்பட்டு, மரத்திலே இருந்து இறங்கி ஓடிப் போய் விட்டார்கள். — அதைப் போய்ச் சொல்லு. — போய்ப்பார். — போர்ய்ச் சாப்படு. — போய்த் தேடி வா.

VERSION. *P.* 104.

Moi, je ne te connais pas. — Désormais je ne ferai plus ainsi. — Ceci ne suffit pas. — Le cheval ne marche pas (ou: ne marchera pas). La pluie ne tombera point. — Il ne pleut pas. — Il n'a pas plu. — Il ne pleuvra pas. — Ce travail n'en finira pas. — Lorsque rien n'existait, le Seigneur créa le monde. — Ne pars pas aujourd'hui. — Ne cours pas. — Ne courez pas. — Ne mange pas ce fruit. — Ne pleure pas. — Ne lâche pas cela. — Ne dites pas cette parole. — Ne ris pas. — Ne coupe pas ces arbres. — Désormais ne fais pas ainsi. — Je ne le ferai plus. — Ne vous vengez pas. — Vient-il? — Non. — As-tu acheté une charrette? — Non. — Les gens viendront-ils? — Ils ne viendront pas. — Cette plaie ne veut pas guérir. — A-t-il plu hier? — Non. — Ce cheval ne marche point. — Le lion ne mordit pas. — Je n'achéterai pas de table.— Pourquoi ne vous confessez-vous pas? Je ne te donnerai rien, file. — Si vous refusez d'étudier, je vous batttrai. — Vous ne dormirez pas (ou: vous ne voulez pas, ne pouvez pas dormir). Désormais je ne lui écrirai plus. — Viendras-tu demain? Non, je ne viendrai pas. — Le cheval ne mangera pas ça. — La voiture ira-t-elle par là? — Elle n'ira pas. — Je (honor). ne mangerai pas aujourd'hui. — Ils dirent qu'ils ne feraient point cela et s'enfuirent.

THEME. *P.* 105.

நான் பாடவில்லை.— நான் செய்யவில்லை.— நான் போகவில்லை. — நான் படிக்கிறதில்லை.— குதிரை நடக்காது. — மாடு ஓடாது.—சிங்கம் கடிக்காது.—பூனை தூங்கவில்லை. — வண்டி வரவில்லை. — இவ்விரண்டு பிள்ளைகள் தூங்குகிறதில்லை. — அந்த மூன்று பேர் வரவில்லை. — தகப்பனும் தாயும் சர்வேசுரனுக்கு ஊழியம் பண்ணுகிறதில்லை. — அவன் தன் பாட்டனைச் சிநேகிக்கிறதில்லை.— அவனுடைய பாட்டி பூசைக்கு வரமாட்டாள்.—மணி அடிக்காதே. — மோசம் செய்யாதே. — கோவிலுக்குப் போக மாட்டீர்களா? — இன்றைக்குச் செத்துப் போக மாட்டான். — இந்தப் பாவத்தை நீங்கள் செய்தபடியால்

உங்கள் ஊரிலே பூசை செய்யமாட்டோம். — இந்த மூன்று ரூபாய் உங்களுக்குக் கொடுக்க மாட்டேன்.

VERSION. *P.* 110.

Tu étais dans cette maison-là, n'est-ce pas? — C'est avec lui, n'est-ce pas, que tu es allé? — C'est le Seigneur qui t'a créé, n'est-ce pas? — Si tu l'aimes, c'est le ciel, n'est-il pas vrai, que tu obtiendras. — C'est parce que tu as fait cela, n'est-il pas vrai, que tu as été puni. — D'ici là-bas il y a dix milles, n'est-ce pas? — C'est à lui, n'est-ce pas, qu'il faut donner cet argent? — C'est bien moi, n'est-ce pas, qui ai dit ainsi? — C'est ainsi que j'ai dit, n'est-ce pas? — Moi j'ai dit de cette façon, n'est-ce pas vrai? — Ce n'est pas nous qui avons fait cela. — Ce n'est pas vous qui avez chanté. — Ce n'est pas lui qui battra les chiens. — Celui qui est venu hier n'est point mon père. — Ce n'est pas moi qui t'ai battu, c'est lui. — Je suis content. — Tu as été triste. — Ils seront inquiets. — Nous avons douté. — Repents-toi. — Ne pars pas. — J'ai été pris. — Trouvera-t-on du poisson au marché? — On en trouvera. — Dans ce village-ci on ne trouvera pas de bonne eau. — Le voleur sera pris. — On l'a arrêté. — Ils ne se laisseront pas prendre. — Si on les prend, ils seront punis, n'est-ce pas? — Ils seront pendus. — Ont-ils commis un pareil péché? — Je n'ai jamais vu une telle folie. — Quel bonheur nous aurons au ciel! — Ne fais pas une telle chose. — On ne peut se fier à un pareil individu. — Quelle espèce de table faut-il? — Je ne veux pas dire une telle parole. — Cela ne cadre pas. — Tu m'as causé une peine inexprimable. — Le Seigneur fut attaché à la croix, subit des souffrances indicibles et mourut. — Tu seras puni par ton grand-père. — Ce qu'ils ont fait sera raconté partout. — Demain on publiera les bans. — On a publié les premiers bans. — Vous serez bénis de Dieu. — Ta maison a-t-elle été bénite par le prêtre? (pluriel honorifique.) — Ceci est un objet de grande valeur. — Tous le êtres créés l'ont été par Dieu, n'est-ce pas? Je ne sais pas (ne connais pas) ceci. — Je te le ferai connaître, moi. — Il faut faire faire une voiture. — Je la ferai faire. — Il le fit appeler, lui demanda : pourquoi as-tu agi ainsi ? et comme il ne répondait pas, il dit aux pions (de police) de lui donner dix coups. — Pourquoi as-tu fait de la peine à ton ami ? — Je ne veux pas faire connaître aux autres la faute qu'a commise mon père. — Nous devons faire connaître à tous cette bonne nouvelle. — La Sainte Mère de Dieu lui apparut, lui dit : tu mourras demain, et disparut. — Ne montre pas ce livre au dehors. — Ne fais pas connaître cette nouvelle à l'extérieur. — Il faut traduire cette fable en Tamoul. — Il ne faut pas faire coucher tes enfants dehors. — J'ai fait faire une bonne caisse par le charpentier. — Ne conduis pas la voiture. — Chasse ce bœuf. — Ne fais pas tourner la voiture.

THEME. *P.* 113

உன் தகப்பன் அல்லவோ இந்தப் புஸ்தகத்தை உனக்குக் கொடுத்தார்? — உன்னை அடித்தவன் உன் சினேகிதன் அல்லவோ? — அங்கே தான் அல்லோ போகவேணும்? — உனக்குச் செபப் புஸ்தகம் உண்டு அல்லவா? — (ou இல்லையா?) அந்த மாடுகளை ஓட்டமாட்டாய் அல்லவா? — உன்னைக் கண்டு சந்தோஷப்படுகிறேன். — போன மாசம் கஸ்திப்பட்டேன். — சந்தேகப் படாதே. — இந்த வேலை கொல்லற்றுக்காரனாலே செய்யப்படுமா? — இந்த வேலை செய்விக்க வேணும். — பிள்ளைகளே, அந்தக் கழுதைகளை ஓட்டுங்கள். — இந்தப் பிள்ளையைப் படிப்பியுங்கள். — புல்லு வாங்கச் செய்வேன். — சேதியை உனக்கு அறிவிப்பேன். — இந்தக் குதிரை உன் தகப்பனாலே வாங்கப்படும். — அதைக் கேழ்விப்பட்டோம். — அடிக்கப் படுவோம். — தூக்கப்படுவார்கள். — பதினைந்தடி அடிக்கப்பட்டான்.

VERSION. *P.* 123

Deux corbeaux avaient construit leur nid sur un

grand arbre et y vivaient heureux. — Un jour, un serpent arriva dans le creux de cet arbre et dévora (litt. but) tous les œufs déposés par le corbeau. — Voyant cela, le corbeau, fort affligé, alla auprès d'un renard, lui raconta ce qui était arrivé et lui demanda : "Que faut-il faire ?" — Le renard indiqua au corbeau un expédient. — Ensuite le corbeau fut tiré d'affaire par ce moyen. — Dans une forêt, un grand lion tuait tous les animaux, les mangeait, s'engraissait et rôdait en fureur. — De cette façon, tous les animaux qui se trouvaient dans cette forêt ayant été détruits, le lion alla dans une autre forêt. — O lion, chaque jour nous te donnerons un tigre en pâture. — Fais-en ta nourriture. — Le lion promit avec serment de faire ainsi. — Puis il se mit à dévorer tous les animaux. — En route, ayant aperçu un éléphant, je m'étais caché. — Comme j'ai résidé fort longtemps dans ce village, je connais tous les habitants. — Notre roi a trois ministres. — Ferme la porte (sans clef.) — Ouvre la porte. — Nons ne voulons pas recevoir d'argent de lui. — Enlève la caisse. — J'ai mis tous les bagages dans la voiture. — Je lui ai dit cela.— Ce gamin va et vient en pleurnichant sans cesse. — A l'église la lampe s'est éteinte. — Eteins la lampe. — Je ne les admettrai pas. — Ils te recevront parmi eux. — As-tu reçu le baptême ? — Oui. — Les voleurs ont tué mon ami. — Eloigne-toi. — Le Seigneur dirige toutes choses. — Surveille ces occasions. — Nous donnerons cette fille en mariage. — Il refuse de l'épouse . — Pierre, consens-tu à épouser cette fille ? — Oui. — Te crois-tu homme d'importance ? Couchez-vous.— Attache ta toile. — Jette cela. — Il faut mettre une haie. — Apporte cette planche.— Emporte la table.— Ferme la bouche. — Ferme les yeux.

THEME. *P*. 126.

இந்த மனுஷன் செத்துப் போனானோ? — எப்போ செத்துப் போனான்? — எப்படிச் செத்துப் போனான்? — எதினாலே செத்துப் போனான்? — அதை மறந்து போனாயா? — அந்தக் காரியங்களை மறக்காதேயுங்கள். —

தங்களிடத்தில் போய் விட்டார்கள். — அந்தச் சனங்களை ஏன் அனுப்பிவிட்டீர்கள்? — இந்தத் துணி உன் தலை மேலே கட்டிக் கொள்ளாதே. — பெட்டியிலே இருபது ரூபாய் எடுத்துக் கொண்டேன். — எத்தனை ரூபாய் பெற்றுக் கொண்டாய்? — உங்கள் ஆஸ்திகளை எல்லாம் போக்கடிப்பீர்கள் (ou இழந்து போவீர்கள்.) — உன் தம்பி வந்திருக்கிறானா? — வந்திருக்கிறான். — நாம் எல்லாரும் செத்துப் போவோம். — மூன்று மணி நேரம் பேசிக்கொண்டே இருந்தோம். — இந்தத் தோட்டத்துக்கு நல்ல வேலி அடைத்துப் போடு. — தேவ மாதா நமக்காக வேண்டிக்கொள்ளுவாள். — புலி அதெல்லாந் தின்னுமா? — தின்னும். — விளக்கு அவித்துப்போடுங்கள். — விளக்கு அவிந்து போச்சா? — கண்டு பிடிக்கிறேன். — கண்டு பிடித்தாயா? கண்டு பிடித்தான். — கண்டு பிடிக்கிறோம். — அதைக் கண்டு பிடிக்கவேணும். — இந்தப் பூச்சியை நசுக்கிப் போடுங்கள். — இந்தப் பூச்சியை நசுக்கிப்போட்டோம். — ஏன் அந்தப் பூச்சியை நசுக்கிப் போடுகிறீர்கள்? — இந்த ஊரில் குடியிருக்கிறீர்களா? — அந்த ஊரிலே குடியிருக்கிறோம். — ஞானஸ்நானம் பெற்றுக் கொள்ளுவோம். — உத்தரீயம் பெற்றுக் கொள்ள வேணும். — இம்மனுஷனுடைய சகோதரியைக் கட்டிக் கொண்டாயா? — உன் சிநேகிதனுடைய சகோதரியை உனக்குக் கட்டிக் கொள்வார்களோ? — இந்தச் சாமான்களை இந்த வண்டியிலே வைத்துப்போடாதே. — அந்த வார்த்தைகளைச் சொல்லிப் போட்டீர்களா? — சொல்லிப் போட்டோம். — ஒளித்திருக்கிறானா? — எங்கே ஒளித்திருக்கிறான்? — இந்தப் பலகை என் தகப்பனிடத்தில் தூக்கிக் கொண்டு போ.

VERSION. *P.* 142.

Paul, où vas-tu? — Je vais chez moi. — Penses-tu

que ton père soit chez lui? (le futur இருப்பானோ indique le doute.) — Je ne sais s'il y est ou non. — S'il y est, dis-lui de venir ici demain. — S'il n'y est pas, amène ton grand-père. — Que veux tu, toi? — De l'argent. — Je n'ai pas d'argent. — Si vous n'avez pas d'argent, donnez une médaille. — Je ne te donnerai rien du tout, file bien vite. — Si tu viens demain, je te donnerai une belle image. — Si vous ne servez pas le Seigneur, vous serez précipités dans l'enfer. — Est-ce un âne, ça? — Non; si c'était un âne, je ne monterais pas dessus. — Je ne suis pas blanchisseur, je suis Choutre. — Peut-on marcher sans jambes? — On ne le peut. — Après avoir fait une pareille chose, peut-on n'avoir pas de regret? — Père, je suis fort contrit. — Ce doit être ton frère cadet qui a battu cet homme. — Faut-il aller là-bas? — Non, ce n'est pas nécessaire. — Ne faut-il pas entendre la messe? — Oui, il le faut. — Le voleur est-il mort. — Parfaitement. — Si tu avais de l'argent, que ferais-tu donc? (futur pour conditionnel). — Qui donc pourra bien faire cela?— Donne-lui autant qu'il faut.—Si l'on achète un cheval, ce sera une grande dépense, hein? — Ne savez-vous pas cela? — Tu sais tout cela parfaitement. — Si je le savais je ne le demanderais pas; c'est justement parce que je l'ignore que je vous l'ai demandé. — A l'avenir, ne dis plus cette parole, si-non je te battrai, prends garde. — Pour gagner le bonheur céleste, il faut repousser le péché et pratiquer la vertu. — Un charpentier peut-il bâtir une maison? — Certes non. — Père, je suis malade, puis-je m'asseoir? — Oui. — Si je puis, je viendrai (ou: nous viendrons) demain. — Autant que possible, il faut faire l'aumône aux mendiants. — Cette chaise ne veut pas tenir debout. — S'il se perd, qu'il se perde, que m'importe à moi? — J'ai appris une nouvelle, puis-je la dire? — Quoique tu dises cela, je n'en crois rien. — Si tu manges ce fruit, tu mourras. — Si tu ne mens pas, tu ne seras pas battu. — Si vous comprenez tout cela, c'est bien. — Je ne sais qui frappe à la porte. — En affermant tous les arbres de l'église, il y aura du profit. — Si le fermier refuse de payer, il ne peut couper les branches de cocotier. — Combien de cocotiers peut-il bien y avoir dans ce jardin? — Il doit y en avoir cent. — Il y a aussi des palmiers. — Ho! on a, sans permission, coupé toutes les branches de palmiers. — As-tu mangé? — Oui. — Si tu prends un purgatif aujourd'hui, demain tu seras bien. — Quand on a la fièvre, il ne faut pas manger de riz. — L'huile s'est figée. — En la mettant sur le feu, elle se dégèlera. — Si l'on trouve des œufs au marché, achètes-en quatre et apporte-les-moi. — Ce soir, on pourra manger des œufs à la coque. — Voiture à un bœuf. — Voiture à deux bœufs — Voiture à cheval.

THEME. *P.* 145.

உன் அண்ணன் வந்தால், ஒரு சுரூபங் கொடுப்பேன். — வராவிட்டால் உன் தாயாருக்குக் கொடுப்பேன். — இந்த நாய் பூனைக்கொக்கும். (பூனைக்கு ஒக்கும்.) — படிக்க வேணுமானால், ஒரு புஸ்தகம் எனக்குக் கொடுக்க வேணும். — புஸ்தகம் இல்லாமல் படிக்கக் கூடுமா?— கூடாது. — குருக்கள் சுவிசேஷம் பிரசங்கிக்கக் கடவார்கள். — மணி அடிக்க மாட்டேன். — அருளப்பன் கோவிலிலே பேசினால், நீ பார்த்திருக்கிற படத்தை அவனுக்குக் கொடுக்க மாட்டோம். — இந்த மருந்து நான் சாப்பட மாட்டேன். — என் தம்பி என் கிட்டப் படிக்க மாட்டான். — உன் தாயார் கிட்டப் படிக்கலாம். — உன் தாயாருக்கு வாசிக்கத் தெரியுமா? — அவளைக் கேள். — இந்தப் பெரிய பட்டணத்கில் ஓர் இராசா உண்டு. — அந்த இராசர்கிட்ட நாலு மந்திரிகள் இருக்கிறார்கள். — இராசா பேசுகையில் மந்திரியார் பேசாமல் இருக்கிறார்கள். — அந்த மனுஷன் எங்கே போயிருக்கிறான்? — எனக்குத் தெரியாது. — உன் அக்காளுக்குப் பேரென்ன? — தெரியாது. — உலோகத்தைப் படைத்தவர் ஆர்? — சர்வேசுரன். — உனக்கு ரொட்டி வேணு

மா? — வேண்டாம். — தண்ணீர் கொண்டு வராதே போனால், உன் சம்பளம் கொடுக்க மாட்டேன். — உள்ளதைச் சொல்லுங்கள். — பொய் சொல்லாதேயுங்கள். — பொய் சொல்லுவீர்களானால், நரகத்தில் தள்ளப்படுவீர்கள். — காட்டிலே நடக்கும் போது, ஒரு பாம்பு பார்த்தோம். — நீ அழுதாலும் உன் தகப்பன் சோறு கொடுக்க மாட்டான். — இப்போ தமிழ்ப்பாஷை உங்களுக்குத் தெரியுமா? — கொஞ்சம் தெரியும். — இந்த ஊரிலே ரட்டை மாட்டு வண்டி உண்டா? — இல்லை, ஆனால் ஒற்றை மாட்டு வண்டி உண்டு. — அவன் சோறு சாப்படா விட்டால் அவனுக்கு இந்த வாழைப்பழம் கொடுக்காதே.

VERSION. *P.* 156

Quand vous péchez, ne vous imaginez pas que Dieu l'ignore. — On dit qu'un chien a mordu ce gamin pendant qu'il chipait des fruits. — Nous apprîmes que sa mère était morte. — Il se mit à sangloter. — Pouf! il tomba. — Il s'enfuit, disant qu'il était impossible de faire ce travail. — Nous vous vénérons parce que vous êtes prêtre. — J'ai été puni pour avoir bavardé dans l'église. — Je ne te donnerai pas d'argent, te dis-je. — Ce coquin refuse de pratiquer la vertu. — Le mouton refuse de paître. — On dit que Jean a battu sa mère — Le Seigneur s'est livré lui-même et est mort pour nous racheter. — En offrant ta maladie au Seigneur, tu auras du mérite. — Quand les hommes créés par Dieu agissent selon leur propre volonté, ils perdent le ciel et sont précipités dans l'enfer. — Il faut être patient, car c'est bien par la volonté de Dieu, n'est-il pas vrai, que toutes choses arrivent. — Il est bien triste; c'est que les voleurs lui ont pris tout son argent. — Ainsi donc, pratiquer la vertu, voilà le point capital. — Dès que l'ours arriva, le chat s'esquiva. — Tout ce que nous faisons, nous devons le faire en vue de Dieu. — Lui et moi, nous nous chamaillames à propos de ce mot. — Je suis auprès de toi, pourquoi as-tu peur. — Je l'aime pour ce motif. — Dès que le troisième coup aura sonné, je commencerai la messe. — Dès qu'il eut parlé ainsi, il expira, dit-on. — Dès que tu arriveras, je filerai. — Je refuse mon consentement à cela. — L'un dit de partir, l'autre de venir. — Mange tout de suite. — Dès que tu auras mangé, tu pourras te coucher.

THEME. *P.* 157

நீ பாவத்தைச் செய்யும் போது, பசாசு சந்தோஷப் படும். — நேற்று நான் பூசை காணும் போது, அஞ்சு திருடர் என் பணமெல்லாந் திருடிக் கொண்டார்கள். — சர்வேசுரனுக்கு ஊழியம் பண்ண மாட்டேன் என்றால், மோக்ஷத்துக்குப் போக மாட்டாய். — வருகிற ஞாயிற்றுக்கிழமை வந்தால், மேற்றிராணியாரைக் காண்பாய். — நீ வியாதியாய் இருக்கிறபடியினாலே கோவிலுக்குப் போகக் கடனில்லை. — நாலு வண்டி வேணும், ஏனென்றால், பட்டணத்துக்குப் போகிறோம். — மரம் விழுந்தவுடனே பழங்களைச் சாப்பிடுவோம். — நாய் பூனையைக் கடித்தவுடனே சேவகனாலே கொல்லப்பட்டது. — கலியாணம் ஆனவுடனே, வீட்டுக்கு வாருங்கள்; ஏனென்றால், பேர்களைப் புஸ்தகத்தில் எழுத வேணும். — ஒரு குதிரை வாங்கு; இல்லாவிட்டால் நடந்து போக வேண்டியிருக்கும். — மாப்பிள்ளையையும் பெண்ணையுங் கூட்டிக் கொண்டு வாருங்கள்; ஏனென்றால், அவர்களுக்குப் புத்தி சொல்ல வேணும். — பூசைக்குப் போயிருக்கிறான். — பூசைக்குப் போய் வந்திருக்கிறான். — பூசை செய்தவுடனே, பிச்சைக் காரருக்குப் பிச்சை கொடுப்போம். — நாளைக்கு வந்தால், உனக்கு ஞானஸ்நானங் கொடுப்போம். — இந்தக் குழந்தைக்குத் திருச்சபை ஞானஸ்நானம் கொடுக்க வேணும். — உன் தகப்பனாரைப் பற்றி வண்டி வாங்க வேணும்; ஏனென்றால், இவர் வியாதியாய்

இருக்கிறதினுலே கால் நடையாகப் போகக் கூடாது. — அதைத் தொட்டு என்ன நினைக்கிருய்? — ஏன் பேசாமல் இருக்கிருய்? — நீ செத்துப் போனதாகச் சொல்லி இருந்தார்கள். — நான் செத்துப் போகவில்லே. ஆனுல் ரொம்ப வியாதியாய் இருந்தேன். — இப்போ சௌக்கியமாய் இருக்கிருயா? — சுவாமி தயவினுலே நன்ருய் இருக்கிறேன்.

TABLE DES MATIÈRES